DIANA

Das Buch
Alles beginnt mit einem Kuss in einem Flugzeug am Himmel über Buenos Aires und dem Rio de la Plata. Es ist der Beginn einer großen Liebe zweier leidenschaftlicher Menschen – Consuelo Suncín Sandoval aus El Salvador und Antoine de Saint-Exupéry, dem späteren Autor des *Kleinen Prinzen*. Die beiden heiraten 1931 in Frankreich und für Consuelo ist es der Anfang einer langen Reise in eine unendliche Liebe, aber auch in bitteren und tiefen Schmerz. Sie durchlebt ein ständiges Auf und Ab der Gefühle und muss ertragen, dass ihre Liebe immer wieder von dunklen Seiten überschattet wird – von Antoines Ängsten und Depressionen, Untreue und Scheidungsabsichten …

Die Autorin
Consuelo Suncín Sandoval, geboren in El Salvador, war Malerin und Bildhauerin und bereits zweimal verwitwet, als sie 1930 mit 29 Jahren in Buenos Aires den jungen Flieger Antoine de Saint-Exupéry traf und sich in ihn verliebte. Consuelo und Antoine waren dreizehn Jahre verheiratet, bevor Antoine 1944 bei einem Flugzeugabsturz ums Leben kam. Consuelo schrieb ihre Erinnerungen 1945 auf, ohne an eine Veröffentlichung zu denken. Als sie dann während der Feierlichkeiten zu Saint-Exupérys 100. Geburtstag in Frankreich erschienen, waren sie eine Sensation. Consuelo starb 1979 in Grasse, Südfrankreich.

Consuelo de Saint-Exupéry

Die Rose des kleinen Prinzen

Erinnerungen an eine unsterbliche Liebe

Herausgegeben und mit einem Vorwort
von Alain Vircondelet

Aus dem Französischen von Barbara Röhl

DIANA VERLAG
München Zürich

Diana Taschenbuch Nr. 62/0288

Die Originalausgabe
»Mémoirs de la rose«
erschien 2000 bei Plon, Paris

Taschenbucherstausgabe 07/2002

Der Marion von Schröder Verlag ist ein Unternehmen der
Econ Ullstein List Verlag GmbH & Co. KG
Der Diana Verlag ist ein Unternehmen der
Heyne Verlagsgruppe München
Printed in Germany 2002

Umschlaggestaltung: Hauptmann und Kampa
Werbeagentur, CH-Zug
Satz: Schaber Satz- und Datentechnik, Wels
Druck und Bindung: Elsnerdruck, Berlin
Gedruckt auf chlor- und säurefreiem Papier

ISBN 3-453-21262-2

http://www.heyne.de

Lange habe ich gezögert, bevor ich den Entschluss fasste, mit diesem Manuskript an die Öffentlichkeit zu gehen.

Der Anlass von Consuelos zwanzigstem Todestag und des hundertsten Geburtstags ihres Mannes Antoine de Saint-Exupéry hat mich schließlich dazu bewogen. Ich fand, der Zeitpunkt sei gekommen, sie zu würdigen und wieder an ihren Platz an der Seite des Mannes zu stellen, der schrieb, diese Liebe sei die Grundfeste seines Lebens.

JOSÉ MARTÍNEZ-FRUCTUOSO,
Universalerbe von Consuelo de Saint-Exupéry

Vorwort

Zwischen dem Ersten und dem Zweiten Weltkrieg – so berichtet im Jahr 1973 der kolumbianische Schriftsteller Germán Arciniegas[1] – sprach jedermann von Consuelo als dem »kleinen Vulkan aus El Salvador, der Feuer über die Dächer von Paris speit«. Keine Anekdote über ihren zweiten, verstorbenen Mann, Enrique Gómez Carrillo[2], oder ihren dritten, Antoine de Saint-Exupéry, in der sie nicht vorkäme. Als Ehefrau von Enrique Gómez Carrillo stand sie auf vertrautem Fuß mit Maurice Maeterlinck, Moréas und Gabriele D'Annunzio. Seit 1927 verwitwet, verheiratete sie sich im Jahr 1931 mit Saint-Exupéry und zählte seither André Gide, André Maurois, Denis de Rougemont, André Breton, Picasso, Salvador Dalí und

---

1 Der 1900 geborene Autor, Journalist und Diplomat war damals kolumbianischer Botschafter in Paris.

2 Gómez Carrillo (1873–1927), geboren in Guatemala, 1898 guatemaltekischer Konsul in Paris, 1916 Leiter der Madrider Zeitschrift *Liberal,* 1918 argentinischer Konsul in Paris, Major der Ehrenlegion. 1927 heiratet er Consuelo Suncín (erste Ehe 1906 mit Aurora Cacceres, zweite mit Raquel Meller 1919). Autor einer großen Zahl von Werken wie *Das Evangelium der Liebe* und *Leben und Tod Mata Haris.* Er ruht auf dem Père-Lachaise-Friedhof in Paris, an der Seite von Consuelo de Saint-Exupéry.
Dies war auch Consuelos zweite Ehe. 1922 heiratete sie – gerade volljährig geworden – den zwei Jahre älteren Ricardo Cardenas, einen mexikanischen Offizier. Bereits kurz darauf kommt der junge Ehemann in Mexiko um.

Miró zu ihrem Kreis … Wo die Saint-Exupérys lebten, kamen Freunde aus der Welt der Flieger und Schriftsteller zusammen. André Maurois war bei ihnen zu Gast, als Saint-Exupéry ein Buch schrieb, das immer noch um die Welt geht: den *Kleinen Prinzen.* Nach dem Abendessen saß man zusammen, um Karten oder Schach zu spielen, doch Saint-Exupéry bat alle, sie möchten schlafen gehen, denn er wolle arbeiten. Ein paar Stunden später hörte Maurois Schreie im Treppenhaus: »Consuelo! Consuelo!« Zu Tode erschrocken stürzte er aus dem Zimmer, in dem Glauben, das Haus brenne. Doch es war nur Saint-Exupéry, der Hunger bekommen hatte und nach seiner Frau rief, damit sie ihm ein paar Eier briet …

»Hätte Consuelo all diese Episoden aus ihrem gemeinsamen Leben auf ihre lebendige, drollige Weise niederschreiben können«, so Arciniegas, »dann würde offenbar, dass sie tatsächlich die Muse dieses Schriftstellers war. Sie war Malerin, Bildhauerin und schrieb treffend und talentiert, aber ihre Memoiren … daraus ist nie etwas geworden.«

Heute weiß man, dass er sich irrte. Fünfzehn Jahre nach ihrer Begegnung mit Saint-Exupéry im Jahr 1930 erzählt Consuelo in der Einsamkeit ihres amerikanischen Exils in ihrer großen, schräg geneigten Handschrift, voller Streichungen und häufig unleserlich, ihr Leben mit dem Schriftsteller und Piloten. Dann tippt sie die Papiere sorgfältig auf der Schreibmaschine ab – leider nur auf Durchschlagpapier –, bündelt die Seiten und steckt sie in einen stabilen, schwarzen Karton.

Wir schreiben das Jahr 1946. Consuelo sehnt sich nach Frankreich, aber zugleich ängstigt sie der Gedanke an eine Rückkehr. Sie fürchtet die leidigen Erbschaftsangelegenheiten, möchte lieber in einem Land leben, in dem man Spanisch spricht und denkt daher an Palma de Mallorca als zukünftigen Wohnsitz, wie sie sagt, im Gedenken an George Sand und Alfred de Musset, zwei andere *enfants terribles*.

Seit Saint-Exupérys Verschwinden im Juli 1944 führt Consuelo in New York ein recht zurückgezogenes Leben. Sie entwirft Schaufensterdekorationen und lebt den Erinnerungen an ihren »Tonio«. Doch es ist schwierig, auf diese Weise zu trauern, ohne ein Grab. So leidet sie zweifach an seinem Tod. Sie verfasst kleine Texte, die sie nie vollendet, spricht Erinnerungen auf ein Diktiergerät und tippt auf der Maschine wohl strukturierte Kapitel, die allerdings durch ihren mittelamerikanischen Überschwang aus dem Ruder laufen. Sie bildet Tonios Antlitz aus Stein und Ton, porträtiert ihn in Bleistift und Kohle, als Aquarell. Consuelo möchte auf den weitläufigen Besitz La Feuilleraie zurückkehren, den Saint-Exupéry vor ihrer Flucht im Jahr 1940 gemietet hatte und der jetzt verlassen liegt, um dort, wie sie sagt, »die Gesichter meines Vaters, meiner Mutter und das deine wiederzufinden«.

Unterdessen spricht die Welt über den Schriftsteller – ohne sie. Jenseits des Ozeans, in Europa, begründet Saint-Exupérys Verschwinden eine Legende. Man hebt ihn auf einen Sockel, stilisiert ihn zum Mythos. Er ist Engel, Erzengel, Ikarus und der *Kleine Prinz*, der auf seinen Planeten zurückgekehrt ist; ein Held des Himmelszelts, der sich an das Universum verströmt hat. Von Consuelo ist kaum die Rede; man spielt ihre Rolle herunter, ignoriert sie gar. Schließlich ist sie nicht unabdingbar für den organisierten Mythos, auch wenn sie viele Schlüssel dazu in Händen hält. Sie ist in dieser Szenerie nicht mehr erwünscht; zu sehr steht sie im Gegensatz zu der heldenhaften, aristokratischen Legende Saint-Exupérys. Die Biographen des Dichters, die wenig über sein Leben wissen, setzen sie herab. Man geht entweder über sie hinweg, oder sie wird als Exzentrikerin und Dummchen gehandelt. Die Verwandten des Schriftstellers – ausgenommen Marie de Saint-Exupéry, seine Mutter – und deren engerer Kreis würdigen sie herab (»die Kino-Gräfin«, »wunderliches, launisches Persönchen«, »schwatzhaft, spricht ein schreckliches Französisch«). Consuelo wird auf das Bild der Frau als Objekt, der Untreuen, der Koketten, reduziert. Kurz gesagt, sie stört den Mythos.

1944/1945: Consuelo befindet sich, wie sie berichtet, an einem seelischen Tiefpunkt. Jedenfalls hat sie schon vor langer Zeit zu warten gelernt, denn während ihrer Ehe mit Saint-Exupéry hat sie nichts anderes als das getan – ausharren. Die schlimmste dieser Zeiten erlebte sie vielleicht in den Stunden, die auf seine Abreise in den Krieg im März 1943 folgten. »Tonio, Ihre Sehnsucht war stärker als alle Macht der Welt, und ich kenne meinen Mann gut. Ich habe es schon immer gewusst«, berichtet sie in einem unveröffentlichten imaginären Dialog mit ihm, »ja, ich habe gewusst, dass Sie gehen würden.« Und sie fährt fort: »Sie wollten sich läutern, Sie wollten sich in diesem Fluss aus Kugeln und Maschinengewehrfeuer reinwaschen.«

Die Jahre 1944/45 sind auch eine Zeit, Bilanz zu ziehen. Consuelo stürzt sich von neuem in eine anscheinend verworrene, künstlerische Boheme-Existenz, wie man sie aus den Künstlerzirkeln der dreißiger Jahre kennt. Jetzt heißt es überleben und sich Tonios »würdig« erweisen. Sie muss sich eine neue Wohnung suchen, zumindest für ein bescheidenes Einkommen sorgen und sich zum dritten Mal in die Rolle der Witwe finden. Jedenfalls ist jetzt nicht die Zeit für Tränen. »Ich habe keine mehr, mein Liebster«, schreibt sie. Wie mit der Trauer fertig werden? »Sie sind ewig, mein Kind, mein Gatte. Ich trage Sie in mir, wie den *Kleinen Prinzen*. Niemand kann uns etwas anhaben, wir sind unantastbar wie jene, die im Licht wandeln.« Consuelo ist nicht ausreichend gegen die schwierige Realität gewappnet, die fordernden Interessen von Familie und Herausgebern. Aus ihrer Kindheit hat sie sich jene ein wenig naive und vertrauensselige Unbekümmertheit bewahrt, welche die in Europa gängige List und Tücke nicht kennt, sie hat nichts für Intrigen übrig. An Saint-Exupérys Seite hat sie überdies eine Existenz frei von Zwängen und gesellschaftlichen Regeln geführt, eine Lebensweise, die sie in ihrer überschäumenden, sensiblen und chaotischen Natur bestärkte. Also lebt und denkt sie, wie sie das immer getan hat: Intuitiv schreitet sie voran, baut sich ihr Leben neu auf.

Dieser machtvolle, vitale Energiestrom entspringt aus ihrer Kindheit in El Salvador, wo sie im Jahr 1901 geboren wurde, einer Kindheit, die sie in engem Kontakt mit der Natur verbrachte, einer Kindheit, durchsetzt von Träumereien und Fantasien, die sie in ihrer mittelamerikanischen Vorstellungskraft verherrlicht. Consuelo ist die geborene Erzählerin, sie »gurrt«, sie »zwitschert«, sie bezaubert durch ihre Art, die Wirklichkeit zu verwandeln und in ihre Geschichten einzubeziehen. Sie weiß einen realen Umstand auszuschmücken, setzt ihre eigene Geburt in Szene; und El Salvador mit seinen verdorrten Äckern, seinen Vulkanen und Erdbeben wird zum Land der Legenden. Sie ist das Wesen und die Göttin dieses Landes. In ruhigen, glücklichen Augenblicken bat Saint-Exupéry sie stets, ihm Geschichten aus El Salvador zu erzählen, aus der Zeit, da sie als kleines Mädchen in den Kaffeepflanzungen ihres Vaters zwischen den großen

Bananenstauden mit den Indianern spielte. »Erzähl mir die Geschichte von den Bienen«, bat er, so wie der Kleine Prinz bittet: »Zeichne mir …« Und Consuelo erzählte. »Wenn ich zwischen den Sternen fliege«, erklärte ihr Saint-Exupéry, »sehe ich manchmal in der Ferne ein Licht, von dem ich nicht weiß, ob es ein Stern ist oder eine Laterne auf der Erde, die mir ein Signal gibt. Dann sage ich mir, dass dies meine kleine Consuelo ist, die mich ruft, um mir Geschichten zu erzählen. Und ich versichere dir, dass ich auf diesen Lichtpunkt zuhalte.«

Diese Kindheit trägt Consuelo in sich, und sie rettet sie in ihren schwersten Zeiten: wenn Saint-Exupéry sie betrügt, wenn er fort ist und sie nicht weiß, wann er wiederkehrt, wenn er mit dem Flugzeug abstürzt und schließlich, als er verschwindet. Auch sie könnte sagen: »Ich bin meine Kindheit.«

Ihr stürmischer, überschäumender und barocker Charakter – in dem Sinne, wie die großen Erzähler ihres Kontinents, Borges, Cortázar, Márquez, diesen Begriff verstehen – ist Saint-Exupérys Glück. Durch sie kann er ein poetisches Leben führen, im Gleichklang mit Consuelos exzentrischer, unkonventioneller Natur: Beiden ist jene aristokratische Unabhängigkeit des Geistes eigen, diese surrealistische Fähigkeit, aus der Realität Legenden und Fabeln zu schöpfen.

Nach Saint-Exupérys Tod braucht Consuelo diese Fantasie, diese Lebenskraft, um nicht in Verbitterung und Verzweiflung zu verfallen. So schreibt sie ihre Erinnerungen nieder. Die Begegnung in Buenos Aires, ihre stürmische Verlobung, die Vorstellung bei der Familie, die Heirat, die Niederlassung in Paris, das Leben als Ehefrau … Sie berichtet über Saint-Exupérys finanzielle Probleme, seine Untreue, die Leidenschaft, mit der er den Don Juan spielt, die erneute Versöhnung, die Umzüge der beiden, die anderen Frauen, das unstete Leben, Unfälle. Dann kommen die Bücher und der Erfolg, die Flucht vor den Deutschen und Consuelos Aufenthalt in der Künstlerkolonie von Oppède im Vaucluse, die Reise nach New York, das große weiße Haus und die Einsamkeit in der fremden Stadt. Und schließlich der Abschied von ihrem Tonio, der in den Krieg zieht, und das unbewegte graue Wasser des Hudson River, unter dem das U-Boot, das ihn für immer mit sich nimmt, dahingleitet …

Consuelo schreibt ihre Memoiren in einem Zug, mit jenem bezaubernden Überschwang, mit dem sie alles in Angriff nahm. Darin erscheint sie impulsiv und verliebt, naiv und ergeben, rebellisch und energisch, treu und untreu, stark und dann wieder mutlos. Sie schreibt, wie sie redet, so wie sie noch kurz vor ihrem Tod sprechen wird, als sie noch einmal auf die Ereignisse zurückkommt. Die Tonbänder haben ihre Stimme getreulich bewahrt: die Stimme einer Erzählerin, in Akzent und Tonfall ähnlich der von Salvador Dalí, mit dem sie in New York befreundet war. »Es fällt mir sehr schwer«, sagt sie, »über die intimen Bereiche des Lebens mit meinem Mann Saint-Exupéry zu sprechen. Ich bin überzeugt, dass eine Frau niemals davon reden sollte, und dennoch fühle ich mich verpflichtet, dies vor meinem Tod zu tun. Denn man hat Unwahrheiten über unsere Ehe verbreitet, und ich möchte nicht, dass dies so weitergeht. Trotz des Schmerzes, den es mir bereitet, jene schwierigen Momente, die es in jeder Ehe gibt, wieder heraufzubeschwören. Wirklich, der Priester hat Recht, wenn er Ihnen sagt, dass Ihr Jawort für die guten *und* die schlechten Zeiten gilt!«

1946 bis 1979: Consuelos ganzes Leben mit Saint-Exupéry – Briefe und Dokumente, kleine Kritzeleien des Schriftstellers, Aquarelle, Porträts, Zeichnungen aus dem

Kleinen Prinzen, alte Veranstaltungsprogramme, mit Männchen voll gekritzelte Speisekarten, Telegramme, Landkarten, Postkarten und voll geschriebene Notizbücher, unveröffentlichte Gedichte und Texte, Diplome und Hefte mit mathematischen Kalkulationen: der Schatz eines Lebens –, alles ruht in den Tiefen großer Überseekoffer. Als Schiffsfracht überqueren sie den Atlantik; Consuelo deponiert sie im Keller ihrer Pariser Wohnung. Sie öffnet sie nicht; noch wahren diese verborgenen Archive ihr Geheimnis.

Im Alter kehrt Consuelo gelegentlich in die Vergangenheit zurück, wagt es, die in ihrer Nacht eingeschlossenen Behältnisse zu durchstöbern. »Niemals«, so schreibt sie, »öffne ich ohne zu zittern die Aktendeckel und die Kästen, in denen sich die Briefe meines Mannes türmen, seine Zeichnungen, seine Telegramme … Diese vergilbten Blätter, übersät mit wunderschönen Blumen und kleinen Prinzen, sind die treuen Zeugen dieses verlorenen Glücks, von dem ich jedes Jahr ein wenig stärker ermesse, welche Gnade und Auszeichnung mir damit zuteil wurde.«

In den Jahren, die auf ihre Rückkehr nach Frankreich folgen, lebt Consuelo in Paris und in Grasse. Sie macht sich einen Namen als Bildhauerin und Malerin. Und sie verwendet viel Zeit darauf, das Andenken Saint-Exupérys lebendig zu erhalten. Als Gräfin de Saint-Exupéry und Witwe des großen Schriftstellers, der für Frankreich gefallen ist, erscheint sie bei Gedenkfeiern, Einweihungen und Festveranstaltungen, doch mehr aus Pflichtgefühl denn aus Neigung. Nie hat sie besonders viel von akademischem Gehabe gehalten, von der mondänen Welt, von Verpflichtungen. Lieber erinnert sie sich an das, was sie Saint-Exupéry Ende Juni 1944, kurz vor seinem Tod, schrieb: »Sie wurzeln in mir wie die Pflanzen in der Erde. Sie, mein wertvollster Schatz, Sie, meine Welt.« Und sie mag auch an das gedacht haben, was er ihr antwortete: Wie wohltuend es sei, miteinander verbunden zu sein wie zwei Bäume im Wald, von denselben starken Winden gewiegt zu werden, gemeinsam den Sonnenschein, den Mond und den abendlichen Besuch der Vögel zu empfangen. Für das ganze Leben.

Als Consuelo 1979 stirbt, kommen die verschlossenen Überseekoffer und Akten auf ihre Erben. Immer noch öffnet niemand die Truhen. Sie landen auf dem Gut in Grasse, in der Provence, wo sie noch jahrelang schlummern. Doch nach und nach holen die Erben sie hervor, tragen sie ans Licht. Und im Jahr 1999, anlässlich von Saint-Exupérys hundertstem Geburtstag, vertrauen sie uns die Dokumente zum Studium an. So werden die *Erinnerungen an eine unsterbliche Liebe* wieder belebt, die Korrespondenz des Paares, die Consuelo noch in Amerika auf Mikrofilm hat bannen lassen, die Entwürfe für den *Kleinen Prinzen …*

Consuelo erwacht von neuem zum Leben. Sie, die man so lange in den Hintergrund gedrängt hat, tritt wieder auf die Bildfläche. Man könnte sagen, dass sie ihre Unschuld zurückerhält. Denn dieser verborgene Dialog, den nie zuvor ein Mensch gelesen hat und der plötzlich die ganze Geschichte erzählt, lässt sie in ihrer wahren Gestalt erscheinen, ihrer leidenschaftlichen Kraft, ihrem komplexen Wesen.

Die Beziehung zwischen Consuelo und Saint-Exupéry erscheint grundlegend für das Verständnis des Autors. Wäre er ohne Consuelo wirklich *der* Saint-Exupéry geworden? Diese neu aufgetauchten Dokumente schenken auch ihm seine Menschlichkeit wieder. Was macht es dabei schon, dass dabei der Mythos ein paar Risse bekommt? Wenn sein Porträt nicht mehr ganz so erscheint, wie man es für die Ewigkeit gezeichnet hat, so makellos wie das feine Wachs, das die einbalsamierten Gesichter von Heiligen überzieht?

Wenige Biographen haben die Geschichte dieses Paares und den Einfluss, den diese Beziehung auf Saint-Exupéry ausübte, richtig verstanden. Ihnen fehlten die wesentlichsten Schlüssel. Niemand ahnte bisher etwas von den dunklen Tiefen dieser Beziehung. Um dieses Manko wettzumachen, sollte man die *Erinnerungen an eine unsterbliche Liebe* lesen. Dieses Buch voller Fährten, ein Buch vor allem über das Warten.

Denn das Warten ist der Anlass für die Aufzeichnung ihrer Erinnerungen und ihr zentrales Thema. Dies ist vor allem die Geschichte eines Mannes, der fortgeht und flieht, der entweicht und sich wieder festhält, sich rettet und zurückkehrt, der sich selbst sucht und nicht finden kann. Oder, um den Kern des Problems zu benennen: Er will lieben, aber vor allem geliebt werden. Da ist seine dominierende Mutter, die Hüterin des Heims, die Mutter, welche die Kindheit verzaubert, das Bild der Treue und Beständigkeit. Diese Motive verklärt er und überträgt sie auf die Frauen. Nicht alle; denn es gibt ideale Gefährtinnen und dann die »Zwischenstationen«, die »kleinen Mäuschen«, die Gabys und Bettys – die »kleinen Schnattergänse«, wie Consuelo sie nennt.

Saint-Exupéry erscheint tief geprägt durch das Bild der idealen Frau, häuslich, die Göttin der Erde, der Archetyp der christlichen Frau, der »Magd des Herrn«. Anders als man meinen möchte, ist Consuelo keine leichtlebige oder wankelmütige Frau. Von ihren Eltern hat sie eine recht strikte Erziehung erfahren. Ihre Mutter war nach ihrem eigenen Bekunden streng zu ihr und zog sie im christlichen Glauben und in der populären Frömmigkeit groß. War Consuelo in ihrer Ehe dieses Modell einer Gattin, nach dem Saint-Exupéry vage verlangte? In ihren Memoiren beantwortet sie diese Frage: Eifrig spielt sie ihre Rolle, ordnet seine Kleidungsstücke, packt seine Koffer, achtet darauf, dass er sich richtig ernährt und schmückt und ordnet das Studio, in dem er schreibt. Und vor allem wartet sie. Die Rolle, in die Consuelo sich einzufinden versucht, verlangt eine lange Lehrzeit. Manchmal gewinnt der exotische Überschwang die Oberhand über die Konventionen, und Consuelo spricht, vermag das Schweigen nicht zu wahren, das Saint-Exupéry zum Schreiben und Nachdenken verlangt, und wenn sie redet, dann in Sätzen, die nicht immer korrekt sind.

Mehr braucht es nicht, um ihn zu vertreiben. Allzu leicht unterliegt er dem Einfluss voreingenommener Menschen, setzt Angriffen nichts entgegen, lässt sich von seinen Bewunderinnen erweichen und verführen. Er will, das gesteht er ausdrücklich ein, leben, wie er es versteht, tun, wozu er Lust hat, niemandem verpflichtet sein, sondern frei. Sein Streben nach Unabhängigkeit steht jedoch im Widerspruch zu einer tief verwurzelten Abhängigkeit. Daher die flehentlichen Bitten an Consuelo, die diese poetisch überhöht wiedergibt: Consuelo, schmücken Sie sich für meine Rückkehr mit Blumen … Consuelo, mein kleines geweihtes Licht … Mein kleiner Spatz, halten Sie das Haus rein … Schneidern Sie mir einen Mantel aus meiner Liebe … Consuelo, meine süßeste Pflicht …

Saint-Exupérys komplexe Wesenskonstellation zwingt ihn zu einer Irrfahrt der Gefühle, die nur im einsamen, nächtlichen Flug ein befreiendes Ventil findet, oder in dem an Besessenheit grenzenden Bestreben, für sein Vaterland zu kämpfen. In einer großen Herausforderung an den Tod, in dieser Widerstandshaltung, die auch den Opfertod hinnimmt, kompensiert er sein Scheitern in der Beziehung zu anderen. Kampf, Kameradschaft, Aufrichtigkeit, bis zum Heldentum überhöhter Patriotismus, der Flug als ein sublimiertes Bild wiedergefundener Reinheit – all dies ist ebenso Mittel und Weg, ihn von den gefühlsmäßigen Fesseln zu befreien, die ihn immer gefangen halten. Consuelos Memoiren liefern ein deutliches Bild dieser leidenschaftlichen, schmerzvollen Suche.

Das Leben der beiden ist nichts anderes als eine Folge von Brüchen und Wiederannäherungen, vor dem Hintergrund von heftigen Ausbrüchen, Adresswechseln und großen Auftritten, von Krisen, Geschrei und Schweigen, von plötzlichen Abreisen und idyllischen Augenblicken in der wunderschönen Umgebung von La Feuilleraie, dessen Charme à la Monet Consuelo erhalten möchte. Doch niemals zerbricht diese Liebe wirklich. Consuelo ist müde und von Schmerz erfüllt, aber sie hat nichts von ihrer exotischen Anmut eingebüßt; und so akzeptiert sie schließlich die Aufmerksamkeiten anderer Männer: Bernard Zehrfuss, der sie heftig begehrt, Denis de Rougemont, der in New York in der Nachbarschaft des Paares lebt und Consuelo umwirbt. (Antoines einzige Rache besteht darin, seinen Rivalen beim Schach zu schlagen!) Bei ihm wird sie nach dem Tod ihres Mannes Trost suchen. Die theatralische Leidenschaft, welche die beiden verbindet, kann nur in dieser Spannung und durch diese Trennungen existieren, die dennoch erlauben, jeden Tag aufs Neue die Gewissheit unter Beweis zu stellen, dass diese Verbindung unauflöslich ist, indem Saint-Exupéry sich dazu bekennt, dass er Consuelo über alle anderen Frauen stellt. Und er versichert ihr, sie sei sein Trost, sein Stern und das Licht seines Hauses. Denn obwohl er Consuelo zusetzt, sie verleugnet und dann anfleht, zu ihm zurückzukehren, kommt er doch ohne sie nicht aus. Er kann so viele Mätressen haben, wie er will, unermüdliche Musen, die ihn mit Geschenken überhäufen und seine Karriere als Schriftsteller fördern, ihm schmeicheln und ihn manchmal sogar aufrichtig lieben, Consuelo ist dennoch nicht aus seinem Leben wegzudenken. Und das, obwohl man sie kritisiert und gering schätzt. In der Familie ist sie die Außenseiterin, und auf den literarischen Soireen der Literaturzeitschrift *Nouvelle Revue Française (NRF)* wirkt sie deplatziert. André Gide kann sie nicht ausstehen, aber wie Consuelo sagt, liebt er ohnehin nur Knaben und alte Frauen. Sie besitzt eine jugendliche, frühlingshafte Grazie, die auf allen Gemälden, Skizzen und Fotografien aufscheint, doch gerade diese Frische schadet ihr, denn in den Salons, in denen Saint-Exupéry verkehrt, zieht man emanzipiertere Frauen vor, intellektuell, frivol, oder Geschäftsfrauen. Consuelo dagegen »stellt ihre Frömmigkeit zur Schau«, wie Tonio ihr vorwirft. Sie ruft Gott und sämtliche Heiligen an, besucht Kirchen, geht regelmäßig zur Beichte und betet für ihren Mann, wenn er im Flugzeug unterwegs ist ... Ein weiterer komplexer Zug Saint-Exupérys, denn während er nach außen hin Verachtung gegenüber religiösem Aberglauben bekundet, trägt er zugleich in seiner Brieftasche ein frommes Bildchen der Heiligen Therese von Lisieux; und bei seiner Rückkehr im Jahr 1940 bittet er seine Frau, mit ihm nach Lourdes zu pilgern und sich gemeinsam mit ihm in den Becken mit wundertätigem Wasser taufen zu lassen!

Consuelos Buch führt eine nicht enden wollende Anzahl solcher inneren Widersprüche vor, die im Verborgenen wirken und Saint-Exupéry niederdrücken und umtreiben.

Deshalb erhebt er immer Anspruch auf Consuelo, ruft sie zu Hilfe, denn ihrer ist er sich letztendlich sicher. Sie wird ihn festhalten können. Consuelo ist die einzige, die für ihn keine Träume von Ruhm und Glorie gehegt hat, nur den Traum, irgendwann mit ihm im tiefsten Afrika zu leben, in einem kleinen Haus, wo er Ruhe finden und schreiben kann. Denn sie hat ihn immer angefleht zu schreiben, sich von allen nächtlichen Versuchungen fern zu halten. Ja, sie schließt ihn sogar in seinem von ihr sorgfältig eingerichteten Studio ein, mit der strikten Order, erst herauszukommen, wenn er seine Seiten abgeschlossen hat!

Saint-Exupéry ist ihr dankbar, er vertraut ihr an, dass er oft davon geträumt habe, unter ihren Fittichen zu schreiben, sanft von ihrer Wärme geschützt wie von einem Vogel. »Ihre Vogelsprache und Ihr anbetungswürdiges Beben …« In dem großen weißen Haus in Amerika, das – wie der Autor ein wenig griesgrämig bemerkt – Versailles ähnelte, hat er sein Meisterwerk vollendet, den *Kleinen Prinzen*. Glückliche Tage, in denen er zeichnet, Freunde Modell sitzen lässt, die Geschichte neu schreibt, die seiner eigenen entlehnt ist, die alle Motive, die ihn geprägt haben, wieder erstehen lässt. Der *Kleine Prinz* sei aus Consuelos loderndem Feuer geboren, gesteht er endlich … Und tatsächlich steht die Rose im Zentrum der Erzählung. Wieder ist es Consuelo, die ihn zu dieser Episode inspiriert, und Saint-Exupéry bedauert, sich seiner Rose gegenüber so ungerecht und undankbar gezeigt zu haben: »Aber ich war zu jung, um sie lieben zu können.« Bereits in Bevin House und dann später auf Korsika weiß er, dass alles aus dem Gedächtnis gelöscht ist, dass seine Frau ihm vergeben hat und die großen Ängste der kleinen Consuelo zu Ende sind. »Sagen Sie mir, kleine Consuelo, sind die meinen auch besänftigt?« Er wollte ihr den *Kleinen Prinzen* widmen, aber sie bestand darauf, das Buch Léon Werth zuzueignen, seinem jüdischen Freund. Doch Saint-Exupéry hat dies bis zu seinem Ende bedauert. Wenn er aus dem Krieg zurückkehrt, so verspricht er ihr, wird er die Fortsetzung schreiben, und dieses Mal wird sie die Prinzessin der Träume sein, nie wieder eine Rose mit Dornen. Dieses Buch würde er ihr widmen. Die vorliegenden Memoiren zeugen – ebenso wie der noch nicht veröffentlichte Briefwechsel – von dieser seltsamen Liebe. Und vor allem von dem, was die Legenden und die allzu perfekten Konstruktionen vielleicht unter sich begraben: Es bedurfte dieses seit mehr als fünfzig Jahren vergessenen Manuskripts, um Saint-Exupéry auf neue Weise zum Leben zu erwecken, ihn menschlicher zu machen. Diese Memoiren bringen ihn uns näher; er wird dadurch mit einem Mal anrührender und weniger schulmeisterlich, wahrer und faszinierender. »Schreiben Sie mir, schreiben Sie mir ab und zu«, bittet er Consuelo an seinem vierundvierzigsten Geburtstag, wenige Wochen vor seinem Tod. »[Die Post kommt und] bringt Frühling in mein Herz.«

Die »kleine Consuelo« hat den Brief und den Befehl empfangen.

Sie hat geschrieben, um ihrer beider Geschichte zu erzählen und *ihre* Wahrheit kundzutun.

ALAIN VIRCONDELET
Paris, Februar 2000

1

»*La niña del* Massilia«[3]

»Consuelo, Sie sind keine Frau«, flüsterte mir Ricardo Viñes, der Pianist mit den Händen wie Taubenflügeln, jeden Morgen auf Deck ins Ohr.

Ich lachte, und dann küsste ich ihn auf die Wangen, indem ich seinen langen Schnauzbart weghielt, der mich häufig zum Niesen reizte. Währenddessen zitierte er die ganze Litanei spanischer Höflichkeitsformeln: Er wünschte mir einen schönen Tag, fragte mich nach meinen Träumen und drückte die Hoffnung aus, ich werde auf dieser Reise nach Buenos Aires einen weiteren schönen Tag erleben. Und täglich überlegte ich von neuem, was Don Ricardo wohl mit seinem kleinen, allmorgendlichen Satz meinte.

»Was bin ich dann – ein Engel, ein Untier? Oder existiere ich gar nicht?«, verlangte ich schließlich energisch von ihm zu wissen.

Da wurde er ernst. Einige Augenblicke lang wandte er sein El-Greco-Antlitz dem Meer zu und nahm dann meine Hände in die seinen.

»Ah, mein Kind, Sie können zuhören; das ist nicht übel ... Seit wir dieses Schiff bestiegen haben, frage ich mich, was Sie sind. Ich weiß, dass ich liebe, was in Ihnen steckt, aber ich bin mir sicher, dass Sie keine Frau sind.

---

[3] Spanisch: »Das Mädchen von der *Massilia*.« (Anm. d. Übers.)

Ganze Nächte habe ich über dieses Thema nachgegrübelt, und schließlich habe ich mich ans Klavier gesetzt. Ich bin vielleicht mehr Komponist als Pianist, und nur über die Musik vermag ich zum Ausdruck zu bringen, wie ich das empfinde, was Sie sind.«

Mit jener kastilischen Eleganz, die ihn in Europa so berühmt gemacht hatte, klappte er den Flügel im Salon auf. Ich hörte ihm zu, und es war sehr schön. Das Meer wiegte uns und ließ die Musik nachklingen; und wir begannen wie gewöhnlich über unsere Schlaflosigkeit zu plaudern und unsere Entdeckungen auf diesem Meer, das von Zeit zu Zeit einen Leuchtturm, eine Insel oder ein anderes Schiff vor unseren Blicken erscheinen ließ.

Damals glaubte ich nicht, dass dieser kleine Satz, den Viñes in Musik gefasst hatte, mich je wieder beunruhigen würde. Und ich mischte mich unter die Passagiere der *Massilia*.

Auf dem Schiff fuhren Europäer, denen ihre Reiseagenturen eingeredet hatten, durch den Tango würden sie den jungen amerikanischen Kontinent entdecken. Auch südamerikanische Touristen befanden sich darunter, die aus Paris ganze Wagenladungen von Kleidern, Parfüms, Schmuck und Bonmots mitbrachten. Ältere Damen berichteten ohne falsche Scham, wie viele Kilos sie während ihrer Schönheitskur abgenommen hatten. Andere waren noch weniger schamhaft und zeigten mir Fotos, auf denen man millimetergenau die Korrekturen an ihren hübschen Nasen nachvollziehen konnte. Ein Herr berichtete mir ganz im Vertrauen vom erfolgreichen Ausgang einer delikaten Operation: der Transplantation von Zähnen, die man billig von armen Leuten erwarb …

Die jüngeren Damen machten sich ein Spiel daraus, uns täglich vier oder fünf verschiedene Garderoben vorzuführen. Sie waren gezwungen, die Kleider ein wenig einzutragen, da die südamerikanischen Zollbehörden sehr streng mit Damen von Welt umsprangen, die Luxusartikel schmuggelten. Und jedes Mal, wenn sie sich umzogen, nahmen sie parfümierte Bäder, sodass sie von betäubenden Duftwolken umschwebt waren. Was den Luxus ihrer Toiletten anging, waren die Frauen aus Argentinien und Brasilien den Europäerinnen um Längen überlegen. Sie ließen sich nicht bitten und spielten gern auf der Gitarre oder sangen Lieder aus ihrer Heimat. Je länger die Schiffsreise dauerte, desto natürlicher benahmen sich diese Töchter der Tropen, und ihr wahres Wesen kam zum Vorschein. Alte und junge Damen gurrten auf Portugiesisch und Spanisch und ließen den Französinnen keine Chance, auch nur die kleinste Geschichte zu erzählen.

Rita, eine junge Brasilianerin, hatte eine Art ersonnen, auf ihrer Gitarre das Läuten von Glocken zu imitieren, sowohl das Bimmeln zur Messe als auch das Läuten eines Kampanile. Sie erzählte, die Inspiration dazu sei ihr während des Karnevals in ihrem Land gekommen, in einer dieser von schwarzen Zauberern und Indianern beherrschten Nächte, in denen alle Frauen sich ihren Begierden hingeben, ihrer Wahrheit, der Vitalität der unerforschten, jungfräulichen Regenwälder. Häufig führten Ritas Glocken die Passagiere in die Irre, sodass sie an Deck strömten. Rita behauptete, ihre Gitarre sei ein magischer Gegenstand. Sie war überzeugt, an dem Tag, an dem das Instrument zerbreche, müsse sie sterben. Pater Landhe, bei dem sie häufig beichtete, fühlte sich ihr gegenüber hilflos und hatte es ganz und gar aufgegeben, ihr Moralpredigten wegen ihrer heidnischen Begierden und ihres Geisterglaubens zu halten.

Ich mochte Pater Landhe sehr gern. Wir unternahmen

lange Spaziergänge und sprachen von Gott, Herzensproblemen, über das Leben und darüber, wie man zu einem besseren Menschen würde. Da er mich fragte, warum ich nie im Speisesaal erscheine, erklärte ich ihm, ich trüge noch Trauer um meinen Mann, Enrique Gómez Carrillo. Diese Reise hätte ich auf Einladung der argentinischen Regierung unternommen, die mein armer verstorbener Mann, der in diplomatischen Diensten stand, eine Zeit lang in Europa vertreten hatte. Pater Landhe, der einige seiner Bücher gut kannte, tat sein Möglichstes, um mir Trost zu spenden: Er hörte sich an, wie ich ihm mit der ganzen Aufrichtigkeit meiner Jugend von der Liebe erzählte, die dieser Mann von fünfzig Jahren in der allzu kurzen Zeit unserer Ehe in mir erweckt hatte. Ich hatte all seine Bücher geerbt, seinen Namen, sein Vermögen und die Zeitschriften, die er herausgab. Ein Leben – das seine – war mir anvertraut worden. Ich wollte es verstehen, noch einmal erleben und zu Ehren seines Andenkens weiterführen. Nur durch ihn wollte ich wachsen. Dieses Geschenk war mir zuteil geworden, und ich hatte es zu meiner Mission erhoben.

Ricardo Viñes war ein enger Freund meines Mannes gewesen. Er war in Paris auf mich aufmerksam geworden, weil ich von der Seite meiner Mutter her den Namen eines seiner Freunde trug, den des Marquis von Sandoval. Und für Viñes bedeutete »Sandoval« den Ozean, den Sturm, das freie Leben und die Erinnerung an die großen Konquistadoren. Alle Frauen in Paris beteten Viñes an, aber er war ein Asket, und seine großen Romanzen hatten sich immer nur auf musikalischem Gebiet abgespielt …

Eines Tages hörten wir, wie Rita, die Gitarrenspielerin, ihm mit rauer Stimme ins Ohr flüsterte: »Stimmt es, dass Sie einem äußerst strengen Geheimorden angehören, noch schlimmer als die Jesuiten, einer Sekte, die Ihnen nicht gestattet, etwas anderes als ein Künstler zu sein?«

»Gewiss. Und sicherlich hat man Ihnen auch berichtet, dass wir uns in Vollmondnächten die Hälfte unseres Schnurrbarts abschneiden, der aber sogleich nachwächst.«

Noch einen weiteren Beschützer hatte ich auf dem Dampfer gefunden: Benjamin Crémieux, der in Buenos Aires Vorträge halten sollte. Er besaß ein Haupt wie ein Rabbi, viel Feuer im Blick und eine warme, herzliche Stimme. Seine Sätze schienen mir mit einer geheimen Macht begabt, die mir ein Gefühl der Sicherheit schenkte.

»Wenn Sie nicht lachen, dann werden vor allem Ihre Haare traurig, denn sie ermüden am schnellsten. Ihre Locken sinken zusammen wie Kinder, die einschlummern … Merkwürdig ist das: Wenn Sie lebhaft sind, wenn Sie magische Geschichten erzählen, vom Zirkus oder den Vulkanen Ihres Landes, erwacht Ihr Haar von neuem zum Leben. Wenn Sie schön sein wollen, sollten Sie immer lachen. Und versprechen Sie mir, dass Sie Ihr Haar heute Abend nicht einschlafen lassen.«

Er sprach mit mir wie mit einem Schmetterling, den man bittet, die Flügel auszubreiten, damit man seine Farben besser erkennt. Trotz seines langen, ein wenig abgewetzten Rocks und seines Barts, der ihn ernst wirken ließ, war er der jüngste unter meinen Freunden. Sein jüdisches Blut war rein und unverfälscht. Crémieux schien glücklich, er selbst zu sein, sein eigenes Leben zu führen. Er behauptete, mich zu lieben, weil ich mich passend zu jeder Gelegenheit zu verwandeln wisse. Ich fühlte mich dadurch nicht besonders geschmeichelt. Lieber wäre ich wie er gewesen, beständig und zufrieden damit, dass Gott und die Natur mich so geschaffen hatten, wie ich war.

Als die Reise sich dem Ende zuneigte, waren Viñes, Crémieux und ich unzertrennlich geworden. An dem Abend, der unserer Ankunft in Buenos Aires vorausging, spielte Don Ricardo ein brillantes Präludium und verkündete dann, das Stück heiße »La niña del *Massilia*«.

»Das sind Sie«, erklärte er, indem er mir die handbeschriebenen Notenblätter entgegenhielt. »Sie sind die *niña*, das Mädchen von diesem Dampfer.«

Rita schlug sofort vor, ihn auf der Gitarre zu begleiten, denn allein ihr Instrument, so behauptete sie, sei in der Lage, den Sinn dieser Musik zu enthüllen und zu zeigen, was Viñes über mich dachte.

Dann waren wir da. Das Fieber der Landung stieg uns zu Kopfe, und wir tauschten nur noch Höflichkeitsfloskeln aus wie Automaten, bis ich hörte, wie jemand über das Deck rief: »Wir suchen die Witwe von Gómez Carrillo. *Dónde está la viuda de Gómez Carrillo?*[4]«

Ich brauchte einen Augenblick, um zu begreifen, dass man von mir sprach.

»Das bin ich, meine Herren«, murmelte ich schüchtern.

»Ah! Wir hatten mit einer älteren Dame gerechnet.«

»Ich tue, was ich kann«, gab ich zurück, während um mich herum Blitzlichter aufflammten. »Könnten Sie mir ein Hotel empfehlen?«

Die Männer glaubten, ich scherze. Ein Minister war zu meinem Empfang an den Kai gekommen. Er erklärte mir, ich sei Gast der Regierung und werde im Hotel España logieren, wo alle offiziellen Gäste untergebracht würden. Der Präsident entschuldige sich dafür, mich nicht als Gast in seinem Hause empfangen zu können, doch er sei mit einer bevorstehenden Revolution beschäftigt.

---

[4] (Span.) Wo ist die Witwe von Gómez Carrillo?

»Was denn, eine Revolution?«

»Ja, Madame, und zwar eine echte. Aber Don El Peludo[5] ist weise; dies ist seine dritte Präsidentschaftsperiode. Er weiß, wie man mit derlei Zwischenfällen umgeht.«

»Wird sie bald geschehen, Ihre Revolution? Kommt so etwas in Ihrem Land häufiger vor?«

»Wir hatten schon lange keine mehr. Und es heißt, die Revolution sei für kommenden Mittwoch vorgesehen.«

»Kann man denn nichts dagegen tun?«

»Nein«, versicherte mir der Minister, »ich glaube nicht. Der Präsident möchte sich nicht einmischen, sondern wartet in aller Ruhe ab, bis die Revolution zu ihm kommt. Er weigert sich, Maßnahmen gegen die Studenten zu ergreifen, die auf der Straße demonstrieren und ›nieder mit El Peludo‹ schreien. Die Lage ist ernst, aber ich freue mich, Ihnen mitteilen zu können, dass Ihnen noch ein paar Tage bleiben, um dem Präsidenten einen Besuch abzustatten. Ich würde Ihnen raten, ihn gleich morgen früh aufzusuchen. Er hat Ihren Gatten sehr verehrt und wird sich freuen, mit seiner Witwe über ihn zu plaudern.«

Am folgenden Morgen nahm ich also einen Wagen und ließ mich zur Casa Rosada fahren, dem Regierungssitz. Ich passierte den einzigen Wolkenkratzer à la New York, dessen sich die Hauptstadt rühmt und hinter dem man mitten im Stadtzentrum plötzlich auf unbebautes Gelände stößt oder winzige Häuser, die aussehen, als wären sie dort für die Ewigkeit errichtet.

---

[5] Hipólito Irigoyen (1850–1933), argentinischer Präsident von 1916 bis 1922 und von 1928 bis 1930, trug den Spitznamen »El Peludo« (der Langhaarige).

In El Peludo, wie man den Präsidenten allgemein nannte, lernte ich einen äußerst weisen und heiteren Menschen kennen. Lächelnd erklärte er mir, er werde alt und esse kaum noch etwas anderes als frische Eier. Er habe sich gute Legehennen besorgt, die er auf seinem Besitz halte. Stets hatte er sich geweigert, im Präsidentenpalast zu wohnen, sondern ging jeden Tag zu Fuß nach Hause. Da ich mich fürchtete, das plötzliche Hinscheiden meines geliebten Gómez Carrillo anzusprechen, fragte ich den Präsidenten, was all diese Menschen meinten, die überall von einer für den kommenden Mittwoch geplanten Revolution sprachen. Da wurde er ernst, aber nicht traurig.

»Sie haben beschlossen, die Revolution durchzuführen … die Studenten … Seit Jahren reden sie davon. Vielleicht tun sie es ja wirklich eines Tages. Hoffentlich erst nach meinem Tod. Ich habe ihre Forderungen immer erfüllt. Den ganzen Tag unterschreibe und unterschreibe ich, und ich billige all ihre Ansichten.«

»Vielleicht unterzeichnen Sie ja zu viel«, warf ich vorsichtig ein. »Könnte das das Problem sein?«

»Der Tod von Gómez Carrillo«, erklärte er mir, ohne meine Frage zu beantworten, »hat mich tief bekümmert. Sie wissen, dass er mir versprochen hatte, hierher nach Buenos Aires zu kommen und eine Zeit lang das Erziehungsministerium zu leiten. Meiner Meinung nach ist dies das wichtigste aller Ministerien. Einen seiner Ratschläge habe ich jedenfalls befolgt: Ich habe die alten Schullehrerinnen durch frische, junge Frauen ersetzt. Ich erinnerte mich, dass es für mich in meiner Kindheit ein Albtraum war, jeden Morgen meine alte, mit einem Gebiss herausgeputzte Lehrerin wiederzusehen, die keine Liebe mehr für die Kinder empfand. Wenn sich heute ein hübsches Mädchen vorstellt, wird sie sogar ohne Diplom engagiert … Ich bin mir ganz sicher, dass die Kinder von einem schönen Wesen viel leichter lernen …«

Ich lächelte leise und ließ den alten Mann reden. Dabei stellte ich mir die Klagen der Eltern vor, deren Kinder man diesen bildungslosen, unerfahrenen Schönheitsköniginnen überließ …

Am selben Abend veranstaltete der Minister G. ein Essen zu meinen Ehren, zu dem viele offizielle Persönlichkeiten geladen waren. Die Revolution war weiterhin für den kommenden Mittwoch vorgesehen. Die Mahlzeiten in Buenos Aires sind dreimal so üppig wie in Europa. Ich fand Argentinien wunderbar.

2

»Ich stelle Ihnen Antoine de Saint-Exupéry vor; er ist Flieger«

Benjamin Crémieux hatte seinen ersten Vortrag in den Salons der »Amigos del Arte« gehalten. Dort hatte ich die ganze gute Gesellschaft von Buenos Aires kennen gelernt. Alles sprach von der Revolution.

»Die Leute hier sind sehr nett«, meinte Crémieux zu mir, »und ich wünschte, ich könnte noch einige Wochen hier verbringen; aber so langsam machen sie mir Angst mit ihrer Revolution. Sie wirken so amüsiert, wenn sie darüber sprechen. Vielleicht glauben die Menschen ja, dass eine Revolution ohne Opfer vonstatten geht. Aber ich war im letzten Krieg Soldat, und ich mag das Knallen von Schüssen nicht. Ich bin eher ein ruhiger Mensch«, setzte er noch hinzu und strich sich den Bart. »Apropos, hätten Sie Lust, mich morgen Nachmittag in meinem Hotel aufzusuchen? Ich möchte Ihnen einen französischen Freund von mir vorstellen, einen sehr interessanten Menschen. Und versetzen Sie mich auf keinen Fall, ich warte auf Sie.«

In den Salons des Hotels, wo man einen Cocktail zu Crémieux' Ehren gab, plauderte man über dieses und jenes, aber immer wieder kam das Gespräch auf die Revolution zurück. Das begann mich zu langweilen. Ich hatte sogar den Eindruck, diese Revolution würde wohl noch eine Weile auf sich warten lassen.

»Für wann ist denn Ihr Aufstand vorgesehen?«, fragte einer der Gäste scherzhaft einen anderen.

»Ich gehe von Donnerstag aus; da mache ich jede Wette«, lautete die Antwort seines Gegenübers.

Ich schaute auf die Uhr und beschloss zu gehen, ohne mich von Crémieux zu verabschieden, denn ich fürchtete, er würde mich zurückhalten wollen. Gerade als ich dabei war, meinen Mantel anzuziehen, stürmte ein großer, sehr dunkler Mann in die Hotelhalle. Er kam direkt auf mich zu und zupfte an den Ärmeln meines Mantels, damit ich nicht hineinschlüpfen konnte.

»Sie gehen schon, und dabei bin ich gerade erst gekommen. Bleiben Sie noch ein paar Minuten.«

»Aber ich bin schon auf dem Weg; ich werde erwartet.«

Crémieux lief herbei und strahlte so, dass inmitten seines schwarzen Bartes all seine Zähne aufleuchteten.

»Ja, ja, bleiben Sie«, erklärte er. »Dies ist das Zusammentreffen, das ich Ihnen versprochen hatte. Ich habe Ihnen ja schon auf dem Schiff angekündigt, dass ich Ihnen einen Flieger vorstellen wolle, der Ihnen bestimmt gefallen würde. Denn er ist ein Mann, der Lateinamerika ebenso liebt wie Sie. Und er spricht Spanisch; schlecht zwar, aber er versteht diese Sprache sehr gut.«

Er reichte mir den Arm und zupfte sich den Bart. »Sie ist sehr spanisch, wissen Sie«, meinte er zu dem dunklen Mann, »und wenn die Spanierinnen ärgerlich werden, kann man sich auf etwas gefasst machen!«

Der dunkle Fremde war dermaßen groß, dass ich die Augen zum Himmel erheben musste, um ihn anzusehen.

»Benjamin, Sie hatten mir ja gar nicht verraten, dass hier auch hübsche Frauen sind. Ich danke Ihnen.«

Dann wandte er sich wieder an mich.

»Gehen Sie nicht. Nehmen Sie in diesem Sessel Platz.«

Und er schob mich so fest darauf zu, dass ich das

Gleichgewicht verlor und mich sitzend wiederfand. Er entschuldigte sich, aber ich war nicht mehr in der Lage zu protestieren.

»Wer sind Sie überhaupt?«, brachte ich schließlich heraus, während ich versuchte, mit den Fußspitzen den Teppich zu erreichen; denn ich saß buchstäblich gefangen in dem viel zu tiefen und hohen Sessel.

»Pardon, Vergebung«, gab Crémieux zurück, »ich habe ganz vergessen, Sie einander vorzustellen. Antoine de Saint-Exupéry, ein Pilot, ein Flieger. Er wird Ihnen Buenos Aires von oben zeigen, und auch die Sterne. Denn er liebt die Gestirne über alle Maßen ...«

»Vom Fliegen halte ich nichts«, erklärte ich. »Dinge, die sich zu schnell bewegen, kann ich nicht leiden. Ich mag nicht zu viele Köpfe auf einmal sehen. Und ich möchte gehen.«

»Aber die Köpfe haben doch gar nichts mit den Sternen zu tun!«, rief der dunkle Mann aus.

»Sie glauben, dass unsere Köpfe so weit von den Sternen entfernt sind?«

»Ah!«, versetzte er erstaunt, »kann es sein, dass Sie Sterne in Ihrem Kopf haben?«

»Bisher habe ich den Mann noch nicht getroffen, der meine wahren Sterne gesehen hat«, gestand ich ein wenig melancholisch ein. »Aber wir erzählen uns hier dummes Zeug. Ich sage Ihnen noch einmal, dass ich nicht fliegen mag. Ich fühle mich schon desorientiert, wenn ich zu schnell laufe.«

Der dunkle Mann hatte meinen Arm nicht freigegeben, sondern war neben meinem Sessel in die Hocke gegangen, um mich wie einen undefinierbaren Gegenstand in Augenschein zu nehmen. Ich fühlte mich verlegen, lächerlich, wie eine Sprechpuppe, die Unverständliches plappert. Ich hatte das Gefühl, als verlören die Worte, die ich sprach, ihren Sinn. Seine Hand lag schwer auf meinem Arm, und wider Willen fühlte ich mich wie sein Opfer, gefangen in diesem Polstersessel, aus dem ich nicht entkommen konnte. Er fuhr fort, mir Fragen zu stellen, und zwang mich, ihm zu antworten. Ich wollte überhaupt keine Meinung mehr kundtun, und ich kam mir töricht vor, aber etwas in mir sorgte dafür, dass ich nicht mehr gehen wollte. Zorn über die weibliche Natur stieg in mir auf. Ich unternahm eine letzte Anstrengung – die eines Glühwürmchens, das seinen letzten Lichtstrahl, sein letztes Fünkchen Geist, seine letzte Kraft aussendet.

Ich versuchte, mich dem Sessel zu entwinden. »Ich gehe«, sagte ich leise.

Mit seinen langen Armen versperrte der Fremde mir den Weg.

»Aber Sie wissen doch genau, dass Sie mich in meinem Flugzeug begleiten und die Wolken über dem Río de la Plata von oben betrachten werden! Das ist so wunderschön; Sie werden einen Sonnenuntergang sehen, wie Sie ihn nirgendwo anders erleben können!«

Crémieux las auf meinem Gesicht die Furcht eines Vogels in der Falle und versuchte mich zu retten. »Sie muss fort, Saint-Ex«, erklärte er mit fester Stimme, »eine Gruppe von Freunden erwartet sie. Und ich muss Sie ebenfalls verlassen, ich habe mich um meine Gäste zu kümmern.«

Aber der dunkle Mann blockierte immer noch meinen Sessel. In ernstem Tonfall sprach er weiter.

»Ich lasse Ihre Freunde von meinem Chauffeur abholen, damit sie ebenfalls den Sonnenuntergang erleben.«

»Aber das ist unmöglich. Wir sind um die zehn Personen.«

»Ja und? Flugzeuge habe ich, so viel Sie wollen. Ich

bin hier sozusagen der Herr der Lüfte. Mir untersteht die Luftpostgesellschaft.«

Von nun an war jeder Widerstand unmöglich. Saint-Exupéry befahl. Er ließ meine Freunde anrufen. Wir waren ihm ausgeliefert.

Die Freude, die sich auf Crémieux' Zügen malte, half mir, mich in mein Schicksal zu fügen. Ich bat den dunklen Mann, sich zu setzen und mich zu Atem kommen zu lassen. Ich wies ihn darauf hin, dass alle uns anstarrten, dass er mich am Atmen hindere und mir das Sprechen schwer falle.

Er lachte gutmütig. Dann strich er sich mit der Hand über die Wangen und fluchte heftig. »Ich bin unrasiert«, erklärte er. »Eben bin ich von einem Flug zurückgekehrt, der zwei Tage und zwei Nächte dauerte!«

Er verschwand zum Hotelfriseur. Zehn Minuten später kehrte er zurück, frisch rasiert und strahlend wie ein Kind.

»Crémieux, wenn Sie das nächste Mal eine hübsche Frau einladen, geben Sie mir vorher Bescheid!«, rief er aus.

»Sie waren also nicht gewarnt?«, gab Crémieux schelmisch zurück.

»Trinken wir zuerst ein Glas zusammen; ich habe Durst. Und wenn ich zu viel rede, müssen Sie mir vergeben, denn das liegt daran, dass ich seit fast einer Woche keinen Menschen mehr gesehen habe. Ich werde Ihnen Geschichten aus Patagonien erzählen, über die Vögel und über Affen, die kleiner sind als meine Faust.«

Er nahm meine Hände. »Oh!«, rief er aus. »Wie winzig sie sind! Wissen Sie, ich kann aus den Handlinien lesen.«

Lange betrachtete er meine Hände. Ich versuchte sie ihm zu entziehen, doch er wollte nicht loslassen.

»Nein, ich studiere sie. Sie besitzen Linien, die parallel

verlaufen. Wahrscheinlich führen Sie ein Doppelleben. Ich habe keine Erklärung dafür, aber sie verlaufen alle parallel. Nein, ich glaube nicht, dass Ihr Charakter ganz verborgen ist. Aber da ist etwas, das Sie tief geprägt hat. Vielleicht Ihr Land; der Umstand, dass Sie von Mittelamerika nach Europa verpflanzt worden sind.«

Mit einem Mal war ich ganz hingerissen von seinen Aufmerksamkeiten, aber ich versuchte ihm zu widerstehen.

»Ich fliege wirklich nicht gern; ich mag die Geschwindigkeit nicht. Am liebsten sitze ich in einer Ecke, ohne mich zu rühren. Bestimmt liegt das daran, dass es in meiner Heimat, in El Salvador, so viele Erdbeben gibt und man jeden Tag damit rechnen muss, plötzlich die Place Vendôme vor seiner Tür zu finden.«

»Nun gut«, antwortete er mir lachend, »ich werde ganz vorsichtig fliegen. Ich habe schon einen Bus bestellt, der Ihre Freunde abholen soll, und sie sind zum Hotel Occidental gefahren. Von dort aus wird man sie herbringen. Die, die sich bereit erklärt haben, mit Ihnen zu kommen, sind schon dort.«

Alles war bereits arrangiert, und zwanzig Minuten später drängten wir uns in ein Auto, das zum Flugplatz fuhr. Zu dem versprochenen Sonnenuntergang. Von Buenos Aires nach Pacheco war es eine gute Stunde Weges. Ich rollte mich im Wagen zusammen und hörte diesem großen Jungen zu, der aus seinem Leben berichtete, von seinen Nachtflügen.

»Wissen Sie, das müssen Sie aufschreiben«, sagte ich zu ihm. »Sie erzählen so wunderschön.«

»Na gut, ich werde es für Sie festhalten. Wissen Sie, ich habe bereits ein Buch mit Erinnerungen an meine ersten Postflüge geschrieben. Vor fünf Jahren, als ich noch jung war.«

»Aber fünf Jahre sind doch keine Zeit.«

»Doch, die machen sehr viel aus. Damals, in der Sahara, war ich noch sehr jung. Das Buch heißt *Südkurier*. Auf dem Rückweg fahren wir bei mir vorbei, und ich gebe Ihnen ein Exemplar. Das Buch hat nicht den geringsten Erfolg gehabt. Drei Stück habe ich davon verkauft, eines an meine Tante, ein weiteres an meine Schwester und noch eines an eine Freundin meiner Schwester. Immerhin drei … Man hat ein wenig über mich gelacht, aber wenn Sie sagen, dass ich wirklich gut erzähle, werde ich es niederschreiben. Für Sie allein. Einen ganz langen Brief.«

Ich war die einzige Frau. Madame E., die uns hätte begleiten sollen, hatte sich unter dem Vorwand entschuldigt, die Straßen, die zum Flugfeld führten, seien zu staubig. Im Wagen redete und redete Saint-Exupéry voller Begeisterung. Welcher Charme in seinen Bildern lag, wie er die grimmige Realität mit dem Unwahrscheinlichen vermischte! Crémieux stellte ihm Fragen, die er unermüdlich beantwortete. Er erklärte, seit einer Woche habe er mit niemandem gesprochen, und überschüttete uns mit tausend Geschichten über die Fliegerei.

Endlich erreichten wir das Gelände, wo uns ein silbriges Flugzeug erwartete. Ich wollte in die Passagierkabine klettern, aber Saint-Exupéry bestand darauf, dass ich neben ihm auf dem Sitz des Kopiloten Platz nahm. Die Kabine war durch einen Vorhang abgetrennt, ein dickes Tuch. Ich hatte keine Ahnung, wie Flugzeuge dieser Art geflogen wurden. Er schloss die Vorhänge. Verstohlen betrachtete ich seine Hände; schöne, intelligente Hände, empfindsam, fein und stark zugleich. Hände wie von Raffael gemalt. In ihnen offenbarte sich sein Charakter. Ich hatte Angst, aber ich vertraute ihm mein Leben an. Wir hoben ab. Seine Gesichtsmuskeln entspannten sich.

Wir flogen über Ebenen und Wasser. Mein Magen protestierte. Ich spürte, wie ich blass wurde und stieß einen tiefen Seufzer aus. Zum Glück übertönte der Motorenlärm mein Stöhnen. Durch die Höhe verstopften sich meine Ohren, und ich hätte am liebsten gegähnt. Plötzlich stellte er den Motor ab.

»Sind Sie schon oft geflogen?«

»Nein, dies ist das erste Mal«, antwortete ich schüchtern.

»Und gefällt es Ihnen?«, fragte er und betrachtete mich mit amüsierter Miene.

»Nein, ich finde es bloß seltsam.«

Er arretierte den Steuerknüppel, um mir ins Ohr zu sprechen. Darauf zog er die Maschine erneut hoch und hielt wieder an, um mit mir zu reden. Er amüsierte sich damit, uns Angst einzujagen, indem er Loopings drehte. Ich lächelte.

Er legte die Hände auf meine Knie und streckte mir die Wange entgegen. »Würden Sie mich küssen?«, fragte er.

»Aber Monsieur de Saint-Exupéry, Sie wissen, dass man in meinem Land nur Menschen küsst, die man mag, und höchstens, wenn man sich sehr gut kennt. Ich bin noch nicht lange Witwe; wie kann ich Sie da küssen?«

Er biss sich auf die Lippen, um ein Lächeln zu unterdrücken.

»Küssen Sie mich, oder ich lasse die Maschine abstürzen«, befahl er und tat, als wollte er das Flugzeug ins Meer stürzen lassen.

Vor Wut kaute ich auf meinem Taschentuch. Warum sollte ich diesen Mann küssen, den ich eben erst kennen gelernt hatte? Ich fand diesen Scherz ziemlich geschmacklos.

»Ergattern Sie auf diese Weise Küsse von den Frauen?«,

fragte ich. »Bei mir funktioniert das jedenfalls nicht. Ich habe genug von diesem Flug. Wenn Sie mir etwas Gutes tun wollen, dann landen Sie. Ich habe gerade erst meinen Mann verloren, und ich bin traurig.«

»Ah! Wir stürzen ab.«

»Ist mir ziemlich gleich.«

Da sah er mich an und startete von neuem den Motor.

»Ich weiß, Sie küssen mich nicht, weil ich zu hässlich bin«, sagte er.

Ich sah Tränen wie Perlen aus seinen Augen rollen und auf seine Krawatte tropfen, und mein Herz zerfloss vor Zärtlichkeit. So gut ich konnte, beugte ich mich zu ihm hinüber und küsste ihn. Er erwiderte den Kuss heftig, und so verharrten wir zwei oder drei Minuten, während die Maschine stieg und sank und er den Motor immer wieder an- und ausstellte. Allen Passagieren war übel. Hinter uns hörten wir sie jammern und stöhnen.

»Sie sind nicht hässlich, aber Sie sind zu stark für mich. Sie tun mir weh. Sie küssen nicht, sondern Sie beißen, Sie verschlingen mich. Ich will jetzt landen.«

»Verzeihen Sie mir, ich verstehe nicht viel von Frauen. Ich liebe Sie, weil Sie ein Kind sind und Angst haben.«

»Sie werden mir schließlich noch wehtun. Ich halte Sie für ein bisschen verrückt.«

»Das kommt Ihnen nur so vor. Ich tue, was ich will, selbst wenn mir das schadet.«

»Hören Sie, ich kann nicht einmal mehr schreien. Lassen Sie uns landen. Ich fühle mich schlecht, und ich habe keine Lust, ohnmächtig zu werden.«

»Auf gar keinen Fall. Sehen Sie da unten: der Río de la Plata.«

»In Ordnung, da liegt der Río de la Plata, aber ich hätte lieber die Stadt gesehen.«

»Ich hoffe, dass Sie nicht luftkrank sind.«

»Nur ein bisschen.«

»Hier, eine kleine Pille. Strecken Sie die Zunge heraus.«

Er schob mir die Tablette in den Mund und knetete nervös meine Hände.

»Was für winzige Händchen! Kinderhände! Schenken Sie sie mir für immer!«

»Aber ich möchte mir die Hände nicht amputieren lassen!«

»Wie albern Sie sind! Ich bitte Sie, mich zu heiraten. Ich liebe Ihre Hände, und ich möchte sie für mich ganz allein besitzen.«

»Meine Güte, Sie kennen mich doch erst seit ein paar Stunden!«

»Sie werden schon sehen, Sie werden mich heiraten.«

Endlich landeten wir. Meine Freunde waren sämtlich krank. Crémieux hatte sich über sein Hemd erbrochen, und Viñes fühlte sich außer Stande, sein morgiges Konzert zu geben.

Saint-Exupéry trug mich zum Wagen. Man fuhr uns zu ihm. Mein ganzes Leben lang werde ich mich an diese Autofahrt erinnern. Die Reise führte an Juwelierschaufenstern vorbei, in denen Edelsteine glitzerten, Smaragde und dicke Brillanten. Wir sahen auch Läden mit Federn und ausgestopften Vögeln. Buenos Aires war ein richtiges Klein-Paris. Man wähnte sich in der Rue de Rivoli. Dann hielten wir an, nahmen einen Aufzug und fanden uns in Saint-Exupérys Junggesellenwohnung wieder. Nachdem wir Kaffee getrunken hatten, suchten wir uns so gut wie möglich einen Platz zum Schlafen. Viñes und Crémieux legten sich auf demselben Diwan zur Ruhe, und ich im Bett von Saint-Exupéry. Mein Kopf drehte sich. Mir war übel, und ich wusste nicht mehr, wo ich mich befand. Ich rollte mich zusammen, und er las mir eine Passage aus *Südkurier* vor. Irgendwann verstand ich kein Wort mehr und fuhr ihn an.

»Hören Sie, könnten Sie mich nicht ein wenig allein lassen? Mir ist heiß, und ich möchte gern duschen. Entschuldigen Sie mich.«

Er ging nach draußen, ins andere Zimmer. Ich duschte, und er gab mir einen Morgenmantel. Ich legte mich wieder hin. Er setzte sich neben mich und erklärte: »Keine Angst, ich werde Sie nicht vergewaltigen.«

Dann setzte er noch hinzu: »Ich mag es, wenn man mich liebt. Es gefällt mir nicht, Dinge zu stehlen. Mir ist lieber, wenn man sie mir schenkt.«

Ich lächelte.

»Hören Sie, ich werde bald nach Paris zurückkehren, und all das, der Flug, wird trotzdem eine angenehme Erinnerung sein. Es ist nur so, dass meine Freunde krank sind, und ich ebenfalls, ein ganz kleines bisschen.«

»Hier, nehmen Sie noch eine Tablette.«

Ich nahm die Tablette und schlief ein. Irgendwann während der Nacht wachte ich auf, und er brachte mir eine heiße Brühe. Dann führte er mir einen Film vor, den er selbst gedreht hatte.

»Das schaue ich mir nach meinen Flügen an«, sagte er.

Die Musik war seltsam. Indische Gesänge begleiteten die Bilder. Ich konnte nicht mehr. Dieser Mann war zu beeindruckend, sein Inneres zu reich. Ich deutete ihm an, Viñes habe an diesem Abend ein Konzert, und man müsse ihn ins Theater bringen. Er versicherte mir, Viñes schlafe tief und fest, es sei drei Uhr morgens, und ich müsse auch brav sein und wieder einschlafen.

Ich erwachte in seinen Armen.

3

*»Er besitzt großes Talent.
Er wird seinen Nachtflug schreiben.«*

Meine Freunde waren unterdessen verschwunden. Als ich sie etliche Tage später wieder traf, schworen sie mir, nie wieder den Fuß in ein Flugzeug zu setzen! Was Crémieux anging, so verursachte ihm schon das Wort »Flugzeug« Übelkeit.

»Es gibt eine Art von Seekrankheit, die man sein Leben lang nicht vergisst!«, lautete sein Kommentar.

Da die Revolution immer näher rückte, schlug ich ihm vor, am folgenden Tag mit dem nächsten Schiff abzureisen.

»Ängstigen Sie sich nicht. Kommen Sie lieber morgen in mein Hotel zum Mittagessen. Sind Sie frei?«

»Natürlich, lieber Crémieux. Auf bald also!«

Ich kehrte in mein Hotel zurück. Dort herrschte helle Aufregung. Die Zimmermädchen kamen und gingen und führten hinter den Türen unendlich lange Gespräche. Ich war es zufrieden: Morgen würde ich mit Crémieux essen, und dann würden wir nach Paris aufbrechen.

An diesem Abend dinierte ich im Hotel mit dem Minister G. Er war ein intelligenter Mensch, begabt mit einer einzigartigen Lebhaftigkeit und großer Sensibilität. Er legte Wert darauf, mich in Erinnerung an Gómez Carrillo zu empfangen. Zu seinen Ehren wollte ich hübsch sein. Die Atmosphäre des Hotels stand im Gegensatz zu meinem Seelenzustand. Ich sang, ich zog ein weißes Kleid an und legte mir einen Schleier aus schwarzer Spitze über das Haar.

Da ich die derzeitigen politischen Probleme kannte, fand ich es höchst liebenswürdig von dem Minister, mir seinen Abend zu opfern. Er entschuldigte sich dafür, dass er den Tisch vorsichtshalber in einem etwas abgelegeneren Salon hatte decken lassen.

»Ich habe mir erlaubt, in Ihrem Namen einige Freunde von Gómez Carrillo einzuladen. Ihre Frauen sind bezaubernd, und sie möchten Sie alle kennen lernen. Sie wollen sehen, wer Raquel Meller, die ›Violettera‹, von ihrem Platz im Herzen des Meisters verdrängt hat.«

Gómez Carrillos Scheidung und unsere darauf folgende Hochzeit beflügelte wohl ihre Fantasie. Ich verspürte nicht den Wunsch, dieses Thema zu vertiefen, und lenkte das Gespräch auf den Präsidenten.

»Erzählen Sie mir lieber von Don El Peludo. Ich finde ihn sehr sympathisch. Kürzlich habe ich eine Stunde mit ihm verbracht, und er hat mir von seinen Legehennen erzählt: ›Ich werde alt, ich liebe frische Eier.‹ Ich glaube, er ist seiner Verantwortung müde. Er unterschreibt Papiere, ohne sie auch nur anzusehen …«

Der Minister G. war ein aufrichtiger Freund des alten Mannes und wusste, dass die Revolution sich anschickte, El Peludo aus der Casa Rosada zu jagen.

Während exquisite Speisen und argentinische Weine serviert wurden, brachte man mir in aller Eile einen Brief an den Tisch. Das Schreiben stammte von meinem Flieger. Er hatte eben einen Tag und eine Nacht im Flugzeug hinter sich. Noch ganz in den Empfindungen des Flugs gefangen, erzählte er mir von den Stürmen und Notlandungen. Er sprach mir von Blumen, von Gewittern, von Träumen und dem Festland. Er erklärte, er kehre nur unter die Menschen zurück, um mich zu sehen, zu berühren und meine Hand zu halten. Er flehte mich an, brav zu sein und auf ihn zu warten. Ich lachte und las den Brief laut vor. Er begann mit »Madame … Liebste, wenn Sie es gestatten« und endete mit den Worten »Ihr Verlobter, wenn Sie es wünschen«! Wir alle fanden den Brief wunderbar, genial. Aus diesem Liebesbrief ist das Buch *Nachtflug* entstanden.

In dieser Nacht träumte ich von seinen Händen, die mir Zeichen gaben. Der Himmel war höllisch. Es war ein Nachtflug ohne Hoffnung. Nur ich allein besaß die Macht, die Sonne aufgehen zu lassen, damit er seinen Weg wiederfand. In meiner Aufregung rief ich den guten Crémieux an und weckte ihn. Er fand, ich sollte Saint-Exupérys Heiratsantrag annehmen. Mein Traum befehle mir, ihn nicht allein zu lassen, sagte er. »Er besitzt großes schriftstellerisches Talent. Wenn Sie ihn lieben, wird er seinen *Nachtflug* schreiben. Das wird ein grandioses Werk.«

Am nächsten Tag saßen wir alle – Crémieux, Viñes, Saint-Exupéry und ich – zusammen an einem Tisch in der Brasserie Munich. Wir lachten und plauderten fröhlich. »Sie werden schon sehen, Sie werden Ihr großes Buch schreiben«, sagte Crémieux zu Saint-Exupéry.

»Wenn sie mir die Hand hält, wenn sie zustimmt, meine Frau zu werden«, antwortete Saint-Exupéry.

Schließlich gab ich nach, da mir die Argumente ausgingen. Er gebärdete sich wie verrückt vor Freude und wollte mir den größten Diamanten kaufen, der in Buenos Aires aufzutreiben war. In diesem Moment wurde er ans Telefon gerufen.

»Ich muss sofort aufbrechen«, erklärte er. »Lassen Sie uns zusammen zum Flugfeld fahren. Da wollen wir uns verloben, denn dort haben Sie mich zum ersten Mal geküsst.«

Crémieux mochte sich dieses Mal auf keine weitere Expedition einlassen. Nur Viñes begleitete uns. »Beeilen Sie sich«, bemerkte er zu Saint-Exupéry, »sonst halte ich mich noch selbst für den Verlobten des ›Mädchens von der *Massilia*‹! Auf Ihrem Flugfeld gibt es kein Klavier; man muss eines dorthin schaffen.«

»Für Sie lasse ich eines aus Paris kommen«, sagte ich lachend zu ihm.

Mit düsterer Miene kehrte Tonio zu uns zurück.

»Ich lasse Sie allein.«

»Aber Sie können mich nicht verlassen. Wir müssen uns heute Abend verloben.«

Immer noch brachte die Situation mich zum Lachen. Ich begriff nichts, aber ich fühlte mich sehr glücklich.

»Sehen Sie den Piloten, der gerade aufbricht? Er hat Angst. Schon einmal ist er sehr unruhig zurückgekommen. Er behauptet, dass er es nicht schafft.«

»Was denn schaffen?«, fragte ich.

»Die Nacht«, brummte Tonio. »Der Wetterbericht ist nicht besonders gut. Aber für mich ist er immer noch gut genug. Didier Daurat hat gesagt, dass man sich vor der Angst retten muss … Wenn er darauf beharrt, springe ich für ihn ein. Die Post muss heute Abend hinaus.«

Wir aßen Austern und tranken Weißwein. Auch ich bekam langsam Angst … Angst vor der Nacht. Die Telefone klingelten alle zugleich; das Funkgerät, das nur zwei Meter entfernt von uns stand, stieß piepsende Morsebotschaften aus: andere Piloten, die nach dem Weg fragten.

Das Licht über dem Oberteil des Funkgeräts verlieh dem Apparat ein makaberes Aussehen. Dann hörte man lautes Motorendröhnen. Vor meinen Augen ergoss sich weißes Licht über das Flugfeld wie Milch. Tonio klingelte. Ein Argentinier (der Garderobier, wie beim Theater) erschien, und schneller, als ich hier erzählen kann, zog er ihm Stiefel an, steckte ihn in einen Ledermantel und reichte ihm Handschuhe. Unterdessen kletterte der Pilot aus seinem Flugzeug. Er war zurück.

»Er soll in mein Büro kommen«, rief Tonio, während er alle verbliebenen Austern hinunterschlang, in den Brotlaib biss und aus der Flasche trank. »Ich bitte Sie um Verzeihung«, sagte er zu mir, »aber ich habe es eilig.«

Der Pilot, der sich fürchtete, trat ein, begleitet von einem Sekretär. Der Mann hielt sich stocksteif, war verlegen, beschämt und atmete schwer. Er nahm seinen Kopfhörer ab.

Tonio diktierte dem Sekretär: »Boulevard Haussmann, Paris. Pilot Albert entlassen; warnen Sie alle anderen Luftfahrtgesellschaften.«

»Wenn Sie diesen Funkspruch abschicken, bringe ich Sie um«, schrie Albert.

Er näherte sich Tonio, der zum Flugzeug stürzte.

»Ausgerechnet Sie, der Sie Angst vor der Nacht haben, wollen mich töten?«, schleuderte Saint-Ex ihm entgegen.

Der Pilot hielt einen Revolver in der Hand. Er weinte.

»Ich lasse Sie nicht vorbei; Sie werden abstürzen ...«

Und er schluchzte noch heftiger.

Viñes und ich waren wie gelähmt. Der Weißwein löste uns schließlich die Zunge

»Niña, niña, nos vamos a casa?«[6]

»Nein, Ricardo. Heute Abend findet meine Verlobung statt.«

Ricardo strich sich über den Schnurrbart. Da hallte ein Schrei durch den Hangar. »Ricardo Viñes!«

»Was habe ich Böses getan?«, fuhr Viñes zusammen. »Ich halte nichts vom Fliegen ...«

---

6 Mädchen, Mädchen, sollen wir nach Hause fahren?

»Da ist ein Funkspruch für Sie.«

»Für mich?«

Ricardo wirkte immer verstörter. Er suchte seine Brille, die sich partout nicht aus seiner Tasche ziehen lassen wollte, während Albert im Schatten vor sich hinfluchte und sich gesenkten Hauptes entfernte.

Schließlich las Ricardo den Funkspruch vor. »Bitte tausendmal um Vergebung für meine Abwesenheit. Setzt Verlobungsfeier auf dem Flugfeld fort bis zu meiner Rückkehr. Himmel klarer und Wind günstig für den Rückflug. Vermutlich gegen Mitternacht. Euer Freund Saint-Ex.«

»So schnell, ein Telegramm, bravo!«, rief Viñes aus und lachte vor lauter Freude. »Na, diese Verlobungsfeier verheißt ja *una boda magnífica, inesperada!*«[7]

Das war der erste der Nachtflüge, die mich von diesem Tag an um den Schlaf bringen sollten.

Am nächsten Morgen feierten wir unsere Verlobung auf dem Flugfeld mit einem Milchkaffee. Tonio hatte die Post bis zur nächsten Station befördert, wo er einen Ersatzpiloten gefunden hatte.

Man brachte uns die Botschaft, dass die Revolution noch an diesem Tag ausbrechen würde. Ich nahm die Information gelassen hin. Nun, da mein Pilot zurück war, konnte mich nichts mehr beunruhigen.

Viñes und ich kehrten nach Buenos Aires zurück, um zu schlafen. Tonio musste auf dem Flugfeld bleiben und auf Nachricht über seine Post warten. Das Telefon weckte mich. Es war Crémieux.

»Stehen Sie auf, die Revolution ist ausgebrochen ... Auf den Straßen wird geschossen, verstehen Sie?«

---

7 ... eine wunderbare, unerwartete Hochzeit.

»Ach ja? Sie wissen doch, dass ich heute Nacht sehr spät ins Bett gekommen bin. Warten Sie, ich schaue aus dem Fenster. Ja, da wird geschossen; das ist die Revolution. Aber ich komme zum Frühstück zu Ihnen. Warten Sie auf mich.«

Kaum hatte ich mich fertig angezogen, stellte ich fest, dass die Dienstboten sich aus dem Staub gemacht hatten. Nur ein alter Mann, der in einer Ecke hockte und sich nichts mehr vom Leben erhoffte, hielt mir einen Eilbrief entgegen. Ich riss ihm das Schreiben aus den Händen. Aber da stürzte mit einem Mal Tonio wie der Teufel in meine Suite.

»Ah, da sind Sie ja! Ich hatte solche Angst um Sie. Und das Flugfeld ist so weit von Buenos Aires entfernt. Die Vorstellung, ich könnte zu spät kommen, Sie verlieren, hat mir mehr Angst eingejagt als alle meine Flüge. Kommen Sie.«

»Aber warum? Das ist nichts, nur eine Revolution … Als fünfzehnjähriges Mädchen in Mexiko habe ich mir mit meinen Klassenkameraden immer die Revolutionen angesehen. Gelegentlich bekommt jemand eine Kugel ab, aber man stirbt selten dabei. Die Zivilisten schießen nicht gut. Es dauert lange Jahre, Menschen zum Töten auszubilden.«

Er lachte.

»Schön, wenn Sie keine Angst haben, dann habe ich auch keine … Schauen Sie, ich habe übrigens meine Kamera dabei. Ich möchte die Revolution dort filmen, wo geschossen wird. Das wird meinen Freunden, die in Frankreich geblieben sind, gefallen. Sie erinnern sich doch an meine kleinen Filme, die ich Ihnen gezeigt habe?«

»Ja, aber begleiten Sie mich doch zu Crémieux. Er erwartet uns zum Frühstück.«

»Er erwartet Sie, aber nicht mich ...«

»Aber wir sind schließlich verlobt!«

»Man sollte es nicht glauben«, meinte er und sah mir fest in die Augen. »Ich habe sehr wenig freie Zeit, und wenn ich Sie besuchen komme, sind Sie immer von anderen Leuten umgeben.«

»Sicher, wenn Sie mit ›Leuten‹ die Revolution meinen.«

Wir gingen langsam und begannen zu streiten. Er ließ mir keine Zeit zum Nachdenken. Ich wollte protestieren; erklärte ihm, ich wolle mein Leben nicht damit zubringen, auf einem Flugplatz oder einem Stuhl sitzend auf ihn zu warten. Aber die Kugeln flogen schneller als meine Gedanken. Saint-Exupéry packte mich fest am Arm.

»Beeilen Sie sich; man wird uns noch umbringen. Sehen Sie, dort liegen zwei, nein drei Tote.«

»Vielleicht sind sie ja nur verletzt?«

»Gehen Sie, laufen Sie schneller, kleines Mädchen, sonst nehme ich Sie auf den Rücken.«

Diesen Befehl erteilte er mir sehr ernst, mit einem Blick auf meine hohen Absätze und meine kleinen Schritte.

»Wenn man eine Straße überquert, auf der geschossen wird, darf man nicht rennen«, erläuterte ich ihm. »Damit lenken wir nur die Aufmerksamkeit der Männer auf dem gegenüberliegenden Bürgersteig auf uns, die dort Revolution machen. Außerdem sehen Sie ganz und gar nicht wie ein Argentinier aus. Die Soldaten auf den Lastwagen kümmern sich nicht um uns; sie schießen nur auf die Bewaffneten.«

»Wenn das so ist, warum legen wir nicht mitten auf der Straße ein Tänzchen hin, Mädel?«

Die Revolutionäre erzwangen sich Einlass in Privathäuser, andere schossen von den Dächern. Plötzlich wurden wir von einem Mann bedroht, der mit einem Karabiner bewaffnet war. Aber Tonio sprach ihn mit kräftiger, ruhiger Stimme an, die sogar den Gefechtslärm übertönte. »Ich bin Franzose«, erklärte er ihm. »Sehen Sie«, setzte er hinzu und zeigte ihm seine Auszeichnung der Ehrenlegion.

Allein diese Geste hatte ausgereicht, um die Situation unter Kontrolle zu bringen, aber ich fürchtete mich immer noch.

»Schnell, wir wollen laufen und uns in dieser Toreinfahrt verstecken«, rief ich.

Eine gute Stunde verbrachten wir damit, dem Treiben der Revolutionäre zuzusehen. Männer fielen ohne einen Laut. Schnell sammelte man sie ein und trug sie davon, und aus einem Tunnel erschienen andere, um sie zu ersetzen. Wir konnten nicht länger am selben Ort bleiben, wir wurden nervös. Wir gingen bis zur Straßenecke weiter. Dort fand keine Schießerei statt, aber die Fenster waren geschlossen, und dahinter konnte man Gesichter erahnen, die nach draußen spähten. Es herrschte eine Aufregung wie in einem panisch gewordenen Ameisenhaufen.

Endlich trafen wir bei Crémieux ein. Er freute sich über die Gelegenheit, uns von den Ereignissen zu berichten.

»El Peludo ist Ihr Freund. Die Bewohner dieses Hotels stehen auf der anderen Seite. Passen Sie also auf, was Sie sagen.«

Er lachte. Dies war seine erste Revolution. Für den Fall, dass die Regierung Widerstand leistete, bedrohten noch einige Flugzeuge Buenos Aires. Aber El Peludo hatte in der Casa Rosada bedingungslos kapituliert.

Als der Nachmittag sich dem Ende zuneigte, hatte die Revolution gesiegt. Die Aufständischen begannen Möbel, die Parteigängern des Präsidenten gehörten, aus den Fenstern zu werfen. Sie schleiften seine Statue, ans Ende eines Seils gebunden, über die Straße, und steckten die Ministerien in Brand.

Zusammen mit Tonio rannte ich zu meinem Hotel, um mein Gepäck zu retten, und kehrte dann zu Crémieux zurück. Plötzlich begann eine Sirene zu heulen. Sie gehörte der Zeitung *Crítica*, dem Regierungsorgan.

»Und wenn das die Konterrevolution war?«, fragte ich.

»Wohin sollen wir dann?«, gab Crémieux zurück.

»Ich rühre mich nicht vom Fleck. Diesen ganzen Aufruhr finde ich entsetzlich. Ich bin nach Buenos Aires gekommen, um mich zu erholen!«, erklärte ich.

Tonio und Crémieux lachten.

Schließlich beschlossen wir, aufs Dach zu klettern, damit Tonio seine Kamera einsetzen konnte. »Es wäre schade, dieses Ereignis nicht zu filmen«, meinte er. Wir arbeiteten uns von einem Haus zum anderen vor. Tonio wollte hinunter auf die Straße. Crémieux riet mir, ihn ruhig seine Aufnahmen machen zu lassen. »Und wir suchen uns einen ruhigen Winkel auf dem Dach, um die Lage im Blick zu behalten.«

Tatsächlich, unmittelbar neben dem Hotel stand die Zeitschrift *Crítica* in Flammen. Der Rauch erschwerte uns das Atmen, sodass wir den Rückzug antreten mussten.

An diesem Abend tranken wir Cocktails in der Bar. Mein Kleid war zerrissen. Crémieux beschloss, am folgenden Montag endgültig abzureisen. Ich wusste nicht mehr, wo ich war und was ich tun sollte, und ich fühlte mich ein wenig verloren zwischen den Rauchwolken, die von dem brennenden Gebäude herüberzogen, und den Blumen der Piano-Bar …

4

»Sind Sie sich sicher, dass Sie eine Frau fürs Leben wollen?«

Ich ging durch die Stadt. Jeder Schritt erschien mir wie ein neues Abenteuer, und ich fragte mich, warum ich Zeugin all dieser merkwürdigen Ereignisse werden musste: die Revolution, mein Besuch beim Präsidenten, die Statue von El Peludo, die man unter dem nervösen Lachen eines Volkes, das sich zum ersten Mal frei glaubte, durch die Straßen zerrte. Die vom Sockel gestürzte Statue war das Symbol dafür. Der Marmor hatte guten und schlechten Zeiten widerstanden, aber das Unwetter im Herzen der Studenten war verheerender gewesen als das Gewitter über der Pampa …

Don El Peludo selbst sollte einige Tage später in Gefangenschaft gehen; auf ein Schiff, das in den dunklen Wassern zwischen den Inseln schwimmen würde, dort, wo sein Herz nie wieder Trost finden konnte. Er war alt, und man wollte ihn auf diese Weise in den Selbstmord treiben, zwischen den unbarmherzigen Winden, die über die Meere streifen. Ganze Nächte lang hatte man darüber diskutiert, an welchen Ort man den Dikator schicken sollte, den das argentinische Volk hervorgebracht hatte. Kein Aufenthaltsort schien düster genug für diesen Mann, der selbst nach Ansicht des einfachen Mannes auf der Straße unschuldig war, jedoch seine Pflichten als Vater seines Volkes vernachlässigt hatte.

Ich fürchtete mich vor dieser merkwürdigen Atmosphäre, die über Buenos Aires schwebte. Keine Tür bot mir Sicherheit, jedes Fenster erschien mir wie ein Vogelkäfig. Für eine Frau wie mich, die aus Paris kam, wo alles einfach war, selbst der Tod, sogar das Elend und die Ungerechtigkeit, überschritt dies alles jedes Maß. Hier war noch alles zu entdecken, musste zuerst erfunden werden. Langsam schritt ich weiter. Warum war ich ausgerechnet in dem Moment eingetroffen, als dieser Ameisenhaufen explodiert war? Ich hatte kein Glück. Ich war gekommen, um Freunde zu treffen, Frieden zu finden und mich über den erst kurz zurückliegenden Verlust meines Mannes zu trösten, und stattdessen stieß ich überall auf die Unzufriedenheit dieser tropischen Menschen, die sich zum ersten Mal Bahn brach.

In meiner Tasche spürte ich den Liebesbrief meines fliegenden Ritters. Ich rieb ihn zwischen den Fingern; bei jedem Schritt, bei jeder Bewegung meiner Muskeln, bei jedem Beben meiner Hüften schien er zu mir zu sprechen. Ich sagte mir, dass dies ein Liebesbrief sei … und die Liebe … die Liebe … Ich ging weiter.

Zu viele Dinge stürmten auf mich ein. Ich musste nachdenken, erwachsen werden. Ich wollte verstehen, ich wusste, dass es in dieser ganzen Geschichte etwas zu entschlüsseln gab. Ob das Ganze um mich ging oder um das Leben im Allgemeinen, wusste ich nicht, aber ich musste aufmerksam auf den Takt dieser neuen Zeit lauschen, die vor mir lag. Ich verhielt den Schritt und betrachtete den grauen Himmel, der tief über den Mansardendächern von Buenos Aires hing. In der Landschaft existierten keine Schatten, keine Blätter, nur einige Passanten. Und ich träumte von den schönen rosablühenden Kastanienbäumen in den Avenuen von Paris, von der Seine, die die Stadt in zwei Teile schneidet, den fliegenden Buchhändlern, bei denen man sich in solchen Momenten ablenken und trösten kann. Eine argentinische Freundin erzählte mir eines Tages, sie besäße fünftausend Bäume. In Buenos Aires zählt man die Bäume. Sie kommen von weither; die, welche man hier sieht, werden wie Gefangene hergebracht, und man verspricht ihnen viel Fürsorge und Liebe, wenn sie nur wachsen wollen. In diesem Land gehen die Menschen zu den Bäumen, sie bitten sie, bei ihnen groß zu werden, sie mit ihrem Schatten zu schützen, ihnen Kühle zu schenken. Ich kannte einige Güter, auf denen die Bäume dank der Sorge der Gärtner ausgezeichnet gediehen. Aber die Pampa ist unerbittlich, sie gibt nichts freiwillig her, denn sie möchte allein sein, einfach die Pampa. Die Mühe, die ihre Besitzer sich geben, um etwas Grünes hervorzubringen, grenzt ans Magische. Eine Ernte stellt ein Wunder dar. Doch auf je mehr Hindernisse der Mensch stößt, desto würdiger ist er, Wunder zu wirken …

Immer noch rieb sich Tonios Brief an meinem Kleid, an meiner Hüfte und sprach zu mir; doch ich mochte nicht hinhören. Ich versuchte zu begreifen, was mir in diesem harten und zugleich zärtlichen Land widerfuhr. Ich fühlte mich allein, wie ein Waisenkind, fern von den Kastanienbäumen der Avenue Henri-Martin in Paris, fern vom Jardin de Luxembourg, exiliert. Und dennoch schenkte mir der mühsam aufrechterhaltene Stolz, mit dem ich meine Einsamkeit trug und mein Unvermögen, klar zu sehen, das Gefühl, wirklich am Leben zu sein. Man trug mir die Rolle einer Ehefrau wie in einem Theaterstück an. War ich dazu geschaffen? Hatte ich wirklich Lust, sie zu spielen? Ich hatte Migräne vom vielen Nachdenken, und wie um mich zu entspannen, gab ich schließlich dem Raunen meines Liebesbriefs nach. Langsam steckte ich die Hand in die Tasche und zog ihn heraus. Er, der fliegende Ritter, bot mir alles: sein Herz, seinen Namen, sein Leben. Er sagte mir, sein Leben sei ein Flug, er wolle mich mitnehmen. Ich sei so zart, doch er glaube, dass meine Jugend den Überraschungen widerstehen könne, die er mir verhieß: schlaflose Nächte, unvorhergesehene Veränderungen, kein Gepäck, nichts als mein Leben, das einzig an ihm hängen würde. Weiter schrieb er, dass er sich sicher sei, mich auf der Erde wiederzutreffen, um mich mit schwindelerregender Geschwindigkeit zu entführen. Ich solle sein Garten sein; er würde mir Klarheit bringen, und ich solle ihm festen Boden unter den Füßen schenken, die Welt der Menschen, die Erde eines Heims, eine extra für ihn bereitete Tasse heißen Kaffees neben einem Blumenstrauß, der immer auf ihn warten sollte. Die Worte jagten mir Angst ein; lieber wollte ich zurückblicken in mein Land, wo nichts die Häuser und Menschen bedrohte.

Doch in den dunklen Straßen schien kein Zeichen auf, das meine Befürchtungen gestillt hätte. Eine tiefe Mattigkeit ergriff mich. Ich vermochte nicht einmal zu weinen. Wie ein Tier, das in einem Käfig gefangen ist, raufte ich mir die Haare. Warum sollte ich mich auf diese unmögliche Verbindung mit einem grimmigen Vogel einlassen? Er durchmaß einen Himmel, der mir unendlich hoch erschien. Wieso sollte meine kindliche Seele sich von seinen Verheißungen von Wolken und zukünftigen Regenbogen versuchen lassen? Ich verschloss die Augen vor diesem Brief, steckte ihn zurück in die Tasche und ging weiter zu einer Kirche, um Gott zu fragen, was ich tun sollte.

Allein er konnte die Wunde lindern, die in meinem Herzen aufgerissen war. Ich erinnerte mich an einen Rat, den meine Mutter mir erteilt hatte. »Gott«, pflegte sie mir zu erklären, »will nicht, dass wir traurig und verwirrt sind; er will uns fröhlich und stark sehen.« Warum bekümmerst du mich dann so, o Herr? Ich zitterte vor Furcht, ich fieberte, ich konnte nicht mehr denken. Aber mein Herz flüsterte mir ins Ohr: »Wenn Crémieux ohne mich abreist, bin ich ganz allein, ohne Beistand, ohne Schutz. Ich werde nichts weiter sein als eine Puppe in den Armen des großen Himmelsreisenden. Des Fliegers.« Und der Brief fuhr fort, mir auf jedem Schritt meines Weges zuzumurmeln.

Endlich kam ich bei der Kirche an. Es war die Gemeinde von Pater Landhe. Er war dort, als hätte er auf mich gewartet. Ohne Vorrede erzählte ich ihm von meiner fliegenden Verlobung und zog den bewussten Brief aus meiner Tasche. Er las ihn langsam laut vor, als müsse er mir den Inhalt mitteilen. Dann sah er mir ins Gesicht.

»Wenn Sie den Mann lieben«, erklärte er, »dann rate ich Ihnen, ihn zu heiraten. Er ist eine Naturgewalt, er ist ein ehrlicher Mensch, und er ist ledig. Mit Gottes Hilfe werden Sie ein glückliches Heim begründen.«

Ich nahm den Brief aus seinen Händen und verließ ihn.

Wieder war ich allein und wanderte durch das lärmende Buenos Aires. Zufällig stieß ich auf mein altes Hotel, das España. Die Neugierde bewog mich einzutreten. Ich bat darum, mein Zimmer sehen zu dürfen. Niemand hatte etwas dagegen. Auf den Treppen und im Foyer herrschte Durcheinander, aber das Personal wirkte ruhig und resigniert. Ich stieß die Tür des Zimmers auf, wo man mir so viel von der Revolution erzählt hatte. Dort fand ich meinen Schrankkoffer wieder. Er war unversehrt, aber zu schwer, als dass ich ihn hätte mitnehmen können. Dort lag auch ein an mich adressierter Brief. Auf dem Umschlag befanden sich einige Flecken, als wären Wassertropfen darauf gefallen. Ich öffnete ihn und begann zu lesen. Es war ein weiterer Brief von meinem Piloten. Noch einmal versicherte er mir, er wolle mich heiraten. Auf keinen Fall werde er zulassen, dass ich nach Frankreich zurückkehre. Er sei sich bewusst, dass ich Gast der Regierung sei, und riet mir, mich nicht in die Politik des Landes einzumischen, sondern die Liebe, die er mir entgegenbringe, ernst zu nehmen. Unser Freund Crémieux, so schrieb er, billige diese Ehe, die ein Leben lang währen sollte. Er bat mich, ein großes Mädchen zu sein und für sein Herz zu sorgen. Ich steckte den Brief in die Tasche zu dem anderen, und die beiden rieben aneinander und seufzten leise …

Schließlich verließ ich das Hotel. Auf der Straße führte ich Selbstgespräche. Ich sah sein zärtliches Gesicht vor mir, seine schwarzen Augen, rund und durchdringend. Das letzte Mal, als ich ihn nach Tagen und Nächten in der Luft wach gesehen hatte, hatte er frisch und strahlend wie ein Engel gewirkt, nachdem er eine Gewitternacht durchquert hatte. Er war bereit zu tanzen oder den nächsten Flug anzutreten. Tonio konnte einmal am Tag essen oder sogar überhaupt nicht, er war in der Lage, ein ganzes Fass auszutrinken oder mehrere Tage ohne einen Tropfen Wasser auszukommen. Er lebte nach keinem festen Zeitplan bis auf die Gewitter am Himmel und den Sturm in seinem Herzen. Eines Tages kam er in mein Hotel und sah, wie ich ein Glas Wasser trank.

»Ah!«, rief er aus. »Jetzt weiß ich, was mir fehlt. Ich habe seit gestern nichts getrunken. Schenken Sie mir bitte etwas ein.«

Ich reichte ihm ein Glas Wasser und eine Flasche Cognac. Ohne zu überlegen, schüttete er sich den Inhalt der Flasche durch die Kehle und anschließend das Wasser. Er hatte ganz vergessen, dass die übrigen Anwesenden möglicherweise auch etwas trinken wollten. Da er es hasste, den Gesprächsfaden zu verlieren, entschuldigte er sich nicht einmal. So etwas verdross ihn sehr. Manchmal, wenn man ihn mitten in einer seiner Erzählungen unterbrach, verfiel er für lange Zeit in Schweigen und sprach mitunter den ganzen Abend lang kein Wort mehr. Besser gesagt, die ganze Nacht hindurch, denn er besaß keinen Zeitbegriff. Seine Besuche zogen sich bis zum Frühstück hin, und er fand diesen Rhythmus ganz natürlich. Oft überwältigte ihn der Schlaf. Dann schlummerte er ein, ganz gleich, wo er sich befand, und niemand vermochte ihn zu wecken.

Eines Tages brachte man ihn vom Flugfeld zurück. Er hatte seinem Chauffeur meine Adresse gegeben, und der trug ihn schlafend zu mir hoch, wie man einen Koffer ausliefert. Hämisch erklärten mir die Hotelbediensteten: »Ihr Pilot schläft. Man hat ihn soeben abgegeben. Er schläft, er schläft ...«

Was sollte ich mit diesem großen Jungen anfangen? Ich ließ ihn auf einen Diwan legen und bat mein Zimmermädchen, sich zum ihn zu kümmern, wenn er aufwachte. Da ich um meinen Ruf fürchtete, überließ ich ihm meine Suite und nahm ein anderes Zimmer.

Diesen Mann, der niemals müde wurde, belasteten die einfachsten Verrichtungen. Zum Beispiel hasste er die Mühe, die es bedeutete, seine Zigarettenasche in einem Aschenbecher abzustreifen. Selbst wenn sie auf seine Bügelfalten fiel, tat er so, als interessiere ihn das Schicksal seiner Kleider nicht, um das Gespräch nicht zu unterbrechen. Mochten sie doch verbrennen!

Ich ging weiter allein durch die Straßen und träumte von meinem schlafenden Piloten ... Bestimmt sah ich aus wie eine kleine Närrin, die umherstreift und die Passanten anrempelt. Ich hatte mich verlaufen, als plötzlich jemand meinen Arm packte und mir ins Ohr schrie.

»Steigen Sie ein, steigen Sie in den Wagen.«

»Oh! Sind das Sie, Tonio?«

»Ja, ich bin es. Ich suche Sie schon überall. Sie sehen ja mitleiderregend aus; Sie gehen ganz gebeugt. Haben Sie etwas verloren?«

»Meinen Kopf, glaube ich.«

Er lachte gutmütig.

»Mein Chauffeur hat Sie gesehen. Ich hätte Sie nicht erkannt. Warum sind Sie so betrübt? Man könnte Sie für ein Waisenkind halten.«

»Ja, ich sehe traurig aus, weil ich nicht den Mut habe, vor Ihnen zu fliehen. Und ich glaube, dass ich die Wahrheit nicht erkennen will: für Sie bin ich nur ein Hirngespinst. Sie lieben es, mit dem Leben zu spielen; Sie fürchten sich vor nichts, nicht einmal vor mir. Aber Sie sollen wissen, dass ich weder ein Gegenstand noch eine Puppe bin: ich trage nicht jeden Tag ein anderes Gesicht, ich mag es, mich täglich an denselben Platz, auf meinen eigenen Stuhl zu setzen. Und ich weiß genau, dass Sie es lieben, unterwegs zu sein, jeden Tag an einem anderen Ort. Ich werde nicht ärgerlich sein, wenn Sie mir ehrlich sagen, dass Ihr Brief, Ihr Geständnis, eher ein Essay über die Liebe ist, eine Erzählung, ein Traum von der Liebe. Sie sind ein großer Dichter, Sie sind ein fliegender Ritter, Sie sind ein hübscher Junge, stark und intelligent, und Sie dürfen nicht über eine armes Mädchen wie mich spotten, das keinen anderen Schatz besitzt als sein Herz und sein Leben.«

»Auf gewisse Weise«, gab er zurück, »finden Sie also in mir zu viele Vorzüge, als dass ich Ihr Gatte sein könnte?«

»Für einen guten Ehemann vielleicht schon«, antwortete ich nachdenklich.

»Ah, die Frauen sind doch alle gleich! Sie lieben die

Liebe in Gedichten und auf der Theaterbühne. Sie lieben die Liebe der anderen, aber sie zu leben, mit dem Herzen zu lieben, das ist etwas anderes, das einem nur wie eine Gnade zuteil wird. Warum glauben Sie nicht an die Liebe?«, fragte er mich, indem er mir sehr fest die Hand drückte. »Sie sind noch so jung. Warum stehen Sie dem Leben so argwöhnisch gegenüber? Wieso sind Sie so verbittert gegen die Schönheit des Lebens?«

»Wie oft haben Sie schon heiraten wollen, Tonio? Wie viele Verlobte haben Sie schon gehabt?«

»Ich will es Ihnen erzählen. Eine einzige, als ich noch sehr jung war. Ich war mit einem Mädchen verlobt, das gelähmt war und in einem Gipskorsett lag. Der Arzt sagte, dass sie vielleicht nie wieder würde laufen können, aber ich hatte als Kind mit ihr gespielt, und ich liebte sie. Sie war die Verlobte meiner Spiele und meiner Träume. Außerhalb des Gipskorsetts konnte sie nur den Kopf bewegen, um mir ihre Träume zu erzählen. Aber sie log mich auch an. Sie hatte sich mit allen meinen Freunden verlobt, und jeden machte sie glauben, er sei der einzige, den sie liebe. Und dabei erzählte sie allen das gleiche; bloß dass sich später die anderen Verlegenheitsverlobten mit Frauen verheirateten, die gehen konnten. Nur ich bin bei ihr geblieben. Da hat sie mich um meiner Treue willen geliebt. Aber dann haben die Erwachsenen sich in unser Verlöbnis eingemischt. Und sie haben ihr einen anderen Mann gesucht, der reicher war, und ich habe geweint, geweint ... Ich war zu nichts mehr nutze, und ich musste meinen Militärdienst ableisten. Ich habe mich für die Luftfahrt entschieden, aber ich hatte die Altersgrenze fast erreicht, ich musste Wunder vollbringen ... In Marokko wollte ein Oberst mich unter seine Fittiche nehmen. Ich bin als Linienpilot zurückgekehrt und habe seitdem nicht mehr von der Fliegerei gelassen, denn ich bin ein treuer Mensch. Ich habe meine Verlobte nicht vergessen, aber jetzt begehre ich zum ersten Mal eine andere.«

»Und Ihre Eltern?«

»Ah! Meine Mutter ist sehr nett. Ich werde sie bitten, zu unserer Hochzeit zu kommen. Sie wird Verständnis aufbringen.«

»Aber meine Familie erwartet mich in San Salvador. Ich bin erst kurze Zeit Witwe, und wir beide kennen uns so kurz. Ich bin so gut wie verlobt mit einem Freund meines Mannes. Und Sie, Sie denken doch immer nur an Ihre Fliegerei.«

»Aber nein, aber nein, ich fliege nicht immer. Ich steige nur in die Maschine, wenn alles schief geht. Ich habe mehrere Piloten, die ins Innere Südamerikas fliegen. Aber wenn Sie wollen, nehme ich Sie mit zu den kleinen Stationen auf der Südamerika-Frankreich-Linie. Paraguay, Patagonien und noch weiter ... Ich habe Flugplätze eröffnet, kleine Dörfer gesehen, aber es geht nur so langsam voran. Ich werde in Buenos Aires bleiben, um die Linien zu überwachen. Ich werde schreiben. Seit *Südkurier* habe ich nichts mehr verfasst ... Nur diesen vierzigseitigen Brief an Sie ... Ich will Ihnen sagen, dass ich Sie bewundere, dass ich Sie liebe ... Jeden Tag werde ich Sie bitten, meine Gefährtin für das ganze Leben zu sein. Ich brauche Sie. Ich weiß, dass Sie meine Frau sind, ich schwöre es Ihnen.«

»Ich bin zu bewegt ... wenn ich glaubte, Ihnen etwas Gutes, etwas Schönes schenken zu können, dann könnte ich mich vielleicht entschließen, noch einmal zu heiraten ... aber nicht so rasch ... Tonio, sind Sie sich sicher, dass Sie wirklich eine Frau fürs Leben wollen?«

»Consuelo, ich will, dass Sie auf ewig die Meine sind. Ich habe an alles gedacht. Hier, das Telegramm an meine

Mutter. Ich habe es gestern geschrieben. Ich halte es keinen Tag mehr ohne Sie aus. Sehen Sie die Briefe, die ich Ihnen jeden Tag gebracht habe: ich habe nichts anderes getan, als Sie zu lieben … Wenn Sie mich lieben, werde ich darum kämpfen, Ihnen einen berühmten Namen zu schenken, ebenso bedeutend wie der Ihres Gatten, Gómez Carrillo. Verzichten Sie darauf, die Witwe eines großen Mannes zu sein, und werden Sie lieber die Frau eines lebenden Menschen, der Sie mit all seinen Kräften beschützen wird. Um Sie zu überzeugen, habe ich Ihnen einen Brief von hundert Seiten geschrieben. Ich flehe Sie an, lesen Sie ihn. Darin steckt der Sturm meines Herzens, das Gewitter meines Lebens, das von weither auf Sie zuzieht. Glauben Sie mir, vor Ihnen war ich allein auf der Welt, verzweifelt. Aus diesem Grund bin ich als Flugzeugmechaniker in die Wüste gezogen. Ich hatte keine Frau, keine Hoffnung, kein Ziel … Man hat mir hier einen Posten gegeben, ich arbeite, ich verdiene viel Geld. Ich habe ein Konto auf der Bank; ich spare seit sechsundzwanzig Jahren. Ich bewohne ein Junggesellenapartment in der Geremez-Passage, an einem Ort, wo nur die Vögel verweilen und ab und zu ein paar Menschen. Ich habe diese Wohnung für eine Woche gemietet und bin dann geblieben. Ich werde meine Pflichten gegenüber den Meinen erfüllen … Was mein Leben als Pilot angeht, so wissen Sie selbst, dass es seine Gefahren birgt wie alle Berufe. Ich habe mir nicht einmal einen Wintermantel gekauft, aus Angst, dass ich vielleicht nicht lange genug lebe, um ihn anzuziehen …«

Für mich interessierte er sich, weil ich – wie er – über mich selbst bestimmen konnte, wenn ich wollte. Wir waren zwei Personen, die eine ganz neuartige Verbindung eingehen würden. Frei.

Crémieux war mit unseren Plänen einverstanden.

»Sie werden ein intensives Leben führen. Lassen Sie sich nicht von den Neidern zusetzen. Gehen Sie unbeirrt Ihren Weg.«

Und mir sagte er im Vertrauen: »Er ist ein großartiger Bursche. Bringen Sie ihn zum Schreiben, und man wird von Ihnen beiden sprechen.«

Einige Tage später reiste Crémieux ab.

In der Brasserie Munich saß, in helle Farben gekleidet, mein großartiger Tonio und behauptete, er könne nicht schlafen. Bald wären wir verheiratet, es sei nur noch eine Frage von Tagen. Seine Mutter würde kommen. Er habe schon ein hübsches Haus in Tagle für unsere Hochzeit gemietet. Wenn ich wollte, erklärte er mir, könne ich sofort einziehen. Dann bräuchte ich mich nicht länger vor der guten Gesellschaft von Buenos Aires zu verstecken, schließlich würde er mein Leben sein, mein ganzes Leben.

Also fuhr ich nach Tagle. Freunde kamen, um die Einweihungsfeier auszurichten. Wir warteten auf meine Schwiegermutter, damit wir heiraten konnten. Ricardo gab weiterhin Konzerte. Er kam uns besuchen und beglückte uns mit seinem Talent, das Tonios Fantasie beflügelte.

Das Haus war klein, aber von riesengroßen Terrassen geschmückt und einem kleinen, abgelegenen Studio, das ich mit einem Fässchen Portwein mit goldenem Zapfhahn ausstattete, einem Guanaco-Fell an der Wand, ausgestopften Tieren und Zeichnungen, die ich zusammengestellt hatte. Unsere Freunde nannten diesen Raum das Zimmer der *enfants terribles*.

Ich war glücklich. »Wenn man das Wunderbare im Grunde seiner Selbst sucht, findet man es. Als Christin könnte ich sagen, dass man, wenn man nach dem Göttlichen strebt ... es auch erlangt« – das war mein Credo.

5

»Ich kann nicht fern von den Meinen heiraten«

»Wo soll das hin, Tonio?«, fragte ich, als ich seine Koffer und die Kisten voller Papiere erblickte, die im Flur unseres neuen Hauses standen.

»Unwichtig. In die Garage, damit sie im Haus keinen Platz wegnehmen. Die zehn Kisten sind zugenagelt und aus Holz ... keine Gefahr für die Papiere. Übrigens habe ich keine Ahnung, was in aller Welt ich da hineingepackt habe. Aber dies hier sind meine gesamten Besitztümer. Ich habe sie von einem Aufenthaltsort zum nächsten transportiert. Jede Kiste steht für einen Zwischenstopp, eines der Hotels, in denen ich während meines Lebens als Pilot abgestiegen bin. Aber ich bin nicht immer Flieger gewesen, ich war auch Mechaniker in Rio de Oro[8] ... Da war ich noch jung!«

»Wann war das, Tonio?«

»Vor drei Jahren. Das Leben vergeht schnell, wissen Sie. Eines Tages rief Monsieur Daurat mich in sein Büro. Monsieur Daurat redet nicht viel. Er handelt, er denkt, er liebt seine Arbeit, weil er durch sie Anteil am Fortschritt der Menschheit hat. Monsieur Daurat weckt immer das Beste in den Männern. Die Piloten mögen ihn nicht be-

---

[8] Damals spanische Besitzung in Nordafrika, die sich von der Dra-Hochebene etwa 1300 km an der Küste entlang bis Port-Étienne erstreckte. (Anm. d. Übers.)

sonders, aber sie möchten gern sein wie er … auch ich! Damals war ich auf der Linie ein paarmal hierhin und dorthin geflogen. Eines Tages in Toulouse ruft er mich in sein Büro. ›Sie brechen nach Port-Étienne auf; die Maschine geht um drei Uhr fünfzehn. Sie werden einige Monate dort bleiben; die Arbeit ist einfach, aber wir verlieren häufig Flugzeuge.‹ Ich sage zu Durat: ›Aber ich werde fern von meiner Familie sein!‹ – ›Schreiben Sie ihnen per Luftpost.‹ – ›Und meine Koffer, Monsieur Daurat?‹ – ›Schleppen Sie nicht zu viel mit; das Flugzeug ist schwer mit Post beladen. Sie können Ihren Rasierer und Ihre Zahnbürste einpacken. Da unten ist es heiß: fünfzig Grad im Schatten.‹ Dann sagte er noch sehr laut: ›Seien Sie pünktlich. Der nächste bitte.‹

Ein anderer Pilot trat ein. Ich war niedergeschmettert. Sollte ich gehen? Ich wusste genau, wenn ich mich weigerte, würde er mir kündigen. Das wäre dann das Ende meiner Pilotenlaufbahn. Ich schlug mir alle meine Verabredungen aus dem Kopf und befragte mein Gewissen als Mann: sollte ich mich weigern oder annehmen? Eine Ablehnung wäre zu einfach gewesen. Ich musste zusagen. Dort unten konnte ich immer noch nein sagen und zurückkehren. Schließlich lebten wir nicht in der Sklaverei. Ich schrieb meiner Mutter und meinen Freunden und stand auf die Minute pünktlich auf dem Flugfeld. Ohne ein Wort zu sagen, führte Monsieur Daurat mich zum Flugzeug. Erst als ich schon in der Luft war, winkte er mir ein einziges Mal zu.

Am Abend des folgenden Tages befand ich mich in Port-Étienne. Wir hatten Kaffee getrunken und Schokolade gegessen. Die Funkstation war gut damit ausgestattet. Ich selbst hatte wie gewöhnlich nichts dabei … Aber ich lasse Sie stehen, meine Liebste. Setzen wir uns dort, auf meine Kisten, wie in Port-Étienne! Monsieur Daurat hatte sie mir geschickt, eine nach der anderen, und ich habe sie sogleich zugenagelt. Darin hatte ich alles. Aber in Port-Étienne brauchte ich nichts. Ich ging praktisch nackt, und für lange Spaziergänge wickelte ich mir ein Tuch um den Kopf. Ich nahm immer einen Karabiner mit, weil es gefährlich war, sich vom Hangar zu entfernen. Die Mauren waren und sind den Christen gegenüber immer noch feindlich eingestellt, aber sie sind das unschuldigste Volk, dem ich je begegnet bin …

Mit großem Geschick hatte man mit ihnen verhandelt, um einen Hangar zu bekommen. Die Gespräche wären der Geschichten aus Tausendundeiner Nacht würdig gewesen. Um dort eine Basis einzurichten, sollten wir ihnen den Hangar in Gold aufwiegen! Später erfuhr ich, dass man ihnen immer nachgeben und später über den wirklichen Preis diskutieren musste. Sie verlangten auch tausend Kamele, tausend Sklaven, bewaffnet mit neuntausend Karabinern sowie je tausend Kilo Zucker und Tee! Natürlich sagten wir ja. Am Ende, nachdem wir mit dem verschleierten Stammeshäuptling gesprochen hatten – er war mit zweien seiner Männer und geladenen Gewehren gekommen, um sich die Antwort abzuholen –, boten wir ihnen Pfefferminztee an, den sie niemals ablehnen. Wir mussten uns auf den Boden hocken; so hatten sie Vertrauen zu uns. Das Ende vom Lied: hundert Peseten, zehn Pfund Tee und ebenso viel Zucker; und was die Sklaven anging, so würden wir sie kaufen, sobald wir welche auftrieben, was nicht einfach ist. Kennen Sie eigentlich die Methode, mittels derer man einen Menschen versklavt?«

»Nein.«

»Sind Sie nicht müde?«

»Nein, ich liebe Ihre Geschichten. Ich habe den Eindruck, dass sie Ihnen niemals ausgehen …«

»Dann hören Sie: Die Mauren schicken Männer ihres Vertrauens aus, um Tee, getrocknete Minze, Zucker und Gewehre zu kaufen. Sie sprechen Hirten an, deren Herden reichen Teppich-, Honig- oder Kupferhändlern gehören. Die Hirten lassen sich betören, obwohl sie wissen, dass diese als Marokkaner verkleideten Mauren Wölfe sind, die Herde und Hirten verschlingen können. Aber der Araber spielt allzu gern. Also stellt der Maure ihm eine Falle: ›Komm mit mir, du kennst diese Gegend. Ich habe eine kleine Herde an diesem und jenen Ort, die will ich dir anvertrauen. Du sollst mein Freund sein.‹

Und der Hirte packt seinen Proviant, sagt seiner Frau Adieu und bricht auf … Sobald sie eine abgelegene Gegend erreichen, treffen sie wie zufällig auf andere Mauren, und sie erklären dem Hirten: ›Ah, wir werden einen guten Sklaven aus dir machen. Du bist kräftig, du gefällst uns.‹ Einige Tage lang steckt man ihn in ein Erdloch, und jeden Tag holt man ihn für eine Stunde heraus und schlägt ihn mit einem Stock … verabreicht ihm eine ordentliche Tracht Prügel. Man gibt ihm ein Glas Wasser und steckt ihn wieder in das Loch, mit einer Kiste über dem Kopf. Nach einem Monat führt man eine Zeremonie durch. Man holt ihn aus dem Loch, und dieses Mal gibt es keine Stockschläge. Man zieht ihm frische Kleider an, man lässt ihn schlafen, eine schöne Sklavin massiert ihn. Sie ist seine Frau und alle sind gut Freund mit ihm. Jetzt muss er sich als braver und treuer Sklave erweisen. Wenn er flieht, womit jedermann rechnet, wird man ihn wieder einfangen, und ihm wird bei einem anderen Stamm die gleiche Behandlung zuteil. Nach drei oder vier Malen ist auch der verstockteste Mann zu einem guten Sklaven geworden. Wenn er jung ist, wird er die Frau seines Herrn zu seiner Mätresse nehmen, und er wird das Wasser vergiften, um sich mit ihr zu einem anderen Stamm zu retten …«

»Ja«, meinte ich, »selbst in der Bibel liest man von unendlich vielen Methoden, Menschen zu versklaven. Auch ich möchte Ihre Sklavin sein, aber aus Liebe …«

Tonio lachte.

»Sie wissen nicht, was Sie sagen, kleines Mädchen.«

Inmitten all dieser Kisten erschien er mir ungeheuer groß, ein Riese. Er besaß die Zähigkeit eines Mauren. Wir beschlossen, die Kisten in sein Studio in der zweiten Etage zu stellen. Er hob sie mühelos an, so wie man einen Bücherstapel trägt. Ich schämte mich und fühlte mich seiner unwürdig. Ich hätte mich schon lange zu diesem Umzug entschließen sollen, damit er sich endlich zu Hause fühlte.

Als er am nächsten Morgen um fünf Uhr zum Flugfeld gefahren war, begann ich seine Kisten zu öffnen. Es folgten drei Tage harter Arbeit, bei der mir fast der Kopf platzte. Am dritten Tag war er zurück. Er wollte die Treppe hinaufsteigen, doch ich hielt ihn auf.

»Gehen Sie in Ihr Studio«, bat ich ihn.

»Wenn Sie wollen«, antwortete er mir nachdenklich.

Er trat ein.

»Oh, die Kisten sind fort!«, rief er aus und lief vor Zorn rot an. »Wer hat meine Sachen angerührt?«

»Ich.«

»Sie, meine Süße?«

»Sehen Sie, auf diesem großen Arbeitstisch liegt alles geordnet. Ich habe mir schreckliche Mühe gegeben. Schauen Sie. Die dicken Akten sind da. Und auch die kleinen Papierchen mit den Funknachrichten von Ihren Flügen … Jedes Bündel ist mit einer Nadel an ein Blatt geheftet und dann in einen Aktenordner gesteckt und mit roter Tinte nummeriert:

1. Briefe von Frauen aus Marokko; 2. Briefe von Frauen aus Frankreich, 3. Briefe von der Familie, 4. Geschäfts-

briefe und alte Telegramme, 5. Notizen übers Fliegen, 6. Angefangene Briefe; Literarische Texte in schwarzer Tinte; Korrekturen; Notizen über die Angst; Familienfotos; Fotos von Städten; Fotos von Frauen; alte Zeitungsausschnitte.

Hierher habe ich folgendes gelegt: Bücher, Hefte, Bordbücher, Aktenstapel, Musik, Fotoapparate und Brillen, die Ablagen aus der Bibliothek, ein Album mit Collagen.

Und die kleinen Gegenstände, die Souvenirs, liegen in der Bibliothek.

Die Kisten sind leer. Ich schwöre Ihnen, dass nichts fehlt. Hier, in einer Kiste sind noch einige Briefumschläge und alte Zeitschriften übrig. Ich habe mein Möglichstes getan, damit Sie all Ihre Dinge im Hause greifbar haben.«

»Ja, ja, aber lassen Sie mich jetzt. Ich muss allein sein. Ich bin Ihnen sehr dankbar. Tag und Nacht werde ich für Sie an einem Buch arbeiten.«

»An Ihrem Sturm«, gab ich zurück.

»Nein, der ist vorüber. Jetzt muss ich davon erzählen, um Ihnen Freude zu bereiten. Bringen Sie mir Tee, ich möchte nicht zu Abend essen. Ich will bei meinen Papieren bleiben.«

So schloss ich meinen Verlobten in seinem Studio ein, und nur gegen Vorlage von fünf oder sechs fertigen Manuskriptseiten durfte er das zukünftige Eheschlafzimmer betreten. Nicht vorher. Er liebte mein kleines Spiel.

Léon und seine Frau, unsere tschechischen Dienstboten, fragten mich häufig, wann wir heiraten würden. Tonios Mutter ließ nichts von sich hören. Von befreundeten Diplomaten hatten wir erfahren, dass seine Familie Erkundigungen über meine Herkunft einzog. Zum ersten Mal waren wir betrübt. Mir gefiel das nicht. Es begann mich zu bedrücken, aber ich verlangte deswegen nicht weniger Seiten von Tonio. Er beugte sich und dankte mir sogar für meine Strenge. Meine argentinischen Freunde fragten ständig: »Nun, und wann soll die Hochzeit sein?«

Zwei andere Freunde meines verstorbenen Mannes kamen und berichteten uns, wir seien der Skandal von Buenos Aires. Mit meinem Benehmen schade ich dem Andenken Gómez Carrillos. Ich ließ Tonio an meiner Stelle antworten.

Wir hatten für die Hochzeit ein Datum in nicht allzuferner Zukunft festgesetzt. Wenn es so weit war, würden wir zusammen aufs Rathaus gehen und unsere Namen einschreiben. Ich war damit zufrieden. Wenn seine Mutter jetzt nicht kam, nun, dann eben zur kirchlichen Trauung. Wir waren uns einig, und unsere Freunde aus Diplomatenkreisen pflichteten uns bei. Schließlich waren wir für uns selbst verantwortlich. Ich kleidete mich neu ein, und Tonio ebenfalls. Nach dem Rathaus würden wir in die Brasserie Munich gehen, nur wir beide.

»Name? Adresse? Die Dame zuerst.«

Ich nannte dem Beamten meinen Namen und meinen Wohnort. Dann war Tonio an der Reihe. Er zitterte, sah mich an und weinte dabei wie ein Kind. Da konnte ich nicht mehr. Nein, das war zu traurig.

»Nein, nein, ich will keinen Mann heiraten, der weint, nein«, rief ich aus.

Ich zerrte ihn am Ärmel hinter mir her, und wir rannten wie verrückt die Rathaustreppe hinunter. Es war vorbei. Das Herz schlug mir bis zum Hals. Er nahm meine Hände. »Danke, danke. Sie sind gut, Sie sind sehr lieb zu mir. Ich kann nicht fern von den Meinen heiraten. Meine Mutter wird bald eintreffen.«

»Ja, Tonio, so ist es besser.«

Wir hatten beide aufgehört zu weinen.

»Gehen Sie mit mir essen.«

Insgeheim schwor ich mir, nie wieder die Treppe dieses Rathauses hinaufzusteigen. Immer noch zitterte ich. Das war das Ende dieses Abenteuers.

Das Haus in Tagle, das von Vogelgezwitscher und unseren Träumen erfüllt gewesen war, verdüsterte sich. Ich konnte nicht mehr atmen. Die Besuche meiner Freunde wurden seltener. Ich brachte Stunden damit zu, die Ebene vor dem Fenster zu betrachten. Mein Kopf war leer, mein Herz in kleine Stücke zerschmettert. Ich war verliebt in einen Jungen, der Angst vor dem Heiraten hatte. Er hatte mich verführt und entfernte sich jetzt von mir ...

Die argentinischen Freunde luden mich nicht mehr ein. In ihren Augen spielte ich die lustige Witwe. Mein Pilot ging allein aus. Ich betete zu Gott; und ich beschloss, mit Tonio nicht mehr über unsere gescheiterten Ehepläne zu sprechen. Seit er mir vor dem Rathaus gedankt hatte, schnitt er das Thema nicht mehr an. Ich hatte meine Rückfahrkarte verloren. Als Witwe eines argentinischen Diplomaten hätte mir eine Pension zugestanden, aber jetzt brachte ich nicht mehr den Mut auf, die Freunde von Gómez Carrillo um irgendetwas zu bitten.

Ich verkroch mich in dem Haus in Tagle. Tonio blieb den Mahlzeiten häufig fern. Zwischen uns herrschte eine Art unausgesprochenes Einverständnis darüber, dass er, selbst wenn er in Buenos Aires war, nicht mehr zu Hause aß. Er kam abends heim, um sein Hemd zu wechseln und sich zu rasieren. Ich pflegte mich in einem kleinen Salon aufzuhalten, wo ich tat, als läse ich eine Zeitschrift oder ein Buch.

»Bis bald, Liebste«, sagte er dann.

Schuldbewusst umarmte er mich und flüchtete zitternd.

Spät in der Nacht kam er nach Hause. Ich wartete auf ihn. Stets trug ich ein langes Kleid und lächelte, als wolle ich auf einen Ball gehen. Ich hatte ein literarisches Gesprächsthema vorbereitet, oder eine Anekdote aus alten Zeiten … Gemeinsam tranken wir eiskalten Champagner. Er entspannte sich ein wenig, und ich tat, als hätte sich zwischen uns nichts geändert, obwohl ich vor Traurigkeit hätte sterben mögen.

»Nur fünf Seiten Sturm heute Abend«, sagte ich zu ihm.

Und er ging in sein Studio.

»Nehmen Sie mich an die Hand; ich kann nicht allein die Treppe hinaufgehen.«

Er spielte das Kind. Ich setzte ihn in seinen Sessel, umarmte ihn und flüsterte ihm ins Ohr: »Das ist notwendig. Schreiben Sie, schreiben Sie. Crémieux hat darauf bestanden: ›Er muss schreiben.‹ Also rasch, an die Arbeit.«

»Danke, danke. Ich werde schreiben, weil Sie mich darum bitten.«

Und am Morgen fand ich auf dem kleinen Schreibtisch in meinem Salon ein paar unleserliche Seiten vor.

Er ging zur Arbeit, und ich verschlief den ganzen Vormittag. Gegen drei, vier Uhr nachmittags quälte ich mich lustlos aus dem Bett. Ich konnte nicht essen. Léon drohte mir.

»Wenn Madame nichts isst, essen meine Frau und ich auch nicht mehr.«

Eines Tages traf eine Einladung zum Tee bei unseren Freunden ein, aber sie galt nur Tonio. Wie gewöhnlich kam er, um sich umzuziehen und zu rasieren. Mir brach fast das Herz. Ich bat ihn, bei mir zu bleiben, doch er lehnte ab.

»Zum Abendessen bin ich ebenfalls verabredet.«

Wahnsinnig vor Kummer kleidete ich mich in Schwarz und ging auf die Straße, um das Abenteuer zu suchen. Ich betrachtete mich in den Schaufenstern und haderte mit mir. Plötzlich blieb ein junger Mann vor mir stehen, ein großer Bewunderer Gómez Carrillos.

»Kleine Consuelo, bist du allein?«

»Ja, Luisito.«

»Aber dann komm mit, komm!«

»Wohin?«

»Zu einer Teegesellschaft.«

»Ich bin nicht eingeladen.«

»Meine Tante ist die Gastgeberin, also komm rasch.«

Man empfing mich mit offenen Armen und einer gewissen Häme. Am Arm meines Freundes fand ich meinen Mut wieder. Fern von meinem fliegenden Don Juan, der so erfolgreich seine Geschichten aus der Wüste erzählte, ging es mir auf einmal gut. Ich verkündete, ich würde mit dem nächsten Schiff abreisen. Dringende Angelegenheiten riefen mich nach Paris.

Die Blumen kehrten ins Haus zurück, und auch die Freunde von Enrique [Gómez Carrillo]. Sie waren rührend um mich bemüht. Ich erwiderte die Besuche. Der Pilot blieb allein in dem Haus in Tagle und wartete auf seine Mama.

Schließlich buchte ich einen Platz auf dem nächsten Dampfer.

»Wenn Ihre Mama eintrifft«, sagte ich zu Tonio, »müssen Sie ihr erklären, dass ich in Paris zu tun hatte. Lucien erwartet mich, ich werde ihn heiraten. Das ist Schicksal.«

Er sprach nicht mit mir. Die Tage vergingen schnell: ich lud Freunde ein, ging ins Kino oder unternahm ziellose Spaziergänge. Schließlich fand ich mich auf dem Schiff wieder, das mich gebrochenen Herzens nach

Frankreich bringen würde. Meine Kabine war voller Blumen. Meine Freunde hatten verstanden, warum ich traurig war.

Das Schiff hatte noch nicht abgelegt, da schlief ich bereits. Als ich aufwachte, befand ich mich schon auf dem offenen Meer. Der Stewart brachte mir ein Telegramm. Es war von Saint-Exupéry. Man teilte mir auch mit, er überfliege ständig das Schiff … Immer wieder kam er und winkte heftig … Ich war halb tot vor Angst.

Ich verließ meine Kabine nicht mehr bis Rio de Janeiro, wo ich meinen großen Lehrer und Freund Alfonso Reyes[9] besuchte. Tonios Mutter befand sich auf einem anderen Schiff, das einige Stunden lang vor dem Hafen ankerte, und ich wollte sie ignorieren.

Nach einer achtzehntägigen Überfahrt endlich Le Havre, der Zoll, meine Wohnung in der Rue de Castellane. Ich war zurück in Paris. Auf meine Fragen erklärte mir die Hausmeisterin, Lucien sei niemals erschienen. Wo war er? Gerade da klopft jemand an die Tür: Lucien. Dann klingelt das Telefon. Ich habe nicht einmal Zeit, ihn zu begrüßen, und hebe ab.

»Hallo?«

»Buenos Aires, bleiben Sie am Apparat.«

Und dann: »Ich bin es, Tonio. Liebste, ich fahre mit dem nächsten Schiff und komme zu Ihnen, um Sie zu heiraten.«

»Ah, hören Sie, ich habe Besuch.«

»Lucien?«

»Ja.«

»Na gut, schicken Sie ihn weg. Ich will nicht, dass Sie ihn sehen. Ich bringe Ihnen einen Puma mit.«

---

9 Einer der berühmtesten und einflussreichsten Schriftsteller Mexikos (1889–1959).

»Wie bitte?«

»Einen Puma. Ich werde in Spanien von Bord gehen, um schneller zu Ihnen zu kommen. Reisen Sie sofort nach Spanien ab. Die Züge sind schlecht; legen Sie in Madrid eine Rast ein und erwarten Sie mich in Almería.«

»Pardon, ich sagte Ihnen doch, dass ich Besuch habe.«

Tag und Nacht wiederholten sich diese Gespräche. Schließlich gab ich nach, weil er mir eines Tages erklärte: »Seit Ihrer Abreise ist Léon, der Kammerdiener, ständig betrunken. Der Reis ist nicht richtig gar, und man stiehlt mir meine Wäsche. Ich fahre Ihnen in jedes Land der Welt nach, um Sie zu heiraten … Und Sie werden mir ein hübsches Zimmer einrichten, ohne ein goldenes Fässchen … denn auch das hat man mir gestohlen. Meinetwegen weint meine Mutter vor Trauer, weil ich verzweifelt bin. Unsere kurze Trennung hat mich verrückt gemacht.«

Ich liebte Tonio, aber ich wusste auch zu schätzen, wie ruhig mein Leben ohne ihn verlief. Als Witwe von Gómez Carrillo bezog ich eine beachtliche Rente, die ich verlieren würde, wenn ich heiratete. Ich hatte viel Arbeit damit, meine Angelegenheiten zu regeln, und das Bedürfnis, ernstlich nachzudenken. Aber die Anrufe aus Buenos Aires, aus dem Haus in Tagle, trieben mich in den Wahnsinn. Also lenkte ich eines Tages ein. »Ja, ich treffe Sie in Almería.«

Ich reiste ab, ohne Lucien in Kenntnis zu setzen, der die Sache sehr übel aufnahm. Mein Hund war bei der Sekretärin untergebracht, die behauptete, ihn über alles zu lieben … genau wie meinen Wagen. Alles wurde wieder wie vorher.

Ich erinnere mich noch genau an den kleinen Regionalzug, die heißen Ziegelsteine und die mit kochend heißem Wasser gefüllten Kupferflaschen, mit denen wir Reisenden uns wärmten. Irgendwo in einem Abteil spielte jemand Gitarre. Während der Zug dahinschaukelte, hörte ich den Refrain. »*Porque yo te quiero, porque yo te quiero!*«[10] Und ich reiste zu meinem Tonio und sagte mir: »*Porque yo te quiero*!«

Madrid, und dann Almería, der Tag seiner Ankunft. Mit einer Sondererlaubnis ließ ich mich in einem kleinen Ruderboot zum Schiff fahren. Der Dampfer war beschädigt. Eine Schraube war gebrochen, und man ging davon aus, dass das Schiff mit einigen Tagen Verspätung anlegen würde. Ich ließ mich ankündigen. »Die Frau des Fliegers Saint-Exupéry« rief man mich aus. Er hörte es und ließ seine Mutter und den Puma an Bord zurück. Dann warf er sich in meine Arme. Seine Mutter und er würden in Marseille erwartet, erklärte er mir. Die ganze Familie wartete dort auf sie beide. Aber er wollte uns nicht sofort vorstellen. Wir hatten uns so viel zu erzählen, meinte er ... Seine Mutter hatte ihm zu verstehen gegeben, dass eine Heirat mit einer Ausländerin die älteren Familienmitglieder schockieren würde. »Aber alles kommt in Ordnung; ihr braucht nur abzuwarten«, war ihr Schluss gewesen.

Sie ging sehr diplomatisch mit Tonio um. Sie wusste, dass er ein großes Kind war, und wenn man ihn falsch anfasste, würde er nie wiederkommen ...

»Ich will bei meiner Mutter nichts überstürzen, verstehst du[11]? Ich werde in Almería heimlich von Bord gehen. Dann kaufen wir uns einen alten Wagen, enga-

---

[10] Weil ich dich liebe, weil ich dich liebe!

[11] Von dieser Stelle an sprechen Saint-Exupéry und Consuelo sich [im französischen Original] abwechselnd mit »du« und »Sie« an. Dies ist so in die deutsche Übersetzung übernommen worden.

gieren einen Chauffeur und fahren quer durch Spanien. Das soll unsere Hochzeitsreise sein.«

Ich sagte ja zu allem.

Valencia ... die Menschen in den Herbergen ... und wir waren jung und fröhlich ...

6

»Consuelo, diese Kino-Gräfin«

Antoine war wahrhaftig kein Mensch wie alle anderen. Ich sagte mir, dass ich vollkommen verrückt war. Ich besaß ein Haus in Frankreich und dank der Großmut meines verstorbenen Mannes, dessen Erbin ich war, ein Vermögen. Wozu mich also jetzt quälen? Alles hätte so leicht sein können. In Paris hatte ich Freunde, und wenn ich auf die Heirat mit Tonio verzichtete, konnte ich mein gesamtes Vermögen behalten. Denn Gómez Carrillo war reich gewesen; er hatte Bücher in Spanien und in Paris veröffentlicht. Wenn ich seinen Namen nicht ablegte, war alles einfach für mich.

Aber immer wieder kehrte ich zu Tonio zurück. Ich war bereits dabei, unser Leben einzurichten. Wir würden mein Haus in Südfrankreich bewohnen, El Mirador, wo Gómez Carrillo die letzte Ruhe gefunden hatte. Tonio könnte sein Buch abschließen, und später würden wir nach Italien reisen, nach Afrika und China. Er würde wieder für die Aéro-Orient fliegen … Die Pläne zogen vor meinem inneren Auge vorbei.

Wir haben nicht über unsere Probleme gesprochen. In jedem Dorf, durch das wir kamen, kaufte Tonio mir Geschenke.

»Ich wünschte, Sie würden alles verlieren, damit jedes Stück, das Sie am Leibe tragen, aus meinen Händen stammt.«

Er war abgemagert, schien gelitten zu haben. Am ersten Abend nach unserem Wiedersehen waren wir nicht in der Lage gewesen, Almería zu verlassen. Zu stark waren unsere Gefühle, eine Mischung aus Befangenheit und Schmerz.

»Ich muss Ihnen eine einzige Frage stellen«, murmelte er unruhig, bleich und vor Zärtlichkeit bebend. »Ich habe die letzten Nächte nicht geschlafen. Sie wissen, dass ich nie über Schlafmangel klage, sondern nur über die Stunden, die mich von Ihnen trennen. Mein Puma war unglücklich auf dem Schiff. Ich hatte ihn nicht gut gefüttert, und er wollte einen Matrosen beißen. Bestimmt wird man ihn einschläfern. Aber ich war noch unglücklicher als das Tier. Ich konnte an nichts anderes denken als Ihr Gesicht, Ihre Art zu sprechen. Reden Sie mit mir, ich flehe Sie an. Warum sagen Sie nichts? Glauben Sie, dass ich noch nicht genug gelitten haben? Die Anrufe aus Buenos Aires waren eine wahre Folter, und Sie mochten niemals laut und deutlich sprechen. Warum? Hatten Sie immer einen Besucher bei sich? Aber ich bin verrückt. Ich habe keine Zeit mehr, unglücklich zu sein. Jetzt habe ich Sie wiedergefunden, und kein Mensch auf der Welt wird uns noch trennen können. Nicht wahr?«

»Ja. Tonio, mit der Liebe verhält es sich wie mit dem Glauben. Ich bin gegangen, weil Sie kein Vertrauen zu mir hatten. Außerdem hat Ihre Familie Erkundigungen über mich eingezogen. Sie werden verstehen, dass mir das sehr unangenehm war.«

»Ich will Ihnen das erklären, kleines Mädchen. Bei meinen Eltern in der Provence heiratet man eine Frau aus seinen Kreisen, deren Eltern schon die eigenen Großeltern gekannt haben, und so geht das Generation auf Generation. Eine Unbekannte aus einem anderen Land, das ist wie ein Erdbeben … Und sie möchten diese Auskünfte, um ›Bescheid zu wissen‹, um beruhigt zu sein ... In Paris ist das üblicher; da heiraten die jungen Männer aus guten Familien reiche Amerikanerinnen. Aber wir in der Provence sind noch vom alten Schlag. Meine kleine Mama hat sich zu Tode erschreckt und uns gebeten, noch ein wenig zu warten. Das ist alles, und ich bin sehr froh darüber, wie Sie sich verhalten haben. Wenn Sie nicht fortgegangen wären, hätte meine Mutter uns in Buenos Aires verheiratet, und ich hätte mich unwohl dabei gefühlt. Ich weiß selbst nicht genau, was im Rathaus mit mir los war. Ich sagte mir: Dieses Jawort gilt für das ganze Leben, aber ich bin mir nicht sicher, ob ich diese Frau glücklich machen kann. Wenn sie gehen will, dann soll sie gehen, dann ist sie für die Trennung verantwortlich. Im Moment ist das besser so, sagte ich mir bedrückt, in einem Augenblick, in dem ich im Büro für die argentinische Luftpostgesellschaft komplizierte Angelegenheiten zu regeln hatte. Ich unterzeichnete Schecks, ohne zu wissen wofür, und meine liebe Mama ließ sich Zeit mit ihrer Überfahrt ... Dann haben Sie mich verlassen, und ich war sehr froh. Ja doch, weil Sie mir bewiesen haben, dass Sie im Leben ganz allein zurechtkommen! Sie kamen mir traurig vor, und so stark, so schön, und ich wollte sehen, wie weit Ihre Kräfte reichen. Aber all das habe ich nicht bewusst überlegt. Als Sie wirklich fortgingen, wäre ich am liebsten ins Wasser gegangen, ja, ins Wasser. Meine kleine Mama kann Ihnen von unserem Aufenthalt am See von Asunción, in Paraguay, erzählen. Ich bekam die Zähne nicht auseinander. Stattdessen zählte ich die Stunden bis zur Abfahrt des Schiffes, mit dem ich Ihnen folgen wollte. Ich hätte Sie auf jeden Fall zurückgeholt, selbst wenn Sie nicht nach Almería gekommen wären, sogar, wenn Sie Lucien geheiratet hätten. Aber sagen Sie mir doch, dass Sie mich ebenfalls brauchen.«

»Ach Tonio, die Wahrheit ist, dass ich hier bin. Und dabei hatte ich mich schon mit Lucien versöhnt. Ich habe ihm unsere ganze Geschichte erzählt, meinen ganzen Schmerz anvertraut, und er hat mich getröstet und mir versprochen, dass er mir helfen würde, alles zu vergessen. Und jetzt bin ich aus Paris abgereist, ohne ihm ein Wort zu sagen. Ich habe ihm ein Telegramm aus Madrid geschickt; ich hatte Gewissensbisse. Ich weiß nicht einmal mehr, was ich ihm geschrieben habe.«

»Sorgen Sie sich nicht, denken Sie nicht an Dinge, die nichts mit uns zu tun haben.«

»Aber Lucien ist ein menschliches Wesen. Er leidet.«

»Keine Angst, ich werde ihn aufsuchen und ihm erklären, dass wir beide wahnsinnig sind, gefährliche Verrückte, verrückt vor Liebe. Und dass er Ihnen, bei Gott, für immer ein guter Freund sein soll. Ich nehme ihm nicht übel, dass er Sie liebt. Die ganze Welt soll Sie lieben! Und ich werde Ihren Hund befreien, Ihren Wagen zurückholen, Ihre Papiere. Schwören Sie mir, dass wir nie wieder von Lucien sprechen werden, niemals mehr. Ich werde das Ganze in aller Freundschaft arrangieren, ohne dass Sie davon erfahren.«

»Gut, Tonio. Ich vertraue mich Ihnen für immer an, auf ewig.«

Wir blieben mehrere Tage in dem Hotel in Almería. Er beschloss, ein Taxi zu mieten, mit dem wir in der Stadt spazieren fahren und anschließend Spanien durchqueren wollten. Selbst mochte er nicht fahren, denn dann säßen wir, wie er sagte, zu weit voneinander entfernt. Er wollte mir alles zeigen, die Orangenhaine von Valencia, die kleinen Dörfer, die hoch auf den weißen Felsen klebten, die Orte, die er in seiner Jugend besucht hatte.

Er lachte wie ein großes Kind. Der Chauffeur wurde

fast irre daran, uns ständig Französisch sprechen zu hören.

Schließlich mussten wir nach Frankreich zurückkehren, wegen meines Hundes, wegen Lucien, wegen Tonios Familie. Er selbst wäre gern noch einige Tage geblieben. Aber ich fürchtete, ihn zu lange von den Seinen fern zu halten, die ihn erwarteten und nicht wussten, wo er sich aufhielt.

Wir waren glücklich auf Mirador. Unsere einzige Sorge waren die Mimosen, die zu kräftig dufteten. Wir konnten uns nicht entschließen, die Sträuße zu verbrennen, und niesten ohne Unterlass. Ah, die Mimosen und die Taschentücher in allen Farben!

Ich war frisch verlobt und konnte die Hochzeit kaum abwarten … Wir sagten uns, wir würden die Sitten der Menschen ändern, die einander hassen, weil sie sich unter Druck verheiraten oder um ihrer Familie einen Gefallen zu tun.

»Sie sind meine Freiheit«, setzte Tonio hinzu, »Sie sind das Land, in dem ich mein Leben lang wohnen möchte. Das Gesetz sind wir.«

Doch Agay lag nur eine Stunde von Mirador entfernt. Agay, das Haus seines Schwagers, wo seine Schwester Didi lebte. Sie kam uns besuchen. Die beiden gingen stundenlang durch die Gärten spazieren, und ich saß in einem Sessel und wartete darauf, dass sie ihr Gespräch beendeten.

»Ich bitte Sie, meine junge zukünftige Ehefrau«, sagte Tonio, »lesen Sie und warten Sie nicht auf uns. Eine Unterhaltung über Sie kann gar kein Ende finden … Vor allem, wenn das Ziel der einen Partei ist, dass Sie verschwinden. Also singen Sie, lesen Sie, arbeiten Sie!«

Eines Tages teilte seine Schwester ihm mit, eine ihrer

Cousinen sei unterwegs nach Agay und wolle Tonio und seine zukünftige junge Braut sehen. Ich war beunruhigt. Wer war diese Cousine wirklich?

»Eine Gräfin«, erklärte mir Tonio.

»Ach nein, Tonio, ich komme nicht mit. Gehen Sie allein zu ihr.«

»Wissen Sie, sie bringt André Gide mit.«

»Ah ja?«

»André Gide ist ein guter Freund meiner Cousine. Er möchte mit mir sprechen. Sie müssen mit mir kommen.«

So beschloss ich, dem Ruf des alten Schriftstellers und der Cousine zu folgen, da diese Tonio mit Sicherheit eine reiche Frau vorstellen wollte. Mein Gott, was eine junge Frau aus dem Land der Vulkane alles begreifen und erleben musste! Ich kannte mich nicht aus mit der Taktik von Gräfinnen und den Intrigen, die Eltern manchmal spinnen, um Ehen zu arrangieren … Gide und die Cousine waren also auf Agay eingetroffen. Der Autor besaß eine sanfte Stimme, die oft honigsüß klang; eine weibliche Stimme, verbraucht von Verzweiflung und unerfüllter Liebe. Die Cousine stellte nichts Außerordentliches dar, sie war einfach eine elegante Frau in einem schönen Auto. Mir gegenüber verhielt sie sich übertrieben zuvorkommend. Nur Tonios Mutter war freundlich, aufmerksam und mitfühlend. Die Prüfung verlief gut. Aber beim Essen verschluckte ich mich. Der Friseur hatte meine Haare zu stark gekräuselt. Ich schwitzte, bekam Sodbrennen, und am Ende kippte ich Wein über Tonios Hosen … Danach erinnere ich mich an nichts mehr. Eine starke Migräne ließ zwei Tage lang die Gesichter von Freunden und Gästen vor meinen Augen verschwimmen, und ich lag auf Mirador im dunklen Zimmer. Ich hörte Tonio kommen und gehen wie einen Puma im Käfig … Doch er begann sich auf Mirador einzuleben. Er ging fort, er kam wieder, er verschwand aufs Neue …

Tonio kümmerte sich auch um mich. Er wollte nichts von den Ärzten aus Nizza wissen und las merkwürdige Abhandlungen über Medizin, verfasst von spanischen Gelehrten. Unter Gómez Carrillos Büchern hatte er einige berühmte Werke über Magie entdeckt, die dieser geschrieben hatte. Tag und Nacht saß er jetzt über die esoterischen Rezepte gebeugt und lachte wie ein Kind, das ein neues Spiel geschenkt bekommen hat …

Er gab mir die seltsamen Geschichten wieder, die ich ihm während meiner verwirrten Zustände erzählt hatte. Delirien ohne Fieber, wie er mir erläuterte.

Ich bebte vor Schwäche und Furcht. Tonio beruhigte mich, so gut er konnte. Er wollte mir Zuversicht einflößen. Aber die Vorstellung, seine Familie, seine Freunde wiederzusehen, erfüllte mich mit Entsetzen. Welche junge verliebte Braut würde nicht zittern angesichts eines ganzen Familienclans, der so tat, als gehöre ihr Verlobter ihm? Ich hatte andere Wurzeln, entstammte einem anderen Land, einem anderen Volk; ich sprach eine andere Sprache, aß andere Dinge und lebte auf andere Weise. Da lag der Grund meiner Angst, aber mein verliebtes Herz klärte mich nicht darüber auf, wie ich mich verhalten sollte. Ich verstand nicht, warum diese Heirat von Anfang an für so viele Missverständnisse sorgte. Geld hätten wir genug gehabt; man hätte nur auf die Bücher und den Besitz von Gómez Carrillo zurückzugreifen brauchen: eine Reise nach Spanien, und die Peseten wären nach Agay gerollt wie die Tannenzapfen … Die Familie Carrillo zählte sogar Adelstitel, einen Marquis, und die Sandovals gehörten den höchsten Kreisen an … In meiner Familie gab es Priester und sogar Kardinäle … Von der Seite der Suncíns her verfügte ich über einen gehörigen Schuss indianischen Maya-Blutes – was in Paris zur Zeit Mode war – und dazu über Legenden aus dem Land der Vulkane, mit denen ich meine neuen Verwandten hätte unterhalten können … Aber etwas Tieferes hielt sie zurück, etwas, das mit der Furcht vor der Vermischung zu tun hatte …

Das Ganze quälte Tonio ziemlich, und er beschloss, eine Zeit lang nicht mehr zu schreiben. Er konnte nicht. Ich versuchte ihn dazu zu bewegen, doch vergeblich; diese Differenzen zwischen El Mirador und Agay hatten sein Herz verdüstert. Ich selbst sagte nichts mehr dazu. Eines Tages vertraute er mir an, er werde bald eine Stellung als Pilot erhalten. Ich war begeistert.

»O ja, ich würde mit Ihnen ans Ende der Welt gehen. Sie sind mein Baum, und ich werde an Ihnen schmarotzen.«

»Nein, Sie sind die edle Frucht, die man mir aufpfropft«, erklärte er mir, »mein Sauerstoff und meine Dosis Unbekanntes. Nur der Tod soll uns trennen.«

Und wir verlachten den Tod. Ich bat ihn, mir riskante, gefährliche Fliegergeschichten zu erzählen, in denen plötzlich und schicksalhaft der Tod lauert.

Später schrieben der Autor mit der femininen Stimme und die Cousine an Tonio. Sie teilten ihm ihr Urteil über mich mit: es war negativ ausgefallen.

Vergeblich bemühte er sich darum, dass sie mich akzeptierten. Ich war keine Französin, man wollte mich nicht sehen, nicht kennen lernen, man verschloss die Augen vor mir. Oft beklagte ich mich bei Tonio darüber, doch er sagte, davon bekomme er Kopfschmerzen …

In seiner Abneigung gegen mich schrieb Gide jenen Satz in sein Tagebuch, den man heute noch dort nachlesen kann: »Aus Argentinien hat er ein neues Buch und eine Verlobte mitgebracht. Das eine gelesen, die andere gesehen. Ich habe ihn sehr beglückwünscht; jedoch vor allem zum Buch ...«[12]

Tonio hielt mich immer sehr fest an seiner Hand, seiner Riesenpranke. Er liebte mich. Ich war wahrhaftig zu Tode verwundet durch das Unrecht, das mir geschah. Nichts bekümmerte mich mehr als Ungerechtigkeit. Ich begann, kleine Fehler an meiner zukünftigen Schwiegerfamilie zu entdecken. Aber ich wollte die Probleme beilegen. Ich vergab. Simone, Tonios ältere Schwester, war eine gebildete, brillante Frau, so kultiviert und fantasievoll, dass sie meine beste Freundin hätte werden können. Aber ich würde ihre Schwägerin sein. Ich erhob Anspruch auf ihren Bruder. Daher war ich eine Diebin. Und sie die Bestohlene ... Er war der einzige Bruder. Später sollte sie diesen kleinen, amüsanten und so bösartigen Satz über mich schreiben: »Consuelo, diese Kino-Gräfin[13] ...« Ich beschloss, den Fehdehandschuh aufzunehmen. Aber ich weinte trotzdem. Allein Tonios Mutter mit ihrer ungewöhnlichen Intelligenz und ihrem christlichen Glauben wollte einzig das Glück ihres Sohnes. In ihren Augen hatte ich kein Verbrechen begangen, weil ich nicht in Frankreich geboren war. Ich war ganz einfach die Frau, die ihr Sohn liebte. Und da Tonio mich liebte, musste ich zwangsläufig ein guter Mensch sein.

---

[12] Zitiert nach der deutschen Ausgabe. André Gide: Gesammelte Werke in zwölf Bänden, Band 3, Tagebuch 1923–1939, Deutsche Verlagsanstalt Stuttgart 1991.

[13] Simone de Saint-Exupéry schrieb allerdings im Jahr 1963 in ihren Erinnerungen an ihren Bruder: »Mehrere Frauen übten einen tiefen Einfluss auf sein Leben aus; in erster Linie Consuelo Suncín, seine Frau, die er 1931 in Agay heiratete. Dieses exzentrische und charmante Persönchen wurde im Leben ständig durch materielle Sorgen bedrängt, eine unerschöpfliche Quelle der Poesie. Im *Kleinen Prinzen* ist sie in der Gestalt der Rose verkörpert.« (»Mein Bruder Antoine«, in: *Saint-Exupéry,* Hachette 1963)

Sie schenkte mir ihre ganze Sympathie. An ihrem weißen Haar ruhte ich aus. Gutmütig lachte sie über meine Geschichten von der Pazifikküste. Und als wahre Christin konnte sie nicht zulassen, dass wir für den Rest unseres Lebens in wilder Ehe lebten. Sie spottete herzlich über die Meinung von Tonios Cousinen. Sie hatte ihre Kinder großgezogen, und niemand außer ihr besaß das Recht, sie an etwas zu hindern, das sie tun wollten. Tonio wollte Consuelo, also sollte Tonio Consuelo bekommen, ganz gleich, was die Familie dachte! Oder Gide!

7

Die Zitadelle von Agay

Meine Freunde aus früheren Zeiten, die meines verstorbenen Mannes, begannen nach Mirador zu kommen: die Pozzo di Borgo, der Doktor Camus ... Ich liebte es, auf den Blumenmarkt von Nizza zu gehen, und Tonio schloss sich mir an. Ihn erinnerte das an den Aufbruch der Flugzeuge, bei Sonnenaufgang, im Wind, denn der Markt fand frühmorgens statt ... Da waren der Geruch des Meeres, die Wagenladungen von Nelken, Chrysanthemen, Mimosen und die Sträuße von Parma-Veilchen, die eine Stunde von Nizza entfernt in den Bergen wuchsen, dort, wo der Schnee manchmal sogar im Sommer liegen blieb.

Die Arme schwer mit Blumen beladen, kehrten Julie Dutremblay und ich mit der kleinen Toutoune vom Markt zurück. Diese Tage waren wie ein Fest unter Schulmädchen. El Mirador war von wunderbaren Düften erfüllt, aber dieses angenehme Leben machte meinen Verlobten nachdenklich. Ich fragte mich, ob er sich in meiner Gegenwart bereits langweile.

»Nein«, antwortete er, »ganz im Gegenteil.«

Er ertrug es nicht, wenn ich fort war, nicht einmal für eine Stunde. Und er mochte es nicht, wenn ich chauffierte. »Du könntest dir wehtun«, sagte er ein ums andere Mal.

Wovor fürchtet er sich nur?, dachte ich bei mir. Gewiss

vor unserer Verbindung, dieser bizarren Mischung, die wir darstellten. Ich war überzeugt, dass wir nicht in Sicherheit waren, dass wir nicht in die Gesellschaft passten. Ja, ich musste ein Mittel finden, um mit ihm in aller Ewigkeit harmonisch zusammen zu sein.

Aber wie sollte ich das fertig bringen?

Wir wollten nicht auf dem Rathaus heiraten, denn dies hätte bedeutet, dass ich meine Einkünfte als Witwe von Gómez Carrillo verlor.

Eines Sonntags saßen wir in der Messe. Tonio hatte mich die ganze Zeit über nachdenklich angestarrt und nicht zur Kommunion gehen wollen. Dann brach er mitten in der Kirche in schallendes Gelächter aus und sagte laut, als spreche er mit sich selbst, wie in einem Gebet, das er seit dem Anfang der Messe vor sich hinzumurmeln schien: »Aber das ist ja ganz einfach: Wir werden nur kirchlich heiraten.«

Die Leute drehten sich nach ihm um, aber er war bereits verschwunden. Ich fand ihn im Wagen wieder, wo er in Hemdsärmeln saß und Zeitung las.

»Consuelo, ich will, dass wir vor einem Priester heiraten, ohne zuvor aufs Standesamt zu gehen, so wie früher. Ich möchte, dass wir in der Kirche heiraten, damit, wenn wir einmal Kinder haben, alles seine Ordnung und Richtigkeit hat.«

Ich lachte.

»Aber Tonio, in Frankreich muss man zuerst aufs Rathaus. Nur in Andorra oder Spanien, ich weiß nicht mehr genau wo, kann man ausschließlich in der Kirche heiraten.«

»Dann fahren wir eben dorthin, egal wo. Sind Sie einverstanden?«

»Ja, Tonio, das wäre ausgezeichnet. Ich brauche meinen Namen nicht zu ändern, und meine finanziellen Angelegenheiten sind kein Problem mehr. Und an dem Tag, an dem du mich nicht mehr liebst, kannst du einfach gehen, mit meinem Herz in den Händen, und es wäre gesegnet …«

»Wenn du eines Tages einen anderen Mann liebst, würdest du meineidig. Aber ich will nicht, dass du gehst!«

Wir umarmten uns und schworen uns, dieses Gelöbnis niemals zu vergessen.

Eines Tages traf Tonios Mama ein, ganz in Schwarz gekleidet.

»Meine Kinder«, erklärte sie uns, »ihr werdet am zweiundzwanzigsten April heiraten, im Rathaus von Nizza. Das Ganze dauert nur ein paar Minuten. Ich habe schon alles arrangiert. Gebt mir eure Papiere, ich will euch heute noch für den genauen Termin einschreiben.«

»Consuelo, suchen Sie unsere Papiere heraus«, befahl Tonio, »und geben Sie sie meiner Mutter.«

So wurde die Sache geregelt, ohne jede Diskussion …

Am zweiundzwanzigsten April fanden wir uns zur festgesetzten Stunde im Rathaus von Nizza ein. Noch ein paar Minuten, und wir würden verheiratet sein. Tonio und ich hatten kein Wort über das Thema gewechselt.

Damals begann er *Der Ventilator* zu schreiben, eine Art Gedicht, das folgendermaßen begann: »Ein Ventilator dreht sich vor meiner Stirn, ein Bild des unabwendbaren Schicksals …« Er hatte die Arbeit an diesem Text auf dem Schiff begonnen, mit dem er aus Argentinien gekommen war. Sein junger Puma hatte ihn ständig beim Schreiben gestört, denn er hatte ihn häufig in seinem Badezimmer untergebracht, damit er ein wenig Abwechslung von dem Käfig im Laderaum hatte, in dem man ihn hielt. Jetzt stürzte er sich wieder auf diesen Text.

»Consuelo, ich habe noch nie etwas Angefangenes liegen gelassen. Ich will den *Ventilator* beenden.«

Zur selben Zeit schrieb er noch andere Gedichte: *Schrei Amerikas* und *Die erloschenen Sonnen*. Eines Tages sollte ich den Versuch unternehmen, sie zusammenzustellen und zu veröffentlichen.

Für unsere kirchliche Trauung am dreiundzwanzigsten April bot Pierre d'Agay uns sein Schloss an. Dies war die Zeremonie, die wir – im Gegensatz zur standesamtlichen Hochzeit – leidenschaftlich herbeisehnten.

Wir würden also auf der alten Festung Agay heiraten, die in einer ruhigen Bucht lag. Eine Burg aus alten Zeiten, die allen Launen der Zeit und des Mistral widerstanden hatte. Das Bauwerk wies die Form eines Schiffsbugs auf, der sich ins Meer schob. Eine gewaltige Terrasse voller Rhododendren und Geranien bildeten das herrlichste Schiffsdeck, das meine Augen je im reinen Blau des Mittelmeers erblickt hatten.

Die Familie d'Agay lebte zurückgezogen und floh die mondäne Welt; daher waren Fischerboote und Motorschiffe im Umkreis von einem Kilometer verboten. Man lebte seit Generationen auf Agay. Und auch im Dorf wohnten zahlreiche Familienmitglieder. Nie habe ich all die Schwägerinnen und Schwiegermütter der Schwestern derer von Agay so recht auseinander halten können. Ich erinnere mich nur dankbar, dass sie sich uns beiden gegenüber sehr liebenswürdig und freundlich verhielten. Antoine war ein wenig auch ihr Kind, und sein Schwager Pierre d'Agay betrachtete ihn als seinen Bruder.

Das Innere des Schlosses war sehr einfach gehalten. Große Zimmer mit Steinwänden, gefliest mit stabilen Bodenplatten, die man in mehreren Leben nicht hätte austreten können. Am Tag der Hochzeit verteilte meine

Schwägerin Didi Blumen und Aperitif-Wein von dem Gut auf Agay an alle Landleute. Man lachte und sang …

Meine Schwiegermutter hatte nichts vergessen. Sie hatte für uns eine Hochzeitsreise auf die Insel Porquerolles[14] geplant.

Müde von der Hochzeitsfeier und den Fotos, die aus diesem Anlass gemacht worden waren, trafen wir aus Agay ein.

»Klarer Himmel, Wind ausgezeichnet«, meinte Tonio wie auf seinen Nachtflügen, wenn er über den Weiten des Rio de Oro seinen Funker und seinen Piloten aufmunterte. Denn im Falle einer Notlandung wären sie dort in den Zeiten der Aéropostale in Stücke gehackt worden.

Er war müde, er mochte die Küsse und Umarmungen nicht, all die überschäumenden Gefühlsausbrüche, denen er an diesem Tag ausgesetzt gewesen war. Wir stiegen aus dem Wagen, um zur Landungsbrücke zu gehen. Das Meer war aufgewühlt. Mein Pilot, der für gewöhnlich von gleich zu gleich mit Drachen kämpfte, wurde seekrank, was seine Stimmung noch verschlechterte.

Mit uns stiegen junge Paare in dem Hotel ab, wo alles für die Frischverheirateten vorbereitet war. Für uns war die Atmosphäre dort unerträglich. Tonio legte sich zum Schlafen angezogen auf einen Diwan. Am nächsten Morgen wachte er beim ersten Sonnenstrahl auf und flehte mich an, mit ihm nach Le Mirador zurückzufahren. Wie er sagte, hegte er nur den einen Wunsch, nämlich seinen *Ventilator* abzuschließen. Es schmerzte mich ein wenig, dass er so gar nicht verstand, den frischvermählten Bräutigam zu spielen.

»Ich bitte Sie um Vergebung, aber ich finde das idio-

---

[14] Kleine, landschaftlich reizvolle Insel, der Côte d'Azur vorgelagert. (Anm. d. Übers.)

tisch«, erklärte er. Er meinte die Jungverheirateten, die sich nach ihrer ersten Liebesnacht beim Frühstück Höflichkeiten sagten.

Und ohne ein Wort an die Familie kehrten wir in unser Haus auf Mirador zurück.

Jetzt hatte also alles seine Richtigkeit und Ordnung. Von nun an führte ich einen anderen Namen, aber ich konnte mich noch nicht daran gewöhnen. Ich unterschrieb weiterhin als Witwe Gómez Carrillo. Tonio schimpfte mit mir und befahl mir, Gómez Carrillo zu vergessen. Er sei tot. Ich sollte mich weder um ihn noch um seine Bücher kümmern, noch nach Spanien reisen, um seine Herausgeber zu treffen. Noch heute, fünfzehn Jahre später, habe ich nicht einen einzigen offiziellen Brief geschrieben, um die kleinste Summe aus dem schönen Erbe zu erlangen, mit dem er mich so großzügig ausgestattet hatte. Ich schäme mich ein wenig, dies zuzugeben. Aber damals war ich jung, das ist meine einzige Entschuldigung. Mein neuer Ehemann wollte schreiben und duldete daher keinen weiteren Schriftsteller in unserem Haus. Das begriff ich sehr gut.

Ich hatte das Gefühl, dass Tonio in Nizza ein wenig isoliert war. Ein bisschen melancholisch. Ich sagte mir, dass eine Persönlichkeit wie Maeterlinck ihm gut tun würde, ein guter Freund meines ersten Mannes. Maeterlinck bewahrte immer noch eine aufrichtige, lebendige Zuneigung zu Gómez Carrillo. Wie würde er den jungen Flieger empfangen, der dessen Platz auf Mirador eingenommen hatte?

Aufgeregt wie ein Schulmädchen telefonierte ich und schrieb der entzückenden Sélysette Maeterlinck, die mir zu Lebzeiten Gómez Carrillos eine wahre Freundin gewesen war. Sie lud uns sofort zu sich ein, nach Orlamonde, ihrem neuen Domizil.

Ich bekam es mit der Angst zu tun. Man fürchtet sich immer vor den Menschen, die einen kennen. So führte ich meinen Tonio bei den Maeterlincks ein.

Eine Minute nach der Vorstellungsrunde war ich beruhigt. Tonio war begutachtet und zum würdigen Nachfolger meines verstorbenen Gatten befunden worden! Maeterlinck bot ihm zu trinken an und stieg sogar in seinen Keller hinab, um eine besondere Flasche alten Weinbrands zu holen. Tonio redete über alles und nichts, über das Leben halt. Ich sehe sie noch alle vor mir, damals im Palais von Orlamonde, in dem mit Kristall und Marmor ausgestatteten Saal. Tonio wirkte wie ein schöner Römer. Mit seinen fast zwei Metern schien er geradewegs zum Himmel aufzuragen, und dennoch war er flink wie ein Vogel. Er hob die Hände, in denen er ein gewaltiges Kristallglas hielt, und trank fröhlich, während er über die Qualität von Druckpapier und Büchern sprach, denn eben war ein Buch aus holländischem Papier zu Boden gefallen. Der alte Weinbrand belebte die Unterhaltung. Maeterlinck war gewonnen, ja sogar bezaubert. Ich hatte das Gefühl, gerettet zu sein, neu gestärkt.

»Ich schreibe im Moment ein Buch«, berichtete Tonio. »Es beruht rein auf persönlicher Erfahrung. Ich bin kein Berufsschriftsteller und kann nicht von Dingen sprechen, die ich nicht erlebt habe. Ich muss mein ganzes Wesen einsetzen, um mich ausdrücken zu können. Ja, ich würde sogar sagen, dass ich mir das Recht zu denken erst erkämpfen muss.«

8

Sorgen in Paris

Als *Nachtflug* abgeschlossen war, brachen wir mit dem kompletten Manuskript nach Paris auf und zogen in die kleine Wohnung in der Rue de Castellane 10, die mein erster Mann mir hinterlassen hatte. Sie war zu eng für zwei, aber wir liebten uns wahnsinnig. Ein seltsamer Ort war das. Die Diele stand voller Bücher, und der Salon war mit alten Wandteppichen bespannt. Verlaine und Oscar Wilde waren in schlechten Zeiten hier abgestiegen. Eine Frau, der man den Beinamen »Notre Dame von den grünen Augen« verliehen hatte, hatte versucht, sich umzubringen. Ihr Porträt hing immer noch an der Wand. Ein Mann hatte sich aus dem Fenster der zweiten Etage gestürzt, was eigentlich durchaus ausreichend für ein solches Vorhaben ist, aber nur Beinbrüche davongetragen. Eine andere Frau hatte sich in diesen Räumen eine Kugel durch den Kopf geschossen, und man hatte ihr Blut nie wieder vollständig aus dem Teppich entfernen können. Auch sie war nicht tot gewesen. Nur Meister Gómez Carrillo war hier in meinen Armen gestorben.

Dies war tatsächlich seine Junggesellenwohnung gewesen, die Behausung, in die er sich an grauen Regentagen rettete. Er hatte auch ein hübsches Landhaus in Nelle-la-Vallée besessen, nur eine Stunde von Paris entfernt.

Ein wenig enttäuscht darüber, Tonio keine schönere Wohnung in Paris bieten zu können, hatte ich meinen frisch gebackenen Ehemann, diesen großen Vogel, in diese Wohnung gebracht. Aber er fand sie vollkommen. Die kleinen Zimmer erschienen ihm ideal zum Arbeiten, und er versicherte mir, wenn ich nicht an einen anderen Ort ziehen wolle, würden wie nie wieder die Adresse wechseln.

Gide hatte uns ein Vorwort für *Nachtflug* gewidmet. Obwohl er hartnäckig an seiner feindlichen Einstellung mir gegenüber festhielt, gab ich mir große Mühe, ihm äußerst freundlich und höflich zu begegnen. Sein Pech, wenn er mich nicht mochte und die Gesellschaft von Männern und alten Frauen vorzog.

Tonio war begeistert von dem Vorwort, und ich ebenfalls. Die Bewunderung von Gide, Crémieux und Valéry erschien mir verdient. Wenn man Tag für Tag, Seite für Seite ein Werk verrichtet und schließlich die Frucht reif ist, auf dass die anderen sie genießen, dann darf man wohl zu Recht glauben, dass man der Welt ein wunderbares Geschenk gemacht hat. Daher kam es mir vollkommen natürlich vor, dass das Manuskript meines Mannes eine so freundliche Aufnahme fand. Es war ein Teil unseres Lebens. Wir beide kannten *Nachtflug* auswendig, während die anderen – die Freunde, Verwandten und Bewunderer – es noch nicht gelesen hatten.

Ihre Glückwünsche, ihre – echten oder gespielten – Begeisterungsbekundungen begannen uns zu ermüden. Aber wenn es die hübschen Pariserinnen waren, die vor lauter Bewunderung über die Stränge schlugen, dann errötete mein Mann darüber beinahe und genoss diese Augenblicke zugleich. Da begann mein Herz vor Eifersucht zu glühen. Mein spanisches Blut geriet in Wallung.

Eines Morgens beim Aufwachen sagte er zu mir: »Wissen Sie, was ich heute Nacht geträumt habe? Nein? Also, ich habe geträumt, ich wäre auf einem Weg Gott begegnet. Ich wusste, dass es Gott war, weil er eine seltsame Kerze in der Hand trug. Idiotisch, aber so ist es im Traum nun einmal. Und ich bin ihm nachgelaufen, um ihn etwas über die Menschen zu fragen. Aber die Kerze leuchtete so hell, und ich hatte Angst.«

All das geschah während der Zeit, in der die *Nouvelle Revue Française* eine große Leidenschaft für meinen Mann hegte. Wenn er nach Hause kam, waren seine Taschentücher voller Lippenstift. Ich wollte nicht eifersüchtig sein, doch ich wurde traurig.

»Wir haben Tonio mit zwei Frauen im Wagen gesehen«, hinterbrachte man mir.

»Ja, das waren Sekretärinnen von der *NRF*«, erklärte er mir, »die mich auf dem Heimweg auf einen Portwein zu sich eingeladen haben.«

Paris bedrückte mich. Ich dachte nur noch an die jungen Frauen, die meinem Mann nachstellten.

Ah, die Gefährtin eines großen Künstlers zu sein, ist ein Beruf, ein heiliges Amt! Man erlernt diesen Beruf nur durch jahrelange Übung … denn studieren kann man ihn. Ich war töricht. Ich glaubte, auch ich besäße ein Recht auf die Bewunderung, die seinem Werk zuteil wurde. Ich glaubte, es gehöre uns beiden …

Welch ein Irrtum! Tatsächlich ist die Schöpfung eines Künstlers dessen ureigenster Besitz. Selbst wenn eine Frau ihm ihre Jugend schenkt, ihr Geld, ihre Liebe, ihren Mut, gehört ihr nichts davon!

Es ist eine Kinderei zu sagen: »Ah! Ich helfe meinem Mann.« Zuerst einmal weiß man niemals, ob nicht das Gegenteil der Fall ist. Vielleicht hätte der Schriftsteller mit einer anderen Frau mehr hervorgebracht, wäre besser gewesen. Zweifellos hätte er etwas anderes schreiben können. Gewiss, eine Frau hilft einem Mann immer, sein

Leben zu bewältigen, aber sie kann ihm die Arbeit auch erschweren. Wenn Tonio eine Stunde lang gesprochen hatte, träumte jede Frau im Publikum nur noch davon, die Freundin, die einzige verständnisvolle und treue Bewunderin ihres Lieblingsautors zu sein. Die Muse des Piloten aus *Nachtflug* zu sein, des großen Schriftstellers!

Dann, genau in diesem Moment, muss die Ehefrau auf den Plan treten und zu ihm sagen: »Es ist spät, mein Gatte, gehen wir nach Hause.«

Alles ist zu Ende. Was für eine Frau! So ein Drachen! Welch eine Taktlosigkeit! In dem Augenblick, als sie – die Bewunderin, die als Gast gekommen oder ihm zufällig vorgestellt worden ist – endlich ein Gespräch mit ihrem Piloten hätte führen können, taucht dessen angetraute Gattin auf! Glauben Sie mir, so etwas ist unverzeihlich!

Bei Tonio hätte man aus Stein bestehen müssen, nie ermüden und niemals das Wort an ihn richten dürfen. Nach und nach begriff ich, dass es besser war, ihn allein gehen zu lassen, denn ich vertraute ihm.

Überlassen wir uns dem Schicksal wie die Kinder, dachte ich. Es muss doch einen Gott für die Kinder und die Ehefrauen geben!

Aber Tonio langweilte sich häufig bei seinen Junggesellenabenden. Daher bat er mich, ihn anzurufen, wo immer er hinging.

»Rufen Sie mich an, ich bitte Sie. Ich hasse dieses Gerede, diese Vorträge, diese Abendessen. Ich habe schon alles erzählt … Glauben Sie mir, meine Frau, dass ich lieber meine Zeit vergeude als meinen Atem. Macht nichts, wenn die Gastgeberin sich ärgert, weil Sie mich bitten, sofort nach Hause zu kommen. Sie wissen, dass ich gut erzogen bin. Wenn Sie mich nicht anrufen, kann ich nicht fort!«

Ich hatte mir angewöhnt, ins Kino zu gehen, wenn er aufbrach, und ihn danach bei seinen Freunden abzuholen. Ach, ich hielt mich für so schlau! Er würde es überdrüssig werden, so häufig auszugehen. Diese Einladungen nahm er widerwillig an. Er fühlte sich dazu verpflichtet, ohne zu wissen warum …

Er war sehr unnahbar und einsam. Aber zugleich liebte er es, in Gesellschaft zu sein. Das Klingeln des Telefons jagte ihm Angst ein. Freunde redeten stundenlang auf ihn ein. Dann wieder wollte er Gespräche weiterführen, die er am letzten Abend begonnen und um drei Uhr früh abgebrochen hatte, und um zwei Uhr mittags telefonierte er immer noch! Wir aßen mit dem Telefon auf dem Tisch! Neben ihm fühlte ich mich sehr hilflos, und ich verlor jeden Sinn für das Praktische. Wie ein kleines Mädchen.

9

In Marokko

Die argentinische Luftpostgesellschaft wurde aufgelöst. Tonio verlor seinen Direktorposten in Buenos Aires. Sie sind arbeitslos, mein Liebster! Ruhen Sie sich aus!

»Nein, Consuelo, wir müssen die Miete bezahlen, die Getränke, die Essenseinladungen.«

Er wurde stets von Freunden bestürmt, die er ins Restaurant einlud, und er liebte es, für alle zu zahlen. Seit er kein Geld mehr hatte, wirkte er bedrückt. In Buenos Aires hatte er zwanzigtausend Francs im Monat verdient, ein dickes Gehalt. Und nun saß er ohne einen Sou in Paris.

»Ich möchte eine Arbeit bei Renault annehmen«, verkündete er mir bedächtig, »mit einem festen Gehalt, das ist sicherer. Ich werde jeden Tag ins Büro gehen. Ich glaube, das ist eine gute Stellung. Freunde haben sie mir besorgt.«

Tief bekümmert sah ich, wie fügsam er sich der Internierung in einem Büro unterwerfen wollte …

»Nächsten Monat fange ich an. Natürlich nur, wenn Sie wollen, Liebste!«

»Nein, Tonio, ich möchte nicht, dass Sie diese Arbeit annehmen. Ihr Weg liegt bei den Sternen.«

»Ja, Sie haben Recht, Consuelo. Er liegt bei den Sternen. Sie allein verstehen alles …«

Dieser Satz über die Sterne, den ich ihm ohne jede

weitere Bemerkung gesagt hatte, übte im Verborgenen seine Wirkung aus. Schnell kam er von der Idee einer zukünftigen Anstellung bei Renault ab. Es war, als hätte ich ihn angespornt und ihm neue Hoffnung geschenkt.

Er begann, vor sich hinzuträumen und seinen »Kriegsgesang« zu intonieren, wie ich ihn in Buenos Aires zu nennen pflegte. Denn sobald er sich auf den Weg machte, ob mit dem Wagen oder dem Flugzeug, sang er diese Zeilen:

»Immer liegt vor mir ein schauerlicher, düsterer Pfad

Und ich sehe die Straße des Schattens, von der kein Mensch je zurückkehrt.«

Seitdem hörte ich diese Worte jedes Mal, wenn ich Auto fuhr …

Eines schönen Tages verkündete er mir, er müsse nach Toulouse, um Didier Daurat zu treffen.

»Ich will wieder als einfacher Linienpilot arbeiten«, erklärte er ihm. »Ich brauche schnell ein ›Taxi‹. (Tatsächlich nennt man ein Flugzeug im Pilotenjargon ein Taxi.) In Paris langweile ich mich. Ich gehe überallhin, ich werde fliegen, wo immer Sie mich hinschicken. Meine Frau kommt mit mir. Ich bin bereit. Wenn Sie wollen, stehe ich morgen zu Ihrer Verfügung.«

Tonio hegte großen Respekt vor Didier Daurat. In seinem Buch *Nachtflug* tritt er in der Gestalt des Rivière auf.

Nach Paris zurückgekehrt, begann er seine Schränke aufzureißen und stöberte nach seiner ledernen Fliegerkluft, dem Mantel, dem Kopfhörer, den Gurten, seinen Sicherheitslampen und seinen Kompassen. Liebevoll breitete er diese Gegenstände auf dem Teppich aus.

Oft klingelte das Telefon. Seine Pariser Freunde wollten ihn sehen, doch er lehnte ihre Einladungen ab.

»Ich bin beschäftigt«, teilte er ihnen mit, »ich arbeite

wieder als Linienpilot. Ich habe mich lange genug durch die Cafés und Restaurants von Paris gefuttert. Auf Wiedersehen, ich habe keine Minute mehr Zeit, denn ich packe meine Koffer. Meine Frau kann euch alles erzählen.«

Das hieß, dass er für seine bürgerlichen Freunde nicht mehr ansprechbar war.

Er zog seinen starren Ledermantel auseinander, seinen alten Flugkameraden, der vom Nichtgebrauch hart geworden war ... Aus den Taschen fischte er kleine Papierstückchen. Eines Tages, als er darin las, begann er plötzlich zu lachen, sehr laut zu lachen.

»Aber warum lachst du so? Was gibt es Komisches? Wieso kicherst du wie ein Verrückter?«

»Ah, das kann ich Ihnen nicht erzählen. Es ist zu blöd.«

Doch er lachte immer lauter.

»Ich bitte dich«, sagte ich zu ihm.

»Nun gut, die Geschichte geht um ein Geräusch in der Maschine und um mein Funkgerät. Das war damals, als ich über Patagonien geflogen bin!«

»Daran finde ich nichts Witziges.«

»Weil ich Angst wegen dieses Geräusches hatte; ich hatte es nicht begriffen.«

»Was denn?«

»Na ja, ich habe mich so lange gefürchtet, bis ich über Funk eine Nachricht bezüglich des Geräusches erhielt. Lies den Funkspruch selbst, ich habe ihn gerade wiedergefunden. Da.«

Ich nahm das Stück Papier und las: »Dieses Geräusch stammt nicht aus Ihrem Flugzeug. Haben Sie keine Angst. Das sind Blähungen. Ich bin sehr krank, Monsieur.«

Jetzt schüttete ich mich ebenfalls vor Lachen aus. Er nahm mich in die Arme.

»Liebster, ich bin glücklich«, sagte ich zu ihm. »Ich kann Sie mir nirgendwo anders vorstellen als am Himmel. Habe ich Recht?«

»Warum weinen Sie dann?«

»Ich weiß nicht … Mir hat das Leben, das Sie in Paris geführt haben, nie gefallen. Die Sterne in Ihrer Nähe jagen mir weniger Angst ein als die Leute in Paris.«

Er legte mich inmitten seiner Ausrüstung auf den Boden und kitzelte mich kräftig.

»Autsch, autsch, Tonio. Hören Sie auf, Sie tun mir weh, wirklich.«

»Wo?«

»Hier, am Bauch …«

»Ah, das ist der Blinddarm. Wir lassen ihn noch heute Abend herausnehmen. Von Doktor Martell, den schätze ich sehr … Fahren wir in die Klinik. Morgen sind Sie Ihren Blinddarm los. Wir werden ihn nicht nach Marokko mitnehmen!«

Das Ganze war von einer kindlichen Einfachheit. Ich hatte den Eindruck, dass ich in seiner Nähe nichts zu fürchten brauchte.

Inzwischen hatte Monsieur Daurat Tonio noch einmal angerufen, um seine Anweisungen durchzugeben. Für den Moment würde er das »Taxi« Toulouse–Casablanca übernehmen.

Von dem Moment an, da ein Pilot sich verpflichtete, wusste er nie, wo er in der folgenden Nacht schlafen würde. Wenn die Nacht gut verlief, würde er in irgendeinem Teil der Welt landen: Barcelona, Casablanca, Port-Étienne, Cap-Juby oder Buenos Aires. Vielleicht flog er auch die Orient-Linien, Paris–Saigon …

Alles verlief, wie Tonio es vorhergesagt hatte. Ich konsultierte seinen Arzt und wurde operiert. Um mich von dem Eingriff zu erholen, verbrachte ich einige Tage in Saint-Maurice-de-Rémens. Tonios Mutter pflegte mich liebevoll und schickte mich dann nach Toulouse, um im Hotel Lafayette zu ihrem Sohn zu stoßen.

In dieser Stadt hatte ich das Vergnügen, Daurat zu begegnen und ihn genauer kennen zu lernen. Er war ein sehr ernster Mensch, und besonders beeindruckte mich sein eiserner Wille.

Toulouse war für mich eine tote Stadt. Sie existierte nicht. Ich überließ mich ganz und gar der Freundschaft der Piloten, die jeden Tag ihr Leben riskierten und sich weder der Gefahren bewusst waren, die sie eingingen, noch der Bedeutung ihrer Aufgabe, mit der sie den anderen Menschen ein Beispiel an Heldentum gaben. Für sie war das nur ein Beruf, und darum bewunderte ich sie noch mehr.

Diese Flieger hatten den Wind und die Nacht bezwungen, und Lobeshymnen langweilten sie nur. Sie wollten Bier trinken, würfeln und Poker spielen. Ich war eine gute Schülerin beim Würfelpoker. Von Zeit zu Zeit erkundigte ich mich schüchtern nach den Namen der anderen Piloten. Als der Abend sich dem Ende zuneigte, wagte ich es, vorsichtig nach einer Auskunft über meinen Mann zu fragen. In der Nähe dieser Burschen lernte ich, mich zurückhaltend zu geben und meine Gefühle nicht zu zeigen. Nach einer Woche in Toulouse war ich allein. Mein Mann befand sich in den Lüften, und ich bewohnte sein Zimmer und wartete auf Nachricht von ihm.

»Ach ja, Saint-Ex. Man hat ihn in ein ›Taxi‹ nach Dakar gesteckt. Er soll einen Piloten ersetzen.«

»Warum?«, fragte ich.

»Weil der sich umgebracht hat. Passen Sie auf, Madame de Saint-Ex, ich habe Ihnen dreimal drei Pik abgenommen.«

»Ah ja, glauben Sie?«

Und mein Herz tat einen Satz und schlug mir bis zum Hals. Wo war mein Engel?

Am nächsten Morgen wurde ich davon geweckt, dass mein Mann endlich im Zimmer erschien – um die Schrankschubladen auszuräumen. Wir würden nach Casablanca aufbrechen, mit Zwischenstopp in Spanien. Ständig führten wir dieses Bohemeleben, immer waren wir in Hetze.

»Vielleicht möchtest du ja in Almería baden«, meinte er, »dort unten ist Sommer.«

»O ja, liebster Tonio, gern!«

»Schau nur, dein Koffer ist ja voll. Das kannst du nicht alles mitnehmen. Such dir zwei Kleider aus, das reicht. Die Nachthemden brauchst du nicht, dazu ist es in Marokko zu heiß.«

Ein paar Stunden später waren wir in Alicante. Wir gingen zum Strand. Tonio schwamm schnell, und ich wollte ihn einholen. Aber meine Blinddarmnarbe hinderte mich daran, ihm meine Begabung als Nixe zu beweisen. Ich hatte immer noch Schmerzen.

Wir lebten heute hier, morgen dort. Ich kam mir vor wie ein Flüchtling. Nicht einmal Tonio selbst kannte sein Schicksal, und ich erst recht nicht … Aber ich weinte seinem entgangenen Posten bei Renault nicht nach.

Mitten in der Nacht zog er mich sehr zärtlich an sich, so wie man ein kleines Haustier drückt, und dann entschuldigte er sich.

»Ich habe noch nicht gelernt, Ihr Gatte zu sein«, erklärte er. »Ich bitte Sie um Verzeihung, aber ich verirre mich in Ihren Haarbändern. Es versetzt mich immer noch in Staunen, ein kleines Mädchen wie Sie in meiner Nähe zu haben.«

Ich war noch ganz benommen. Er barg mich in seinen Herkulesarmen.

»Vierzig Kilo … ich wiege dreimal so viel wie Sie. Kleines Zwergenmädchen, morgen kommen Sie in ein schönes Land. Wenn Sie mich wirklich lieben, wird es Ihnen dort gefallen. Ein Kamerad hat uns schon eine schöne Wohnung im Glaoui-Palast[15] in Casablanca gemietet … Du wirst oft allein sein, du wirst Zeit haben, dich zu amüsieren, spazieren zu gehen und vielleicht an mich zu denken.«

In dieser Nacht schlief ich wenig. Ich stellte mir den Palast der Glaoui vor, umgeben vom Wüstensand. Schon folgte ich Tonios Schicksal.

Endlich lernte ich den berühmten Palast kennen. Die Treppe bestand aus Marmor. Die Räume waren sehr groß, und Möbel gab es fast keine. Arabische Schlichtheit. Große Teppiche auf dem Boden und an den Wänden. In allen Zimmern Kupfertabletts anstelle von Tischen, Diwane, sehr niedrige Betten. Blauweiße Mosaiken. Die Frauen der anderen Flieger nahmen mich auf den Markt mit und führten mich in die Gepflogenheiten dieser Provinzstadt Casablanca ein, wo ewig die Sonne scheint.

Zur Stunde des Aperitifs trafen wir uns im Café Roi de la Bière mit den Piloten. Würfelpoker … Pernod … Eier in Aspik … pikante Anekdoten. Ich habe eine derartige Sammlung davon gehört, dass ich damit ein Buch füllen könnte.

Aber das Leben bestand aus viel mehr als den Geschichten, die man mir erzählte …

Ich verbrachte meine Zeit damit, im Buchladen von Madame Allard zu lesen, hing Träumen über mein Le-

---

[15] Benannt nach dem Berberstamm der Glauoa (Anm. d. Übers.)

ben nach und ging im arabischen Teil der Stadt spazieren. Eines Tages, während ich mit der Buchhändlerin plauderte, kam der Pilot Guerrero vorbei.

»Ah, guten Abend, Madame de Saint-Ex. Sollen wir heute Abend zusammen essen? Hier, das kommt von Ihrem Mann. Er schickt Ihnen ein paar frische Langusten aus Port-Étienne und hat mich beauftragt, sie Ihnen zu bringen.«

»Aber ja, Guerrero. Kommen Sie zu mir, und wir kochen zusammen. Madame Allard wird auch da sein.«

»Ich fliege dieselbe Strecke wie Ihr Gatte«, erläuterte mir Guerrero. »Zufällig hatte ich Schmerzen im Bein, daher bin ich in Cisneros geblieben, um mich auszuruhen. Saint-Ex kam mir sehr sorgenvoll vor. ›Mein Alter‹, sagte ich zu ihm, ›für einen frisch verheirateten Mann wirkst du ziemlich vergrätzt.‹ Keine Reaktion. Aber plötzlich ruft Saint-Ex aus: ›Eier in Aspik sind etwas Herrliches, meinst du nicht auch, Guerrero?‹

›Wie, Eier in Aspik? Das musst du mir erklären.‹

›Siehst du, wegen Eiern in Aspik habe ich mich zum ersten Mal mit meiner Frau zerstritten. Wir saßen im Restaurant, im Roi de la Bière. Ich war nach einer Nacht in der Luft völlig erledigt nach Hause gekommen, aber sie wollten unbedingt, dass wir zum Essen ins Roi de la Bière gehen. Zu Hause hatte ich nicht viel gesagt, weißt du, eigentlich habe ich den Schnabel überhaupt nicht aufgemacht … Im Café fragt mich der Kellner, was ich gern hätte. Consuelo beobachtet mich unruhig. ›Eier in Aspik‹, antworte ich. Die Eier standen vor uns … An die Speisekarte dachte ich gar nicht. ›Bist du krank? Langweilst du dich?‹ fragt sie mich. Ich gebe keine Antwort. Man bringt mir zwei Eier in Aspik. ›Und danach, Monsieur, als zweiten Gang, bitte?‹ – ›Zwei Eier in Aspik.‹ Meine Frau verstummte. Ich hätte am liebsten gelacht.

Aber man brachte mir zum zweiten Mal Eier in Aspik. Und zum Dessert noch einmal das gleiche.

Ich mochte nicht reden, nicht denken. Mir ist gleich, ob ich sechs Eier in Aspik esse oder etwas anderes. Aber Consuelo hat das aufgeregt. Sie saß auf der Bank, und mitten zwischen den Kunden steht sie von ihrem Platz auf und schreit: ›Ah ja, deine Eier in Aspik … Ich liebe sie auch, die Eier in Aspik …‹

Sie nahm alle Eier, die auf dem Tisch standen, und zerquetschte sie vor allen Leuten zwischen den Fingern. Sie drückte sie alle zu Brei und flüchtete dann weinend.

Ich konnte einfach nicht ernst bleiben. Ich lachte, so komisch fand ich die Mienen des Kellners und der Kassiererin, als sie sahen, wie Consuelo die Eier in Aspik attackierte. Ein paar Minuten später ging ich ebenfalls. Die Szene ist vergessen, sag ihr das. Versichere ihr, dass ich nicht böse bin. Dass ich morgen zu meinem Geburtstag heimkomme, und dass ich ihr diese Langusten schicke, um ihr eine Freude zu machen. Und erinnere sie vor allem daran, dass sie die Scheren nicht mit Eiern in Aspik verwechseln soll.«

Das Leben der Piloten war einfach und verlief nach festen Regeln. Mein Mann flog den Postverkehr zwischen Casablanca und Port-Étienne. Noch vor einigen Jahren war ein einziger Pilot für die Verbindung zwischen Casablanca und Dakar verantwortlich gewesen, aber Monsieur Daurat hatte bei der Regierung einige Verbesserungen durchgesetzt. Die Piloten hatten gewechselt, die Flugzeuge wurden teilweise modernisiert.

Der Aufenthalt in Port-Étienne war nicht eben unterhaltsam: ein paar Männer wohnten dort, kaum ein Dutzend, die arabischen Handlanger, die Sklaven der Mauren waren, mit eingerechnet. Mein Mann sagte mir häufig: »Eines Tages nehme ich Sie zu Madame la Capitaine mit. Sie ist Französin. In diesem Land, in dem nichts Grünes gedeiht, pflegt sie einen Garten. Das Süßwasser lässt sie sich per Schiff aus Bordeaux bringen und die Erde von den Kanarischen Inseln. In einem kleinen Holzkasten zieht sie drei Salatköpfe und zwei Tomatenpflanzen. Sie wäscht sich die Haare mit dem Süßwasser aus Bordeaux, und dann gießt sie ihren Garten damit. Um ihre Pflanzungen vor dem Wüstensand zu schützen, lässt sie die Kästen auf den Grund eines Brunnenschachts hinunter … Wenn wir dort zwischenlanden, lädt sie uns zum Essen ein … Immer nur Konserven, aber sie lässt ihren Garten aus dem Schacht ziehen und stellt ihn auf den Tisch. Ihre drei armen Tomaten und zwei Salatköpfe. Rührend!«

Bei seiner Rückkehr erzählte Saint-Ex weiter.

»Sie verstehen vielleicht, dass ich nach einem solchen Aufenthalt in der Sandwüste ein wenig verwildert nach Hause komme. Dort unten denke ich ohne Umschweife, ich bin ein großer Bär, wie Sie mich nennen. Das macht das Leben einfacher … Ich bin ein Bär, sage ich mir, und ziehe mich in mein Schweigen zurück. Dann werde ich wie ein anderer Mensch, ich trage eine andere Haut, und ich brauche Erholung, Ruhe, Frieden … Also müssen Sie die Unterhaltung übernehmen. Sie sollen mir in allen Einzelheiten von den Briefen erzählen, die wir aus Frankreich erhalten, von unseren Freunden in Casablanca, über Ihr Leben und das Leben im Allgemeinen. Ich bewundere Sie; Sie vergessen nichts, Sie klären mich über dieses Land auf. Der Arzt hat dieses getan, der Oberst hat jenes gesagt … Die neuesten Ereignisse, von denen Sie in den Zeitungen gelesen haben. Aber wenn ich Sie dann sehe, wie Sie erschöpft sind, weil ich ein Bär bin, der Ihre Worte, Ihre Zärtlichkeit verschlingt, dann möchte ich für Sie tanzen, und wenn es ein Bärentanz ist, um Sie zu zerstreuen, um Ihnen zu sagen, dass ich Ihr Bär bin, für das ganze Leben der Ihre.

Sie müssen wissen, dass uns bei den Zwischenlandungen kuriose Geschichten zustoßen. Kürzlich hat uns eine christliche Vereinigung zum Schutz von Frauen aus der Nähe von Dakar kleine Mädchen von fünfzehn Jahren geschickt, um den Piloten in ihrer freien Nacht Gesellschaft zu leisten!

Ihnen ist ja bekannt, dass man diese armen Wesen auf dem Markt wie Sklavinnen verkauft. Nun hat die Vereinigung einen Tarif festgesetzt. Wir müssen diesen jungfräulichen Mädchen vier französische Francs für den Abend bezahlen. Für diese Leute in ihrem verlassenen Wüstennest stellt das eine gewaltige Summe dar. Meistens bitten wir sie, die Baracke zu fegen, uns ein Glas abzuwaschen oder eine Petroleumlampe zu reinigen. Eines Tages kehrt nun Mermoz ziemlich spät aus einem Café in Dakar zurück und findet vor seiner Tür ein kleines Mädchen von ungefähr vierzehn Jahren. Er hat getrunken und sagt ihr, sie solle gehen. Aber das Mädchen ist bestürzt und weint, die einzige Art, wie sie ihre Verzweiflung zeigen kann, da sie kein Französisch spricht. Also sagt Mermoz zu ihr: ›Komm hinein, du kannst bei mir schlafen.‹ Er fängt an, sie auszuziehen und ihr den Burnus abzustreifen, aber die Kleine heult nur umso mehr. Der Bursche gibt ihr die vier Francs, denn er nimmt Rücksicht auf seine Kameraden und will nicht über Tarif zahlen. Er zieht ihr den Burnus wieder über. Die Tränen versiegen nicht. Von neuem nimmt er ihr den Burnus weg und gibt ihr eine zweite Hand voll Geld. ›Zum Teufel mit den Tarifen der Zivilisten, du bist ein liebes Kind, du sollst schlafen.‹ Aber das kleine Mädchen, das praktisch nackt in der Nachtluft steht, will nicht gehen, sondern schluchzt weiter. Der Mann weiß nicht mehr, was er tun soll. Er schenkt ihr seine Armbanduhr, die sie entzückt, und sein Eau de Cologne. Kurz beruhigt sie sich, doch dann verfällt sie wieder in Verzweiflung. Mermoz wird wütend. ›Ich habe genug‹, schreit er sie an. ›Ich will schlafen, geh nach Hause.‹ Verstört bleibt das kleine Mädchen stehen wie jemand, der seinen Auftrag nicht erfüllt hat. In ihren dunklen Augen leuchtet ein beängstigendes Licht. Ihr Mund steht halb offen, denn sie vermag nichts in der Sprache dieses weißen Mannes zu sagen, der fliegt, der vom Himmel kommt. Leise Laute steigen aus ihrer Kehle auf, als spräche sie mit sich selbst. Den Piloten dauert ihr gewaltiger Kummer, und er zieht von neuem den weißen Stoff weg, der sie einhüllt, und betrachtet sie aufmerksam. Sie ist nicht wie die anderen Beduininnen, die unterwürfig, mit niedergeschlagenen Augen vor das Böse treten … Der Pilot findet sie schön, umso schöner ob ihres seltsamen Gebarens. Er möchte nicht, dass sie dreinblickt wie ein gehetztes Tier. ›Deswegen also haben mehrere meiner Kameraden arabische Mädchen geheiratet‹, sagt er sich. Bei Tagesanbruch wirft er das Mädchen aus seinem Bett. ›Geh.‹ In den angespannten Muskeln des Fliegers spürt sie den Befehl. Sie steigt aus dem Bett, denn sie begreift, dass sie verschwinden soll. Aber trotzdem setzt sie sich auf den Boden, um ihm zu zeigen, dass sie nicht weichen wird. Das ist mehr, als Mermoz ertragen kann. ›Aha, du willst mir wohl folgen wie eine Sklavin, wie ein Hund …‹ Er sagt das arabische Wort dafür … Empört heult sie auf. Über dem Flugfeld grollt Motorenlärm. Mermoz sieht das Mädchen an und schließt dann die Augen. Vielleicht geht sie ja, wenn ich so tue, als schliefe ich, denkt er. Er muss noch viele Stunden fliegen. Er muss schlafen. Das halsstarrige Mädchen wird schuld sein, wenn er am

Steuerknüppel einschläft. Sie ist die Stärkere. Der Pilot seufzt. Die beiden belauern einander. Er lacht nervös auf, das Mädchen ebenfalls. Da öffnet sich die Tür der Baracke, und der Pilot, der eben gelandet ist, tritt ein.

›Tag, mein Alter!‹

›Bist du das, Tonio?‹

›Ja, sicher.‹

›Ich habe die ganze Nacht nicht geschlafen, schau', sagt er und zeigt mir die kleine Araberin, die auf dem Boden sitzt. ›Ich bin völlig fertig; sie will einfach nicht gehen. Ich habe ihr schon alles gegeben, mein Geld, sogar mein Taschenmesser!‹

Die kleine Araberin schießt in die Höhe. ›Verstehst du vielleicht Arabisch, Monsieur?‹, fragt sie. ›Ich bin nämlich die Wäscherin. Ich darf nicht ohne die schmutzigen Laken gehen. Was den Rest angeht, so bin ich zufrieden. Er ist großzügig, dein Freund!‹

Ich übersetze, was die kleine Araberin will. Mermoz stößt einen Fluch aus, lädt ihr die ganze Schmutzwäsche auf. Endlich ist sie glücklich und macht sich davon.«

Mermoz behauptete, diese Geschichte sei Tonio zugestoßen, und dieser versicherte, Mermoz habe sie erlebt.

Ich liebte es, Tonio zuzuhören, wenn er solche Erlebnisse erzählte. Es tut mir nur Leid, dass ich sie unvollkommen wiedergebe, da ich nicht die Möglichkeit habe, sein Lachen und seine Stimme nachzuahmen. Denn wenn er seine Geschichten aus der Wüste erzählte, verzauberte er sein Publikum.

Der Glaoui-Palast war nur dem Namen nach einer. Tatsächlich handelte es sich um ein großes Gebäude mit luxuriösen Wohnungen, ein Mietshaus des Glaoui-Clans. Die Architektur und Ausstattung entsprachen dem modernen arabischen Geschmack, der von unserer französischen Kultur beeinflusst ist.

Was für eine Mühe es bereitete, diesen quadratischen Zimmern mit ihrem harten Licht, das nichts vergab, eine persönliche Note zu verleihen! Ich verstand schon die Weisheit der arabischen Hausherren: Das einzige, was man dem Tageslicht entgegensetzen kann, ist das Licht selbst, der Raum. Man bedeckt die Mosaiken mit weißen Teppichen, die Wände mit arabischen Webteppichen, die ein heißes Licht zurückwerfen, und gegenüber stellt man gewaltige vergoldete Kupferplatten auf. Man muss versuchen, sie so groß wie möglich zu bekommen. Sie werden nach Gewicht verkauft; manche bestehen aus versilbertem Metall, und sehr selten findet man welche aus Gold. Tonio liebte besonders eine große, düstere Platte von einem Grau, das ans Schwarze grenzte, mit abgenutzten Gravuren. Je länger man sie betrachtete, desto weniger begriff man von den eingravierten Motiven. Wir versuchten sie zu entziffern; das wurde zu einem Zeitvertreib, ja zu einer Besessenheit.

Meine ersten Wochen in dieser Wohnung hatten mich gelehrt, wie man eine harmonische Innenausstattung schafft. Doch mein Gatte hielt wie alle Männer nichts vom Möbelrücken. In seiner Gegenwart konnte man nicht einmal einen Tisch verschieben; er fand so etwas überflüssig. Ich jedoch litt. Nachdem ich die Winkel der Fenster studiert und verinnerlicht und die Lage der Lichtschalter ausgekundschaftet hatte, um die größtmögliche Bequemlichkeit beim Lesen und Schreiben zu erlangen, schmiedete ich meinen Plan.

Eines Tages musste Tonio um drei Uhr zum Flugplatz aufbrechen. Ich hatte beschlossen, ihn dieses Mal nicht zu chauffieren, da mich das zwei volle Stunden kosten würde. Ich schob Kopfschmerzen vor, einen Brief an meine Eltern, den ich zu schreiben hatte. Aber Tonio war ein zu guter Menschenkenner. Etwas in mir sagte mir, dass er einen Verdacht hegte. Zuerst einmal akzeptierte er nicht, dass ich mich weigerte, ihn zu begleiten. Ich konnte ihm nicht unbekümmert sagen: »Ich mag es nicht, mich auf dem Flugfeld von dir zu verabschieden.« Außerdem hätte ich damit gelogen. Jedesmal, wenn er abflog, zitterte ich. Einmal hatte ich große Angst um ihn, weil man eben einen Piloten, der abgestürzt war, begraben hatte. Tonio umkreiste die Piste noch einmal, nur um mich noch einmal von nahem anzusehen und mir zu winken … Kaum hatte er diese leichtsinnige Tat begangen, da wurde er schon über Funk zurückgerufen. Er musste gehorchen, und wir haben ziemlich teuer für seinen kleinen Rundflug um meinen Kopf bezahlt.

Um Tonio nicht zu verstimmen, fuhr ich also mit zum Flugplatz: still und artig, aber in mich selbst versunken. Er war sehr liebenswürdig.

»Auf Wiedersehen, Liebster«, sagte ich zu ihm. »Vergiss nicht, dass ich sehr empfindliche Gemüse in deinen Proviantkorb gegeben habe, Tomaten nämlich. Sie sind gut verpackt, aber du musst sie gleich nach deiner Landung herausnehmen, sonst verkochen sie in der Hitze. Den Salat, die Gurken und die Radieschen musst du sofort ins Wasser legen, wenn du ankommst. Selbst wenn du deinen Kameraden davon abgibst, müssten sie für eine Woche reichen. Die Männer werden froh sein, einmal etwas anderes als Konserven zu bekommen.«

Ich war die einzige unter den Ehefrauen, die einkaufen ging und leere Benzinkanister mit merkwürdigen Päckchen voll stopfte … Frische Milch mochte Tonio nicht, aber dafür füllte ich mehrere Thermoskannen mit eisgekühlter Sahne. Zwischen Eisstückchen packte ich frisches Fleisch, dazu Thermosflaschen mit Hühnersuppe, alles mit Etiketten gekennzeichnet. Mein Mann war glücklich, seine Vorräte zu verteilen. Er selbst aß Brot und Käse. Diese Vorkehrungen kosteten mich viel Zeit, aber für mich waren sie das Leben: Ich versorgte ihn mit der Energie, die er auf seinen Nachtflügen verausgabte. Und er brauchte Kaffee, der sehr stark sein musste. Ich stopfte ihm die Taschen mit Schokolade und Pfefferminzpastillen voll. »Aber Liebste, ich brauche nichts, glauben Sie mir«, pflegte er zu protestieren. Aber bei seiner Rückkehr brachte er mir Geschenke von den anderen Piloten mit, die meine Suppen getrunken und mein Gemüse gegessen hatten. Sie kümmerten sich darum, dass Tonio sich ordentlich ernährte. »Ansonsten«, sagten sie unter sich, »wird Madame de Saint-Ex aufhören, uns Lebensmittel zu schicken, die unsere Mahlzeiten ein wenig aufwerten …«

An diesem Tag also, an dem ich ihn nicht zum Flugfeld hatte begleiten wollen, sah Tonio mich aus dem Augenwinkel forschend an. Denn ich wollte mich verabschieden, bevor das Flugzeug abhob.

»Schatz, ich bin ein wenig abgespannt. Zu viel Lärm und Benzingestank. Es ist heiß, ich möchte gern ein kühles Bad nehmen … Ich gehe zum Friseur, und dann statte ich Madame C. einen Besuch ab.«

»Also bitte, wenn Sie etwas vor mir verbergen wollen, dann kommen Sie mir nicht mit so vielen Ausreden. Eine reicht völlig, sonst schöpfe ich noch Verdacht …«

Ich fuhr nach Hause. Ruhe. Er war fort. Ich hatte freie Bahn. Den ganzen Tag lang arbeitete ich. Als die Nacht mich überraschte, war ich immer noch nicht fertig. Ich schickte Ahmed und meine Fatmas, die Hausmädchen, fort und legte mich in dem großen Badezimmer auf meine Massageliege. Ich fühlte mich wie gerädert.

Mitten in der Nacht Schritte auf dem Mosaikboden … geschmeidige Schritte, der Gang eines Einbrechers … Ich hatte schreckliche Angst … Wie unvorsichtig von mir, alle meine Dienstboten wegzuschicken. Nur meine Köchin schlief gegenüber der Küche. Die Schritte kamen und gingen. Ich hielt die Luft an. Da war jemand, der sich in meiner Wohnung auskannte wie in seinem eigenen Haus … Der Besucher schaltete das Licht ein. Ich zitterte. Mein Schmuck … Ich reiße mir die Ringe von den Fingern und gleite in den Wäschekorb. Dort würde der Dieb nicht nachsehen. Ich war entsetzt. Und kein Revolver in diesem Raum! Ermutigt dadurch, dass er keinen Menschen sah, setzte der Einbrecher seinen Gang durch die leeren Zimmer fort. Denn ich hatte die ganze Einrichtung in eins der Dienstbotenzimmer geschoben, um die Wände zu tünchen, neue Vorhänge aufzuhängen und die Möbel umzustellen … Das war mein Plan gewesen … Eine elektrische Lampe in der Hand, tritt der Dieb schließlich ins Badezimmer und benutzt ganz gelassen meine Toilette … Von meinem Korb aus konnte ich verschwommen seinen Kopf erkennen … Es war mein Mann … Also setze ich mich in Bewegung, und die Wäsche aus dem Korb, mit der ich mich bedeckt hatte, wuchs in die Höhe wie ein Vulkan. Tonio bekam einen Riesenschrecken. »Zu Hilfe, rette mich, ich ersticke«, schrie ich.

Er stand unbeweglich und entsetzt da. Nachdem er die Zimmer leer vorgefunden und mich schreien gehört hatte, sah er mich jetzt mit den Hemden kämpfen, die mir die Kehle zuschnürten. Schließlich schaffte ich es, allein aus dem Korb zu klettern. Er hingegen glaubte, in seinen umherwogenden Hemden zwei Personen zu erkennen … Er war bleich und keuchte. Ich war ziemlich wütend.

»Du jagst mir mitten in der Nacht Angst ein, und dann kannst du mir nicht einmal helfen, aus meinem Versteck zu steigen. Ich hätte da drinnen ersticken können … Ich habe geglaubt, da wäre ein Einbrecher … Ich habe meine Ringe in den Korb getan. Bestimmt ist meine kleine Uhr dabei zerbrochen. Du bist gemein.«

»Hör mal, mein verrücktes kleines Mädchen, sieht du nicht, dass ich dem Ersticken näher bin als du? Ich bin nach Hause gekommen. Ich bin wieder umgekehrt. Ich dachte: ›Consuelo liebt mich nicht mehr. Und sie hat allen Grund dazu. Immerzu ist sie allein. Wenn ich da bin, denke ich nach oder schreibe. Ich bin ihr kein guter Kamerad. Aber es ist besser, ihr alles zu sagen, alles zu erfahren, alles in Ordnung zu bringen. Ich will ihr nicht wehtun. Sie soll mit dem Menschen zusammen sein, den sie liebt. Ich kann sie nicht einfach so verlassen.‹ Also bin ich nicht geflogen. Ich bat Guerrero, der Urlaub hatte, sich aber zufällig auf dem Flugplatz aufhielt, das Taxi für mich zu übernehmen und habe den Tag damit zugebracht, durch die Stadt zu streifen. Ich wollte dir lieber schreiben, statt zu kommen. Aber ich habe überlegt. ›Ich habe nicht bemerkt, dass sie abwesend oder distanziert gewesen wäre.‹ Und ich habe gebetet. Dann habe ich den Entschluss gefasst: ›Schön, ich werde ihr alles sagen.‹ Siehst du, darum bin ich hier. Als ich weder in unserem Schlafzimmer noch im Salon oder irgendwo sonst ein Möbelstück sah, hatte ich furchtbare Angst. Du warst wirklich fort, für immer, und hattest sogar die Möbel mitgenommen. Morgen wollte ich nach China verschwinden. Ich habe nach einem Abschiedsbrief gesucht, irgendeiner Spur, aber nichts. Und dann du, in dem Wäschekorb. Aber was tust du da?«

»Ah, Tonio, und du behauptest, du wärest nicht eifersüchtig? Dummkopf!«

»Aber antworte mir doch, wo sind die Möbel geblieben?«

»Du Riesenidiot, hast du nicht die Farbeimer in der Diele gesehen? Morgen sollen die Maler kommen. Ich wollte dir eine Überraschung bereiten, und du hast mir Angst eingejagt ...«

Ich konnte mich gar nicht von meinem Schrecken erholen, ich weinte, ich suchte meine Ringe, mein Armband ... Tonio nahm eine Matratze und legte sich angekleidet auf der Erde nieder. Als einzigen Trost für meine Tränen und seine Liebe drückte er einen meiner Knöchel.

Später sagte er den schönsten Satz, den ich je gehört habe, über meine Tränen, über diese Nacht, mein Armband und meine zerbrochene Uhr in dem Wäschekorb: Ich hätte nicht wegen meines verlorenen Armbands geweint, sondern bereits um den Tod, der mich von allen Dingen trennen würde, mich, das »liebe, vergängliche kleine Mädchen«.

10

Die Frau eines Piloten

Ich konnte nicht mehr schlafen. Die Angst vor den Nachtflügen, die zweimal die Woche stattfanden, ließ mich nicht zur Ruhe kommen. Wenn Tonio zwischen zwei Postflügen ein paar Tage bei mir verbrachte, achtete ich darauf, ihm zu Gefallen zu sein und ihn zu umsorgen. Er ist nicht wie die anderen, sagte ich mir. Er hat so viel von einem Kind oder einem vom Himmel gefallenen Engel … Was mich anging, so vermochte ich nicht wie die anderen Frauen spazieren zu gehen, auszugehen, Feste zu besuchen … Nur die Postflüge waren mir wichtig. Sie brachten mich zur Verzweiflung …

Eines Tages war er gegen drei Uhr nachmittags aufgebrochen. Wenn alles gut ablief, würde er seine drei Zwischenstopps anfliegen, Cisneros, Port-Étienne, Cap-Juby. Ich bat den Funker, mir Nachricht über den Flug meines Mannes zu geben. Doch andere Piloten verlangten Informationen von ihm. Man musste sie am Himmel leiten. Und dann rief noch Madame de Saint-Exupéry an: »Ist mein Mann bei seiner ersten Station angekommen?« Ja, nein, nichts weiter.

Ich musste eine ganze Stunde warten, ehe ich wagte, von neuem dieselbe Frage zu stellen. »Sie sind zu nervös, Madame. Gehen Sie doch schwimmen, wir haben schönes Wetter. Ich kümmere mich schon um Ihren Mann. Die anderen Pilotenfrauen sind nicht so ängstlich.«

Am nächsten Tag begann ich wieder zu telefonieren. »Ihr Mann gut angekommen«, oder: »Ihr Mann hat eine Panne. Wir versuchen den Schaden zu beheben.« Und das war alles. Ich hatte Himmel und Erde in Bewegung gesetzt, um in der Nähe des Funkbüros zu wohnen, und wenn ich nicht telefonierte, ging ich zum Büro, steckte lächelnd den Kopf hinein und winkte den anderen Piloten, die sich dort aufhielten, mit dem Taschentuch. Das machte sie nervös; sie mochten keine Frauen im Büro. Aber in meinem Fall war das etwas anderes, ich war ihre Nachbarin. Ich lud sie zu mir ein. Bei mir gab es kühles Wasser, Anchovis, die ich mir aus Paris schicken ließ, goldgelbe Mandeln; und ich versprach ihnen, die hübschesten unter meinen Freundinnen aus Casablanca kämen zum Aperitif. Einen oder zwei Piloten las ich immer auf. Ich bewirtete sie wie Götter, denn sie waren meine Himmelsboten. Sie kamen und gingen, und schließlich teilten sie mir, ohne dass ich zu fragen brauchte, mit: »Beunruhigen Sie sich nicht; Ihr Mann hat eine Zwischenlandung ausgelassen. Der Wind, der Nebel haben ihn ins Innere der Wüste oder aufs Meer getrieben. Er glaubt, dass er bald in Cisneros eintrifft.« Und die Stunden vergingen. Wenn sie sich verabschiedeten, hatten sie sich eine ordentliche Dosis Pernod durch die Kehle gegossen. »So, Madame de Saint-Ex, kommen Sie dann ins Restaurant, zum Araber, ja? … Bis gleich.«

Dort, in der Nacht, würde ich erfahren, ob Tonio Cisneros erreicht hatte. Oft brauchte es keine Worte, sondern nur Sanftheit, Freundlichkeit. Die Piloten wurden meine Brüder.

»Aber Madame de Saint-Ex, sorgen Sie sich doch nicht so. Heute Abend machen wir eine Zechtour.«

Gott, das war nicht amüsant: die Bars, die Frauen, die Gerüche nach Tabak und Haschisch, die von diesen mehr oder weniger akzeptablen Orten aufstiegen. Wenn man mich um Mitternacht nicht nach Hause brachte, wusste ich, dass mein Engel in Gefahr schwebte. Eines Tages fuhr der brave, sympathische Guerrero mich »aufs Land«. Die anderen Piloten wollten schlafen. »Aufs Land fahren« hieß in unserer Sprache »die Funkstation aufsuchen«.

Ach, die Frauen der Piloten! Das war kein einfaches Leben, weder für sie noch für ihre Männer. Man bedauerte und man liebte uns. Unsere Männer mussten gegen die Nacht obsiegen, die Zwischenstation erreichen, weil wir warteten. Der ganze Rest – die Müdigkeit, die Stunden des Kampfes gegen die unberechenbaren Wetterbedingungen, der Nebel, die unsinnigen Anordnungen der Chefs aus Paris, die ihnen etliche Liter Benzin strichen, damit ihr Gewicht den Motor weniger belastete – waren unwichtig. »Wenn man sich eine Viertelstunde in die Zukunft versetzen könnte, wäre man gerettet«, schrieb ein Pilot, ehe er ins Meer stürzte und ertrank. Aber man musste die Befehle vom Boden befolgen. Die Flieger stiegen in ihre Maschinen wie Roboter, die in den Krieg ziehen. In einen Kampf gegen die Nacht.

Die Rückkehr hingegen war einfach. Man sprach über nichts, man war am Leben. In fünf Tagen mussten die Männer wieder aufbrechen. Jetzt wurde erst einmal gegessen und getrunken. Aber Tonio wollte lesen, Tonio wollte schreiben. Also musste ich mich ganz klein machen, in seinen Taschen leben, wie man so sagt. Ich pflegte zu zeichnen; Bilder, die nichts darstellten. Wenn ihm das auf die Nerven ging, stickte ich. Auf dem Diwan häuften sich die bestickten Kissen. Aber er hatte es gern, wenn ich mich im selben Zimmer mit ihm aufhielt, wenn er schrieb, und wenn er keine Ideen mehr hatte, bat er mich darum, ihm zuzuhören und las mir seine Seiten einmal, zweimal, dreimal vor und wartete auf meine Reaktion …

»So, was denkst du? Bringt das nichts in dir zum Klingen? Uninteressant? Ich werde es zerreißen. Das Ganze ist idiotisch, hat keine Aussage.«

Und ich erfand Gott weiß was, kramte in meinem Gedächtnis und sprach eine Stunde über eine Seite, die er gerade geschrieben hatte.

Sobald diese Prüfung bestanden war, sah er mich sehr glücklich an.

»In bin müde, lass uns schlafen gehen.«

Oder er beschloss: »Ich möchte einen raschen Spaziergang unternehmen. Zieh dir deine Wanderschuhe an, wir gehen an den Strand. Wir wollen Austern essen und Melodien auf dem mechanischen Klavier im Oiseau bleu spielen, diesem kleinen Lokal am Meer.«

Diese Wirtschaft hatte einen schlechten Ruf, doch sie war der einzige angenehme Ort in der Stadt. Dort ging es zwanglos zu; man trat ein wie in seine eigene Wohnung, steckte ein paar Sous ins Piano, und los ging die Musik … Wir bekamen zu essen und zu trinken, von immer anderen Kellnerinnen. Diejenige, die gerade frei hatte, begrüßte die Piloten, die mit ihren »Damen« kamen, und die übrigen leisteten den Matrosen Gesellschaft. In diesem Lokal traf sich, wenn man so will, die mondäne Welt von Casablanca. Denn wir waren kaum zwanzig Familien, die lesen und richtig schreiben konnten, getauft und verheiratet waren … Zwei oder drei Paare entstammten denselben Kreisen wie wir. Obwohl sie Geschäftsleute waren, hatten wir zumindest ein paar gemeinsame Gesprächsthemen! Wir verstanden uns gut.

Wenn Tonio mit seiner Post aufbrach, war ich reif fürs Krankenhaus. Die Sorge raubte mir den Schlaf. Wieder begann ich den alten Reigen um die Funkstationen … dieselben Schritte … dieselben Ängste …

Eines Tages hörte ich ein Gespräch zwischen zwei Piloten mit. »Ich komme gerade aus dem Funkbüro. Nichts geht mehr. Antoine ist abgestürzt … Man hat ein anderes Flugzeug losgeschickt, um seine Leiche zu bergen und festzustellen, ob man die Post retten kann.«

In meinen Ohren dröhnte es. Ich schlug das Kreuzzeichen wie bei der Karwoche in Sevilla und lief wie eine verrückt gewordene Gazelle zum Büro. In der drückenden Mittagshitze bekam ich keine Luft mehr. Statt ein Taxi zu nehmen, hatte ich die Stadt im Laufschritt durchquert. Aber ich musste rennen; ich hatte gar nicht darüber nachgedacht. An der Tür des Büros stieß ich auf eine Frau, die laut weinte und jammerte: meine Freundin Madame Antoine. Der umgekommene Pilot war Jacques Antoine, und nicht mein Mann Antoine de Saint-Exupéry. Ich lachte hysterisch. »Ah! Madame Antoine, ich bin ja so dumm. Der Verunglückte ist Ihr Mann …« Und ich lachte und lachte. Der Arzt kam und verabreichte uns beiden eine Dosis Morphium, sodass wir den ganzen Tag schliefen …

Pinot stand kurz vor seiner Hochzeit. Wir waren befreundet mit Pinot; er genoss unsere Gesellschaft. Er hatte beschlossen, die Wüste zu verlassen, weil er sich verlobt hatte. In Frankreich hatte seine Mutter bereits alles vorbereitet: Aussteuer, Haus und das ganze Drumherum.

»Wir treffen uns mit allen unseren Kameraden in meiner Wohnung«, sagte Tonio zu ihm. »Dann begießen wir das Ende deines Lebens als Pilot und Junggeselle.«

Pinot akzeptierte, und Tonio gab mir die Hälfte seines Monatslohns, um Champagner für das Fest zu kaufen.

Pinot verließ Dakar für immer. Ein anderer Pilot würde seinen letzten Postflug für ihn übernehmen. Aber Pinot beharrte. »Hör mal, lass mich ein letztes Mal fliegen.«

Der Pilot überließ ihm das Steuer. Er kam schlecht vom Boden weg, der Motor hatte eine Fehlzündung, und er stürzte auf dem Flugfeld ab ... Vorbei war es mit der Familie, der Verlobten, dem Fest, das wir für ihn ausrichten wollten ...

Melancholisch stand Tonio vor unserem Bankett. In seiner gewohnten Großzügigkeit hatte er sich ruiniert, um ein Fest für den Freund zu geben, der die Fluglinie für immer verließ ...

Denn wir waren keineswegs wohlhabender als die anderen Piloten. Eher im Gegenteil. Von viertausend Francs im Monat, ohne weitere Nebeneinkünfte, mussten wir zu zweit leben. Wir hatten die Miete für die Rue de Castellane in Paris zu zahlen, und die Wohnung im Glaoui, was die anderen Piloten, die mit ihren Frauen in kleinen Zimmern lebten und niemals Gäste empfingen, als Luxus und Narretei betrachteten ... Aber Tonio musste Platz um sich haben; er liebte schöne Parkettböden und mochte es nicht, wenn Wände zu dicht vor seiner Nase aufragten oder ihm zu viele Gegenstände im Weg standen ... Denn er brauchte eine Sache nur zu berühren, um sie zu zerschlagen ... Selbst ein Klavier, auf das er sich eines Tages bei Freunden stützte, brach zusammen. Er hatte keinen Sinn für sein Gewicht und seine Größe. Häufig stieß er sich den Kopf an Auto- oder Wohnungstüren. Er hatte vergessen, dass er ein Mann wie ein Baum war. Dieser große Junge, der über Wüsten und Ozeane flog, vermochte nicht einmal ein Streichholz anzuzünden, ohne sich wehzutun. Seine schwedischen Streichhölzer bereiteten mir unendliche Leiden. Wenn er sich Zigaretten anzündete, riss er sie sehr kräftig an, egal wo – denn Feuerzeuge verlor er, oder er verbrannte den Docht. Einmal schnitt er sich tief in den Daumen, als er ein Streichholz an einer Fensterscheibe anrieb. Ich weinte und lachte zugleich … Ich kam nicht darüber hinweg, dass an seiner schönen Hand in Zukunft ein kleines Stück Finger und Nagel fehlen sollten … Da er sich mit seiner gesamten körperlichen und seelischen Kraft einsetzte, hielt er sich für unbesiegbar. Doch er wurde ärgerlich, wenn jemand eine Ungerechtigkeit gegen ihn oder andere beging. Einmal, in einem Bistro, beschimpfte uns ein Mann wegen meines kleinen Pekinesen, den ich zärtlich liebte; Youti war ein Teil unseres Lebens. Tonio hatte sich die Beleidigungen dieses Individuums angehört und dabei seinen Pernod getrunken. Als der Mann schwieg, schnappte er sich den Stuhl, auf dem er saß, trug ihn auf den Armen davon und setzte ihn mit dem Kerl darauf mitten auf der Straße ab … Ein paar Sekunden lang war der Mann fassungslos, während die Menschen im Café lachten und wir prustend davonrannten …

Auf unseren Reisen bereitete Youti uns ständig Probleme, denn da er so klein war, vergaßen wir ihn häufig. Mehrere Male war es mir schon passiert, dass ich im Flugzeug plötzlich rief: »Tonio, wir haben Youti im Restaurant gelassen.«

Dann mussten wir umkehren und ihn suchen. Einmal musste Tonio zu einem Araber gehen, der das Hündchen bereits adoptiert und getauft hatte … Die ganze Sache hielt ihn fast eine Stunde lang auf, aber er brachte mir Youti triumphierend zurück!

Sobald ich nicht auf ihn aufpasste, lief Youti auf und davon. In Casablanca verschwand er einmal aus der Wohnung. Weinend wie ein kleines Kind suchte ich stundenlang meinen geliebten Hund. Als Tonio von seinem Postflug zurückkehrte, fragte er mich: »Liebste, warum bist du mich nicht auf dem Flugplatz abholen gekommen?«

Ich schluchzte.

»Youti hat mich verlassen. Der Dienstboteneingang stand offen, und er ist davongelaufen. Seit drei Stunden suchen die Diener in der Stadt vergeblich nach ihm.«

»Na, weinen Sie nicht. Geben Sie mir lieber einen Kuss, und dann bringe ich Ihnen Ihren Youti zurück.«

Rasch badete er und machte sich dann auf die Suche. Noch heute spricht man in Casablanca davon, wie er alle Tricks darangesetzt hat, ihn wiederzufinden.

»Die Sache hat uns fast dreihundert Francs gekostet«, bemerkte Tonio nachdenklich zu mir. »Aber ich kann Sie nicht weinen sehen. Voilà, da haben Sie Ihr Hündchen.«

Unser größter Luxus waren die Spaziergänge durch die Stadt. Wir kauften nichts, sondern aßen, auf der Erde sitzend, bei den Arabern mit Kräutern gewürztes Grillfleisch und frischen Hammel. Tonio unterhielt sich mit den Fremdenlegionären, Männern, die in Paris ihr Vermögen verloren hatten und hierher kamen, um sich ein neues Leben aufzubauen. Möglich war das. Ein guter Freund von ihm hatte auf dem Markt seinen Mantel gegen ein Pferd eingetauscht, das Pferd gegen ein paar Ziegen, die Ziegen gegen Schafe und die Schafe gegen Sklaven. Schließlich besaß er eine eigene Herde und Pferde. Seine Tiere brachten ihm nicht nur ein eigenes Gut ein. Er heiratete die Tochter eines Caïd, eines Eingeborenenführers, hatte Kinder und einen Harem … Ihm gehörten ein Haus und Ländereien …

Bei unseren Spaziergängen zwischen den Magiern, die Schlangen zähmten, fing ich mir in den heißen Straßen eines Tages einen seltsamen Bazillus ein. Die Mikroben begannen meinen Fuß anzugreifen. Ein kleines Loch von einem Zentimeter Durchmesser erschien, das nicht gut roch und faulte. Nach mir steckte sich mein Hund an. Er jammerte noch mehr als seine Herrin. Ich konnte keine Schuhe mehr tragen. Mein Fuß war mit Bandagen umwickelt. Die Ärzte hielten eine veritable Konferenz über mich ab, an der auch Tonio teilnahm. Als er von dieser Zusammenkunft zurückkehrte, wirkte er verändert.

»Ich übernehme den Postflug morgen nicht.«

»Warum, Tonio?«

»Weil ich Sie pflegen, mich um Sie kümmern will. Sie werden nicht gesund, wenn Sie die ganzen langen Nächte allein sind. Ich will nicht mehr fliegen.«

»Und wovon sollen wir dann leben, Tonio?«

»Ach, zu essen findet man immer etwas. Ich kann auch einen Lastwagen fahren.«

»Aber nein, Tonio. Ich möchte lieber, dass du fliegst. Ich möchte, dass du morgen mit deiner Post aufbrichst. Das Gemüse habe ich schon gekauft und verpackt, die Suppen sind gekocht, alles ist fertig. Bring Madame la Capitaine diesen Kuchen mit ...«

»Wie du willst, meine Gattin. Und wenn ich zurück bin, schiffen wir uns zusammen nach den Inseln ein.«

Ich hielt das für einen Scherz.

Mein Hund jaulte die ganze Zeit. Ich sang ihm Lieder vor. Meine Fatma und mein Ahmed fuhren uns zu einem Zauberer, der Tiere behandelte, und ich gab ihm fünfzig Francs für eine Salbe, die sehr gut duftete. Mein Hund genas in drei Tagen. Das Loch, das ihn einen Monat lang gequält hatte, schloss sich und das Fleisch wuchs langsam nach. Ich war begeistert, aber mein eigener Fuß erfuhr nicht die gleiche Heilung. Er roch immer schlimmer. An der Wade erschien ein zweites Loch. Ich zitterte. Ich betete zu Gott, er möge mich heilen. Ich wurde melancholisch und ging nicht mehr aus dem Haus. Um mich zu zerstreuen, las ich einige Seiten, die mein Mann geschrieben und ungeordnet auf seinem Tisch liegen gelassen hatte. Als ich seine Papiere aufräumte, fiel mir ein Wort ins Auge, das größer als die anderen geschrieben war: Lepra. Ich sah noch einmal hin: ja ... Lepra. Es handelte sich um einen ganz einfachen Brief an Gott, in dem er den Herrn anflehte, mich nicht im Stich zu lassen. Der Arzt wolle nicht, dass ich noch unter Leute ging. Er, so schrieb Tonio, würde mit mir auf die Lepra-Inseln fahren!

Jetzt begriff ich, warum meine Freunde mich nicht mehr so häufig besuchten. Ich hatte Angst. Youti schmiegte sich an mich. Ich weinte.

Voller Hoffnung, voller Elan waren wir in dieses Land gekommen, um zu arbeiten. Ich beklagte mich nie, über nichts. Ich hatte kein Geld, um mir ein Kleid zu kaufen oder Parfüm. Doch mir war das egal; die Blumen dufteten gut, und mit meinen weißen Sommerkleidern war ich ebenso elegant wie meine Freundinnen aus Casablanca, die die neuesten Modelle aus Paris trugen. Mein Mann liebte mich. Durfte ich sein Leben mit meiner Krankheit ruinieren? Hatte ich ihn vielleicht schon angesteckt? Ich wollte mit einem Araber durchbrennen, der mich mitsamt meinem Fuß akzeptierte, einfach so. Außerdem konnte ich immer noch in Fez betteln gehen. Aber wenn ich meine Krankheit auf alle Leute übertrug? Nein, ich musste ganz allein auf die Inseln fahren und dort auf Nachricht warten, ob Tonio sich infiziert hatte.

Ich besah mir das Loch in meinem Fuß, wie jemand seinen eigenen Sarg betrachtet. Es war Zeit, mich um Youti zu kümmern, und ich wechselte ihm den Verband.

Ich rieb mich mit derselben Salbe ein; schlimmer konnte es auf jeden Fall nicht kommen. Während der Nacht litt ich unter Atemnot. Ich lief dunkelrot an und fieberte. Noch einmal strich ich mich mit der Salbe ein, dann nahm ich ein heißes Bad, wobei ich den Fuß außerhalb ließ. Dabei überraschte mich der Tag. Mein Körper war mit rosafarbenen Flecken übersät. Am folgenden Tag dieselbe Behandlung. Aber das Loch im Fuß war sauber. Der Juckreiz war verschwunden. Am Tag, als Tonio von seinem Postflug zurückkehrte, stand ich auf dem Flugfeld, in Wanderschuhen und ohne Stock ... Und mit Youti. Als er sah, dass der Hund gesund war, begriff er.

»Du hast Youtis Medikamente genommen?«

»Ja, es ist besser, aber mir tut alles weh.«

Mein Mann nahm mich in seine Arme und trug mich vom Flugplatz zum Wagen.

»Wo wohnt der Zauberer, der Youti geheilt hat?«

»In der Nähe von Bousber.«

Wir fanden den Mann bei den Dirnen. Sie boten uns Tee an. Der Araber war sehr gelassen.

»Was deine Frau und dein Hund gehabt haben, werden wir kurieren. Du musst den Körper deiner Frau in Milch baden. Und danach wird es vorüber sein.«

Tonio badete mich in heißer Milch. Die Medizin war ein wenig teuer und wir mischten Ziegenmilch unter die Kuhmilch. Aber ich war geheilt.

»Ich wäre mit dir auf die Inseln gefahren ... meine Gattin«, sagte Tonio zu mir. »Sie sind mein Grund zu leben. Ich liebe Sie wie das Leben selbst ...«

11

Der Prix Femina

Endlich kam *Nachtflug* in Paris auf den Buchmarkt. Wir sorgten uns sehr um das Schicksal des Buches. Jeden Tag kaufte ich die großen Zeitungen: *Comœdia, Le Figaro, Les Nouvelles littéraires*. Die lobenden Artikel schnitt ich aus und klebte sie in ein Heft. Manchmal sogar doppelt, weil es mich amüsierte, so viele Fotos von Tonio zu besitzen. Wenn er zurückkehrte, lachte er darüber, dieselben Fotos, denselben Artikel mehrmals zu sehen. Dann erhielt *Nachtflug* den Prix Femina[16], während es zugleich Favorit für den Prix Goncourt[17] war. In *Gringoire* war eine sehr witzige Karikatur erschienen, in der man einen Piloten mit zwei Flügeln sah, der von den Damen der Jury eindeutig bedrängt wurde.

Die Damen hatten den Termin ihrer Versammlung geändert. Für gewöhnlich verliehen sie ihren Preis nach dem Goncourt, aber in diesem Jahre waren sie vorher zusammengetreten. Tonio und ich waren überglücklich über diese Auszeichnung.

Aber sein Verleger rief ihn nach Paris zurück. Tonio

---

[16] Literaturpreis, der seit 1904 – für gewöhnlich am Jahresende – von einer Jury aus Frauen an ein Werk der Erzählliteratur verliehen wird. (Anm. d. Übers.)

[17] Bedeutender französischer Literaturpreis, seit 1903 jährlich von der Académie Goncourt vergeben. (Anm. d. Übers.)

fand langsam, dass diese Entwicklung seine Freiheit ein wenig einschränkte. Außerdem konnte er nicht jeden Monat Urlaub bei seiner Fluglinie nehmen. Ohne mir etwas davon zu sagen, beschloss er, nicht mehr zu fliegen. Unvermittelt kündigte er mir seine Abreise an. Und ich folgte ihm …

Dieses Mal ließen wir uns dauerhaft in Paris nieder. Die Wohnung in der Rue de Castellane war wirklich zu klein. Aber Mietwohnungen waren zu dieser Zeit praktisch nicht aufzutreiben und die Preise unglaublich hoch. Man musste Hausmeisterinnen bestechen, sich den Schritt über die Schwelle erkaufen. Durch ganz Paris laufen, um am Ende doch nichts zu finden …

Zufällig stießen wir in André Gides Nachbarschaft auf eine hübsche Wohnung, die frei war. Allerdings war sie sehr begehrt. Aber mein Gatte war »der Mann, der den Prix Femina gewonnen hat«, und der Vermieter gab uns den Vorzug. Die Straße war angenehm, und der Blick aus den Fenstern fiel auf Gärten. Aber wir mussten noch einige Monate warten, ehe wir einziehen konnten.

Tonio wurde überhäuft mit Terminen, hin- und hergejagt zwischen Verabredungen, Besuchen bei den Damen von der Jury, Fotoaufnahmen, Einladungen, männlichen und weiblichen Bewunderern. Der Erfolg wuchs von Tag zu Tag. In seiner Familie erhoben plötzlich entfernte Cousinen, die sich ihrer verwandtschaftlichen Bande zu ihm niemals bewusst gewesen waren, Anspruch auf den Erfolgsschriftsteller. Sie kamen sogar und beglückwünschten ihn zum Geburtstag, etwas, das sie noch nie zuvor getan hatten! Von überall her tauchten aufdringliche Bewunderinnen auf. So viele Namen konnte ich mir nicht mehr merken, und wir verpassten die Hälfte unserer Termine. Tonio schrieb nicht mehr; wir verbrachten unser Leben bei anderen Leuten. Nicht einmal zu Mittag essen konnten wir noch allein.

Schließlich entführte eine von Tonios Cousinen uns auf ihr Schloss, das sechs Stunden entfernt von Paris lag. Endlich Grün, Frieden, große kühle Zimmer, wo verhutzelte alte Frauen am Kamin hockten. Ich war begeistert.

Aber der Aufenthalt ging viel zu schnell zu Ende, und die Rückkehr nach Paris erwies sich von neuem als Albtraum. Mein Mann telefonierte ständig, sogar im Bad. Meine Nerven machten das alles nicht mehr mit. Abends musste man nach Deauville fahren, nach Honfleur oder Bagatelle. Ein völlig sinnloses Hin und Her. Man sprach davon, sehr bald in Frankreich einen Film nach der Vorlage von *Südkurier* zu drehen und in Amerika einen nach *Nachtflug*. Die Herausgeber, Journalisten und Agenten hockten praktisch auf Tonios Bettkante. Wir hatten keine Minute mehr für uns. Um drei Uhr morgens, wenn endlich das Telefon schwieg, fiel Tonio in einen totenähnlichen Schlaf, und frühmorgens begann der Apparat seine Litanei von neuem. Wir hatten keine Sekretärin, wir beiden taten gemeinsam unser Bestes. Nach der Ruhe der weißen Villen in Marokko und meinen Ängsten während seiner Nachtflüge wurde ich jetzt fast hysterisch. Und auch er fragte mich häufig: »Was sollen wir bloß anfangen?«

Er konnte keine zehn Meter über die Straße gehen, ohne intelligente Herren zu treffen, die ihre Zeit im Café verbrachten, wie Léon-Paul Fargue und eine Menge anderer … Dann wurde weiter getrunken und geredet. Es war die Hölle. Wir hatten kein Heim mehr, keine Zeit zum ruhigen Nachsinnen. Wir lebten wie in einem Schaufenster, nur für das Publikum.

Aber Tonio liebte den Himmel zu sehr. Er wusste, wie die Wolken sich veränderten, wie verräterisch die Winde sein konnten … Er sah sich auf dem Höhepunkt seiner Schriftstellerlaufbahn, aber er wusste, dass man ihn beobachtete, ihn belauerte, dass man ständig auf den schwindelerregenden Absturz des Tagessiegers wartete …

Aus diesem Grund beschloss er eines Tages, aus Paris zu flüchten. Aber das gestaltete sich schwieriger als früher. Rivière, dem großen Rivière, der kein anderer war als Didier Daurat, der Direktor der Luftpostgesellschaft, drohte das Schlimmste: Gefängnis … Gefälschte Beweise, falsche Zeugenaussagen. Man warf ihm vor, Post gestohlen zu haben, und man hatte ihn seiner Stellung als Leiter der Luftpost von Toulouse enthoben. Man behandelte ihn wie einen Betrüger. Auch Chaumié war angeklagt. Daurat, Chaumié[18], zwei Persönlichkeiten, deren Ehrlichkeit über jeden Zweifel erhaben war! Die Zeitungen waren voll mit Berichten über ihre Prozesse. Mein Mann, der den beiden Angeklagten weiter volles Vertrauen entgegenbrachte, hielt zu ihnen. Und er behielt Recht. Der Fälscher wurde entdeckt wie in den Sherlock-Holmes-Büchern, und Daurat und Chaumié freigesprochen. Aber die Gesellschaft kam in andere Hände. Von nun an gehörte sie dem Staat, und die Bedingungen für die Neuzulassung als Pilot waren schwierig. Tonio ließ die Sache auf sich beruhen. Ein Flugzeugkonstrukteur bat ihn, nach Saint-Laurent-de-La-Salanque, in der Nähe von Toulouse, zu kommen, um an der Entwicklung eines Flugzeugprototyps mitzuwirken. Tonio nahm an. Mir erklärte er, er habe eine neue Arbeit angenommen, eine etwas knifflige Aufgabe. Bei den Versuchen mit diesem Prototyp waren schon mehrere Mannschaften ertrunken. Der Konstrukteur hatte ein paar Veränderungen am Mo-

---

[18] Emmanuel Chaumié war Leiter des Referats Zivilluftfahrt beim Luftfahrtministerium.

tor vorgenommen und wollte das Flugzeug mit anderen Piloten weiteren Tests unterziehen. Tonio reiste nach Saint-Laurent ab. Als Adresse nannte er mir das Hotel Lafayette in Toulouse und bat mich, in Paris zu bleiben. Wir hatten Winter, aber die Wohnung wurde nur durch offene Kamine geheizt. Ich war zu schwach, also mietete er mir ein Zimmer im Pont-Royal, einem charmanten Hotel auf dem linken Seineufer.

Ich bekam Asthma. Ich hatte noch nie mit dieser Krankheit zu tun gehabt. Marokko hatte mir ein letztes Geschenk beschert: Sand in den Lungen. Ich erstickte. Ich glaubte zu sterben. Mein Mann war seit einer Woche aus Toulouse verschwunden. Ohne Nachricht von ihm wurde ich fast wahnsinnig. Ich bat meine Schwester aus Mittelamerika, mir zu Hilfe zu kommen, und vierzehn Tage später ging sie in Le Havre an Land. Mein Mann rief mich an. Immer mit schläfriger Stimme und wie abwesend … Denn nachts schrieb er oder tat, was ihm gefiel, und über Tag arbeitete er in Toulouse. Sein Flugzeug, das pausenlos defekt war, flog er nur sehr wenig …

»Kleine Schwester?«

»Ja.«

Ich zitterte.

»Bleib liegen.«

»Liebst du mich, Schwesterchen?«

»Ja, ich liebe dich. Jetzt leg dich hin. Der Arzt sagt, du musst schlafen.«

»Kleine Schwester, ich möchte mit meinem Mann sprechen.«

»Wenn du brav bist, gebe ich dir den Telefonhörer.«

Von fern ließ sich die Stimme meines Mannes vernehmen.

»Ja, Consuelo, ich weiß, dass Sie krank sind. Ihre Schwester pflegt Sie. Ich bin beruhigt.«

»Kleine Schwester, wie lange bin ich schon krank? Drei Wochen, vier Wochen? Ach, kleine Schwester, warum kommt mein Mann mich nicht besuchen?«

»Weil er arbeitet.«

»Kleine Schwester, mein Mann schreibt mir auch nicht. Er ist schon so lange fort. Schwesterchen, ich weiß, dass er mir nichts mehr zu sagen hat.«

»Denk doch nicht so etwas. Ich hätte nicht übel Lust, ärgerlich auf dich zu werden. Du bist krank. Du darfst an nichts denken, an gar nichts …«

»Kleine Schwester, ich bin gesund. Seit vier Tagen habe ich keinen Asthmaanfall mehr gehabt. Warum bestehst du darauf, dass ich im Bett liege, bei geschlossenen Fensterläden?«

»Das hat der Arzt so angeordnet.«

»Frag ihn doch, ob ich aufstehen darf, kleine Schwester.«

Am nächsten Tag suchte ich ihn auf.

»Ah, Madame, ich lade nicht alle meine Patienten zu mir ein. Aber Sie sind so allein. Ich habe einen Freund zum Abendessen eingeladen, einen sehr intelligenten Mann. Versprechen Sie mir, dass Sie nicht ablehnen.«

»Ich fühle mich unglücklich, Herr Doktor. Ich langweile mich.«

»So etwas kommt in den glücklichsten Ehen vor – Entfremdungen, Missverständnisse. Das ist die *fatigue à deux*.«

An diesem Abend, beim Arzt, lernte ich seinen Freund kennen.

»Ich stelle dir Madame de Saint-Exupéry vor, meine Patientin und die Gattin des berühmten Schriftstellers und Piloten. Sie hält sich für sehr krank, besser gesagt, sie glaubt sich von ihrem Mann nicht mehr geliebt. Ich habe ihr erlaubt aufzustehen. Sie hat mit Flugstunden begonnen; sie will in den Himmel flüchten …«

Nach dem Essen fuhr mich sein Freund André, ein Dichter, zurück in mein Hotel. Das triste Foyer erstrahlte in hellem Glanz. Ich bat ihn auf einen Augenblick in die amerikanische Bar. Er war erfreut. Wir unterhielten uns lange. Vor unserer Begegnung waren wir beide recht betrübt gewesen, aber am Ende des Abends fühlten wir uns beide getröstet und sehr fröhlich.

André kam zu meinen Flugstunden, obwohl er die Sache albern fand. Er gab mir Gedichte zu lesen, wunderbare Erzählungen. Ich war geheilt. Ich hatte Lust zu leben, zu spielen, noch mehr Gedichte, immer mehr wunderbare Geschichten zu lesen. In Andrés Nähe hatte ich die Magie gefunden. Ich träumte. Dank ihm fand ich die Kraft, in die Rue de Castellane zurückzukehren.

Eines Abends, als wir nach dem Essen wieder einmal bei mir zusammensaßen, erzählte André mir von seiner letzten Liebe. Eine verheiratete Frau. Nie wieder wollte er eine verheiratete Frau lieben, schwor er mir. Ich war verzweifelt. Ich wusste, was er meinte. Er sagte, dass er mich liebe; und ich müsse meinen Mann in Saint-Laurent aufsuchen, oder wo auch immer … und ihm Lebewohl sagen, ihm gestehen, dass ich einen anderen liebte. An diesem Tag glaubte er, ich sei frei.

Ich war jung. Andrés wunderbarer Charakter war meinem Herzen Gesetz. Ich fuhr dritter Klasse nach Toulouse. Mein Mann war nicht zum Bahnhof gekommen, wie ich gehofft hatte. Ich ging in sein Hotel. Er bat mich, ihn bis ein Uhr schlafen zu lassen! Ich wartete in seinem Zimmer, das stark nach Tabakrauch und abgestandener Luft roch. Und nach dem Leder der Fliegerkluft. Nervös ging ich immer wieder die Rede durch, die ich ihm bei seinem Erwachen halten wollte. In Gedanken wiederholte ich Andrés Worte. Ich wollte meine Mission erfüllen. Aber da trat ein gemeinsamer Freund ins Zimmer, der Pilot Dubordier.

»Kommst du zum Mittagessen?«

»Nein, führ lieber meine Frau aus. Wir haben Sonntag, und ich mag es nicht, meine Frau sonntags ins Restaurant zu begleiten. Danke, du rettest mir meinen Schlaf. Sie muss wieder abfahren; bring sie zum Zug. Ich muss in einer Stunde nach Saint-Laurent. Auf Wiedersehen, Consuelo. Küssen Sie mich, meine Frau, und geben Sie Ihrer kleinen Schwester einen Kuss von mir.«

»Aber Tonio, dazu bin ich nicht hergekommen. Ich möchte mit dir reden.«

»Ich verstehe. Wahrscheinlich willst du Geld. Nimm dir alles, was du willst, Liebste. Ich kann von Kaffee und Croissants leben.«

Ich fuhr nach Paris zurück.

»Ach André, ich konnte ihm nichts sagen.«

»Warum nicht?«

»Er hat geschlafen.«

»Du liebst mich nicht; aber sag es mir noch nicht, ich könnte es glauben. Dann schreib ihm eben.«

»O ja, das könnte ich.«

Und der Brief ging ab. Als Tonio ihn erhielt, nahm er sofort ein Flugzeug und war bei mir.

»Ja, ja, ich werde mit André gehen.«

»Wenn du mich verlässt, sterbe ich. Ich flehe dich an, bleib bei mir. Du bist meine Frau.«

»Aber ich liebe André, Tonio. Es tut mir Leid, wenn ich dir wehtue. Du hast mir keine Nachricht aus Saint-Laurent gegeben. Ich habe geglaubt, ich wäre nur ein Gegenstand für dich. Ein Objekt, das man in einem Hotel ablädt. André liebt mich jedenfalls. Er wartet auf mich.«

»Na schön, sag ihm, er soll dich holen.«

»Ja, ich werde ihn bitten.«

Ich rief an. Ein paar Minuten später war André bei mir. Er hatte Freunde mitgebracht. Wir redeten, wir tranken. Tonio empfing sie mit nacktem Oberkörper. Er wirkte sehr stark mit seinem dicht behaarten Brustkasten, und er lächelte über das ganze Gesicht. Er servierte den Gästen Pernod auf einem Silbertablett. Wir tranken, und ich bin für immer bei meinem Mann geblieben.

Wir sprach nie wieder von dieser Geschichte.

Am nächsten Tag flogen wir in den Süden, wo er sein großes Ungeheuer von einem Flugzeug, das nicht schwimmen mochte, zum Fliegen bewegen sollte. Wir trafen in Saint-Raphaël ein, während meine kleine Schwester, deren Rolle als Krankenschwester beendet war, sich auf dem Meer befand, auf der Rückfahrt in ihr vulkanisches El Salvador.

»Tonio, ich habe Angst vor deinem Flugzeug, das nicht schwimmen will.«

»Ich nicht. Jeden Tage schaffe ich ein paar Minuten mehr über dem Wasser. Es brummt, es knirscht. Siehst du meinen Arm, der angeschwollen und fast blauschwarz ist? Also, das kommt davon, dass ich die Tür festhalten musste, die immer wieder aufging. Ich brauche eine bestimmte Menge an Flugstunden, und der Rest ist dann Sache des Konstrukteurs.«

»Aber diese Komödie mit dem kleinen Boot, das deine Flüge überwacht, dem Taucher, dem Sanitäter, dem Beatmungsgerät, und du in der Luft, das macht mich wahnsinnig. Ach weißt du, lieber möchte ich dich als Flickschuster an einer Straßenecke sehen.«

»Aber heute weiß ich, woran ich bin. Ich habe keine Angst mehr, weit von dir fortzugehen. Du liebst mich wie einen Vater, und du sorgst besser für mich, als man es von einer Ehefrau in deinem Alter erwarten könnte. Die Mutter eines glatzköpfigen Mannes. Schau her: ich werde wirklich kahl. Mein Schatz, heute werde ich die Erprobung unseres Ungeheuers von einem Wasserflugzeug abschließen, um es anschließend in Pension zu schicken. Komm mit und sieh zu, sag ihm, dass es sich gut benehmen soll.«

»Ja, Tonio. Und wohin gehen wir danach?«

»Woanders fliegen, dorthin, wo man mir Arbeit gibt. Ich ziehe den nächtlichen Sturm den Unterhaltungen in den Cafés von Paris vor, und ich kann mich nur mit meinen Flugzeugen retten. Du darfst sie nicht hassen. Wenn ich diesen Wettflug unternehme, an den ich denke, wenn ich den Preis gewinne, kaufe ich dir eine kleine Simoun. In welcher Farbe möchtest du dein Flugzeug? Du sollst eine Bar darin haben, bunte Kissen und Blumen, und dann fliegen wir um die Welt.«

»Ach ja, Tonio. Ich träume gern, aber am Boden. In der Luft zerreißt es mir das Herz, weil ich an die langen Flüge denke, auf denen du allein bist. Wenn du dich eines Tages schlimm verletztest, und ich könnte nicht kommen, um dich zu retten, würde ich wahnsinnig.«

»Man kann den Menschen, den man liebt, immer retten, einfach indem man ihn ganz kräftig liebt, mit seinem ganzen Wesen.«

»Ja, ich weiß, Tonio.«

»Höre, es ist Zeit. Ich bitte dich um Verzeihung, aber ich muss in zehn Minuten in der Luft sein. Morgen bekomme ich die Prämie für den Flug … Für uns ist das eine Chance, wir werden reich, reich … Überleg schon einmal, was du mir als Geschenk bringst, denn ich werde das Monstrum zähmen.«

In Amerika herrschte die Wirtschaftskrise. Die Côte d'Azur war verödet, im Stich gelassen von ihren treuen Besuchern. Die Hotels blieben trotzdem geöffnet. Das Personal musste ernährt und bezahlt werden, und vielleicht würden die französischen Kunden die Gelegenheit wahrnehmen! Aber die großen Paläste waren leer. Mein Mann hatte mich im Hotel Continental untergebracht. Seine ganze Familie wohnte an der Küste; und für den Preis eines Zimmers bekamen wir eine Etage mit allem Service und Kaminfeuer in den Salons. Welch ein Luxus! Die Freunde meines Mannes, Militärpiloten, kamen abends, zur Cocktailstunde, bei uns zusammen, und wir sangen alte französische Lieder.

Während Tonios Abwesenheit betrachtete ich die leeren Zimmer mit ihrem unerhörten Luxus. Mein Hund lief Rennen durch die Suiten. Welcher Friede! Welche Ruhe!

Plötzlich vernahm ich einen gewaltigen Krach, der durch die Stadt widerhallte. Einen kurzen lauten Knall. Alles rannte an die Fenster; ich ebenfalls. Ich sah nichts als das Meer, das sich wie eine Wolke in den Himmel erhob und dann so schnell wieder absackte, als sei es von Kanonenkugeln getroffen worden. Während ich auf die Wasseroberfläche geblickt hatte, war mein Hund entwischt. Ich rannte los, um ihn zu suchen. Der Schlingel hatte einen anderen Pekinesen gefunden. Wütend trug ich Youti davon. Dann, während an meinem Fenster über dem Meer der Tag über dem eisigen Wasser versank, begriff ich langsam, dass die Wasserwolke, welche die Bevölkerung von Saint-Raphaël erschreckt hatte, das monströse Wasserflugzeug meines Mannes gewesen war. Seine Maschine war mit solcher Geschwindigkeit aufs Meer aufgeschlagen, dass das Wasser sich mehrere Meter hoch erhoben hatte, um dann mit einem entsetzlichen Krachen zurückzustürzen und so die ganze Stadt aufzuwecken. Nun war es Nacht geworden, und das Wasser lag von neuem so glatt da wie das Tote Meer … Ich rührte mich nicht von meinem Fenster weg. Unbeweglich stand ich da, ich weiß nicht, wie lange. Es klopfte an der Tür, so leise, dass mein Hund nicht bellte. Das war seltsam. Ich mochte mich nicht stören lassen und wartete, bis der Besucher lauter pochte. Nach ein paar Augenblicken ging ich öffnen. Man brachte meinen Mann auf einer Tragbahre, wie einen Verwundeten. Man streckte ihn auf dem Bett aus. Die Sanitäter hatten ihm schon unglaubliche Mengen an Medikamenten verabreicht, dazu künstliche Beatmung, Sauerstoff und so weiter. Sie ließen mich allein mit ihm.

»Ah, Tonio, du bist ins Meer gestürzt. Du bist ja eiskalt. Deine Hose ist durchnässt, sie tropft das ganze Bett voll. Mein Kleiner, ich bin ja da. Ich will dich abreiben.«

Meine Hast war so groß, dass ich die erste Flasche nahm, die mir in die Hand fiel … Das war das reine Ammoniak, mit dem ich meinem Hund das Fell blondierte …

»Ah, das wird dir die Brust wärmen; wie kalt dir ist!«

Seine behaarte Brust sog das Ammoniak geradezu auf, bis ich fast erstickte. Das war besser als Eau de Cologne. Das Ammoniak drang in die Lungen meines Mannes ein, der die Schwelle des Todes schon überschritten hatte, und ließ die Bronchien reagieren. Tonios Atmung setzte wieder ein, er bewegte sich, und Wasser schoss ihm aus der Nase.

Voller Angst kreischte ich los.

»Zu Hilfe, mein Mann stirbt, und man lässt mich allein!«

Aber Tonio kam wie durch ein Wunder zu sich. Wie eine große Puppe zerrte ich ihn am Kopf ins Badezimmer, wobei er sich den blutenden Schädel an der Wanne anschlug. Ein Hotelpage kam mir zu Hilfe. Wir steckten Tonio in siedend heißes Wasser. Ich kochte ihn beinahe.

»Autsch, das ist zu heiß«, schrie er auf. »Sie wollen mich wohl umbringen!«

»Aber mein Schatz, das tut dir sehr gut.«

»Ich bin vollständig angezogen.«

»Ja und?«

»Hilf mir, meine Hosen auszuziehen. Ich bin ganz starr.«

»Ja. Du bist ins Meer gestürzt.«

»Ah, ich erinnere mich. Lass es mich dir erzählen. Mein Wasserflugzeug wollte nicht auf der Oberfläche aufsetzen … Mir ist kalt …«

»Aber Schatz, du liegst in kochend heißem Wasser.«

Hauptmann Marville kam mit dem Pagen, um nach mir zu sehen, und dann die Journalisten. Das Telefon begann frenetisch zu klingeln, man verlangte nach Interviews … Einige Stunden später feierten wir im militärischen Hauptquartier der Luftwaffe ein Fest. Wir tanzten auf den Tischen und lachten. Aber seit diesem Tag mochte Tonio bei Nacht nicht mehr schlafen. Er drückte die Nase an die Fensterscheibe, und ich stand im Nachthemd hinter ihm und zog ihn an der Hand ins Bett zurück. Wieder stand er auf, und ich ging ihn von neuem holen. Das ging einen Monat so … vielleicht auch zwei.

Er war wie tot gewesen. Er hatte den Tod überwunden. Jetzt kannte er ihn.

12

Beschreibung seines Todes durch den Autor selbst

»Es ist leicht zu sterben«, erklärte er mir. »Zu ertrinken. Ich will es Ihnen erzählen. Man muss sich rasch an den Gedanken gewöhnen, dass man keinen Sauerstoff mehr atmen kann. Man muss Wasser in die Lungen ziehen. Aber Sie dürfen nicht husten, das Wasser darf nicht durch die Nase eindringen. Dann wird es für Sie – so wie für mich – eine Erleichterung sein, den ersten Schwall Wasser einzuatmen. Das fühlt sich kühl an, und von da an geht alles gut. Mir wurde klar, dass ich mit meinem Flugzeug unter Wasser gesunken war. Das Wasser befand sich schon im Inneren der Pilotenkanzel. Wenn ich nicht sofort hinausgelangte, würde ich hier drinnen sterben, ertrinken. Wenn ich es schaffte, eine offene Tür zu finden und an die Oberfläche zu steigen, konnte ich dem Tod entrinnen. Ich war nicht weit von der Küste entfernt, und trotz meiner Erschöpfung würde ich schwimmen können. Das Rettungsboot würde mich sehen. Ich tastete umher, streckte die Hand nach rechts, dann nach links aus. Welche Anstrengung! Ich empfand eine große Leere. Meine Hand berührte nichts. In der Finsternis hatte ich keine Vorstellung von meiner Lage. Mein Flugzeug war auf den Rücken gestürzt, sodass ich mit dem Kopf nach unten und den Beinen nach oben hing. Ich dachte an den Truthahn, den Sie mir am Vortag bei den Bauern gekauft hatten, und den ich im Wagen bis nach Mirador geschafft hatte. Sie wollten Weihnachten bei uns zu Hause feiern. Der Puter wartete auf mich; ich durfte nicht ertrinken. Ich wollte durch die Öffnung gleiten, die meine Hand erspürte, aber mein Fuß steckte in etwas Metallischem fest. Es fühlte sich an, als läge ein Reif um meinen Knöchel. Ein Messer hatte ich schon, aber bis ich in mein Bein oder in das Metall geschnitten hätte, wäre ich schon erstickt. Ich fand mich damit ab zu sterben, aber ich wollte es zumindest in einer bequemeren Lage tun. Mir war gar nicht klar, dass ich mit dem Kopf nach unten hing. Ich sagte mir: ›Ich will ausgestreckt sterben, also!‹ Abrupt zog ich die Beine an und beschloss, meinen zweiten Mund voll Wasser einzuatmen, sobald ich mich in der richtigen Position befand. Ich spannte die Beine an. Das gefangene Bein löste sich. Mit übermenschlicher Anstrengung warf ich mich in die Öffnung, die ich mit der Hand ertastet hatte. Es war die Tür, die in die Passagierkabine führte. Halb erstickt schwamm ich und spürte, wie ich mich mit übermenschlicher Mühe drehte. Der Körper reagierte, und mein Kopf drehte sich in die richtige Richtung. Ich konnte mich aufrichten, und mein Schädel stieß gegen die Decke. Ich blutete. Aber dort oben war noch eine Luftblase verblieben … Endlich konnte ich atmen. In diesem Moment wurde mir meine Situation richtig klar.

Der Prototyp, in dem ich mich befand, besaß ein Oberteil ähnlich dem Verdeck eines Cabriolets. Dort saßen der Ingenieur und der Mechaniker, die den letzten Flug der Maschine überwachten. Bei dem Absturz waren die Männer ins Meer hinausgeschleudert worden. Das kleine Rettungsboot, das das ›Kindermädchen‹ bei meinen Flügen gespielt hatte, sah sie fallen und kam ihnen sofort zu Hilfe. Der Mechaniker kannte sich sehr gut aus mit diesem Prototyp, in dem schon mehrere Besatzungen ertrunken waren, die letzte in der Nähe von Marseille. Die Männer waren umgekommen, weil sie das Flugzeug nicht hatten verlassen können. Die Maschine befand sich nicht weit von der Küste entfernt, aber beim Absturz hatte sich der metallene Teil des Rumpfes verformt, die Türen hatten sich verklemmt, und die Männer waren in unmittelbarer Nähe des Ufers gestorben, weil sie die Ausgänge nicht öffnen konnten.

Kaum war er selbst gerettet, da nahm der Mechaniker all seine Kraft und seinen Mut zusammen und tauchte zum Grund des Meeres hinunter. Vielleicht lag es daran, dass er es gewöhnt war, an gefährlichen Testflügen zu arbeiten, vielleicht war es der Zufall oder einfach Gott, was weiß ich. Auf jeden Fall stieß er schon bei seinem ersten Sprung auf den Flügel des unter Wasser treibenden Flugzeugs. Bei dem Versuch, die Tür zu öffnen, riss er sich die Hand auf. Er bekam keine Luft und stieg zur Oberfläche hoch. Das war alles, was er ausrichten konnte. Die anderen stürzten herbei, um ihn zu retten. Ich hatte unterdessen am Meeresgrund ein undeutliches Geräusch gehört. Durch die Tür, die er einen Spalt breit geöffnet hatte, drang schwaches, grünliches Licht in die Passagierkabine, in der ich mich befand. Ich versuchte zu denken. Das Wasser reichte mir bereits bis zum Mund, und ich versuchte, ein paar Sekunden zu gewinnen, indem ich die Nase an die Decke presste, um so den letzten Sauerstoff aufzunehmen, der im Flugzeug verblieben war. Das Blut, das aus meiner Kopfwunde drang, erfrischte meinen Gaumen ein wenig. Ich begriff, dass meine einzige Chance, mich zu retten, darin bestand, auf dieses grüne Licht zuzuschwimmen, das nichts anderes sein konnte als der Meeresgrund, die offene See.

So fand ich mich außerhalb meines eisernen Gefängnisses wieder und konnte an die Oberfläche aufsteigen. Ich mobilisierte meine letzten Kräfte, kontrollierte meine schmerzenden Knie und Füße, öffnete und schloss meine Hände und gähnte gewaltig, worüber ich lächeln musste. Das war wie ein Abschiedskuss für diese Maschine, die mich hatte ersäufen wollen. Ich stürzte auf das grüne Licht zu und befand mich bald im klaren Wasser des Mittelmeeres. Ich stieg an die Oberfläche, die Männer auf dem Rettungsboot sahen meine Hände und haben mich herausgezogen wie einen großen Hochseefisch. Ohnmächtig, erstarrt, wie tot. Der Sanitäter, der Taucher, der Mechaniker haben mir erste Hilfe geleistet. Die Beatmungsmaschine hatten sie vergessen. Mein Herz schlug nicht mehr … Es war um ein Weniges zu spät. Und so hat man mich zu Ihnen gefahren, ins Hotel, wo die Abreibung mit Ammoniak, die Sie mir verabreicht haben, meine schlafenden Bronchien geweckt hat.

O Consuelo, kleine Frau; ich verdanke Ihnen mein Leben.«

13

Die Maxim Gorki

Meine Schwiegermutter, Marie de Saint-Exupéry, fuhr uns eines Tages in das Schloss ihrer Kindheit und den Park, den Tonio in *Südkurier* so schön beschrieben hat. Das alte Schloss in der Provinz besaß große Salons mit glänzenden Parkettböden, wie nur die Franzosen sie in Stand zu halten wissen: Zusammengefügt aus kleinen Holzteilen, waren sie durch die zärtliche Berührung vieler Füße und die berühmte französische Wachspolitur so glatt wie ein gewaltiges Tablett. Die Bibliothek von Saint-Maurice mit ihrem roten Filz und ihren hochherrschaftlichen Möbeln schien einem Märchen entsprungen. Was die Treppe anging, kam sie mir so lang vor, dass ich mir sagte, sie müsse gewiss in den Himmel führen. Die Schatten der Bäume, zusammen mit dem eigentümlichen Licht dieser Region, machten die Sonnenuntergänge zu magischen Ereignissen.

Alle Nachbarn kamen uns besuchen, umarmten uns und wünschten uns alles Glück der Welt.

Doch Tonio musste auch an seinen Beruf als Pilot denken. Unter dem hochaufragenden Grün von Saint-Maurice gingen die Ferien zu Ende, und eines Tages mussten wir nach Paris in unsere neue Wohnung in der Rue de Chanaleilles zurückkehren. Die Räume waren sehr hell und gut geschnitten. Die Wände waren grün gestrichen, in einem Grün, wie es in einem Wald zu Beginn des

Frühlings herrscht. An die Fenster hatte ich Vorhänge aus blassgrünem Tüll gehängt, einen nach dem anderen, weil wir damals ziemlich arm waren. Aber wir waren zusammen und glücklich. Tonio ruhte sich aus, ging stundenlang in der Wohnung auf und ab, ohne etwas zu tun. Er sah mich an, sprach mit mir … Ich übte mich als ernsthafte, gewissenhafte Hausfrau.

In drei kleinen Zimmern im Parterre zu leben, mit einfachen Möbeln und einem Telefon, das unablässig klingelte, verlangte viel Energie, Fantasie und allen Mut, die eine ergebene, verliebte junge Ehefrau aufzubringen vermochte.

Nach einer Woche Arbeit fühlte ich mich sehr erschöpft. Unser Hausmädchen kehrte zurück. Aber sie stahl, Tonio hatte sie ertappt. An ihrer Statt stellten wir einen Mann ein, einen Araber. Tonio war glücklich wie ein Kind über den hoch gewachsenen arabischen Diener. Wir fühlten uns an unsere Zeit in Marokko erinnert. Wir gaben Feste; der Diener kochte große Platten Couscous, die auf dem Boden serviert wurden. So empfingen wir bis zu zwanzig Gäste. Wir lasen, wir sangen.

Aber das Geld fehlte uns wirklich. Gewiss, Tonio arbeitete an einem Drehbuch, aber das brachte nichts ein.

»Consuelo«, erklärte er mir, »Sie wissen genau, dass ich nicht in meinen vier Wänden sitzen und darauf warten kann, dass der liebe Gott Geldsäcke auf mich herabregnen lässt.«

»Das könnte durchaus geschehen, Tonio. Ihr Buch verkauft sich sehr gut. Und Ihre Drehbücher liegen bei guten Agenten. Sie werden sehen, diese Leute werden hier zu Ihnen kommen und händeweise Gold mitbringen.«

»Ich bin des Nichtstuns überdrüssig. Es ist sehr lieb, dass Sie mir jeden Tag eine Schallplatte auf dem Grammofon vorspielen; ich liebe Bach, das stimmt, aber ich beginne mich zu langweilen. Das heißt, ich wäre gern Komponist wie er, und würde die Dinge ohne Worte sagen, in dieser geheimen Sprache, die nur den Auserwählten vorbehalten ist, denen, die sich aufopfern, den Poeten. Ich frage mich oft, ob es unter den Menschen nicht verschiedene Menschenrassen gibt.«

»Ja, Tonio, ich glaube, dass wir uns alle sehr voneinander unterscheiden. Mir zum Beispiel genügen eine Blume, ein weißes Tischtuch und das Geräusch Ihrer Schritte. Sie zu hören, liebe ich wie Sie die Musik von Bach. Sie sprechen zu mir, Sie erklären mir das Leben. Sie sind der Notenschlüssel, mit dem meine Symphonie beginnt. Durch Sie bin ich schneller zu Gott gelangt.«

»Und für mich sind Sie mein Kind, auch wenn ich fern von Ihnen bin, selbst für einen Tag. Wenn ich für immer davonfliege, werde ich Sie an der Hand halten. Aber Sie dürfen sich nicht wie ein armes Waisenmädchen aufführen, das weint und seinen Vormund unter Jammern und Tränen ansieht. Ich muss fort, fort, fort …«

Eines Tages stellte sich bei uns zu Hause eine Dame ein. Sie schlug Tonio vor, als seine Agentin tätig zu werden, und sagte ihm, sie würde ihn lehren, Drehbücher zu schreiben. Er bat mich, ihn allein mit ihr ausgehen zu lassen. Ohne mich würde er also etwas lernen. Das begriff ich nicht, doch ich vertraute meinem Mann. Ständig gingen die beiden nun miteinander aus, ins Café oder anderswohin, und unterhielten sich viele Stunden. Tonio schrieb trotzdem nicht. Ich saß allein und bekümmert zwischen meinen grünen Wänden.

Einer unserer Freunde bat Tonio um Artikel für *Marianne*. Er wusste nicht, wie man Zeitungsartikel schreibt, und lehnte ab. Aber wir mussten unsere Miete zahlen; wir befanden uns bereits zwei Monate im Rückstand.

Also kramte Tonio aus seinen Papieren eine Erzählung hervor, den *Prinz von Argentinien*. Sein Text war erfolgreich, und man bezahlte ihn dafür. Er lieferte eine weitere Geschichte ab. Ich für meinen Teil vermochte ihn nach und nach, indem ich mich ganz klein machte und einfach und zärtlich gab, dazu zu bewegen, dass er sich an seinen Tisch setzte, um sein Drehbuch zu schreiben. Rasch fand er Gefallen daran und liebte seine Protagonisten über alles. Seine Bewunderer, die vor unserer Tür standen, waren verärgert. Tonio reiste, flog, starb mit seinen Personen. Dies waren helle Tage in unserer Ehe. Aber ach, ich wusste genau, dass dieser Zustand nicht lange andauern konnte.

Man schlug ihm vor, eine Reportage aus Moskau zu verfassen. Die Vorstellung entzückte ihn.

»Ich fahre, Consuelo, ich reise noch morgen nach Moskau. Ich muss die Menschen, die Völker in ihrer Entwicklung sehen. Solange ich mit Ihren Haarbändern ans Haus gefesselt bin, fühle ich mich nicht als ganzer Mann.«

Meine armen Haarschleifen! Er bat mich um die, welche ich gerade im Haar trug, um sie in seiner Brieftasche zu tragen. Sein Gesicht befand sich bereits in weiter Ferne und wirkte wie aus Holz, aus Stahl geschnitten. Er war bereits in Moskau und beschäftigte sich mit den Problemen des Fünfjahresplans, der dort im Gange war. Von Zeit und Zeit brummte er ein paar Sätze.

»Ich weiß, dass die Russen ganz ausgezeichnete Flugzeuge bauen, dass sie ihre Forschungen sehr rasch vorantreiben. Sie sind sehr stark.«

»Ja, Tonio, sie sind stark, die Russen. Sie vergessen ihre Lieder, sie vergessen die Liebe. Ich habe erzählen hören, dass es keine Familien mehr gibt. Die Kinder würden von Geburt an in Krippen untergebracht.«

»Vielleicht stimmt das ja für den Moment. Sie brauchen all ihre Kräfte, sie bereiten sich auf einen großen Kampf vor, sie haben keine Zeit mehr zu singen oder zu lieben. Aber eines Tages werden sie wieder Besitz ergreifen von ihrer Musik, ihren Liedern, ihren Frauen, ihrem Leben als Menschen. Es tut mir Leid, dass ich Sie nicht mitnehmen kann. Aber ich werde Ihnen alles erzählen. Die Telefonverbindungen zwischen Paris und Russland funktionieren sehr gut und sind billig. Ich werde Ihnen jeden Abend berichten, was ich gesehen habe. Packen Sie jetzt bitte meinen Koffer.«

Vor seiner Abreise hatte Tonio mir Geld gegeben. Von dieser Seite betrübte mich seine Abwesenheit nicht sehr. Ich würde die Wohnung so gut wie möglich einrichten und ihm einige Überraschungen bereiten.

Ich beschloss, Kurse in Bildhauerei an der Académie Ranson zu belegen. Maillol machte mir Mut. Diese Akademie war für mich mein Russland. Eines Tages, als ich bei Sonnenuntergang mit meinen Kollegen aus dem Atelier ein Glas Pernod trank, vernahm ich die Rufe der Zeitungsverkäufer: »Tödlicher Unfall. Die *Maxim Gorki*, das russische Riesenflugzeug, abgestürzt. Alle Passagiere umgekommen.« Saint-Ex sollte mit der *Maxim Gorki* fliegen, so sah es der Plan für seine Reportage vor. Ich sah nichts anderes mehr als die Zeitungsschlagzeilen, die man in allen möglichen Tonarten herumbrüllte, wobei man alle Geschichten miteinander vermengte, um Kunden anzuziehen.

Tatsächlich hatte mein Mann am Vortag einen guten Flug mit der Riesenmaschine zurückgelegt. Das war noch so eine wunderbare Fügung seines Schicksals, denn eigentlich war sein Flug für den Tag des Unfalls vorgesehen. Zu dieser Zeit bewachten die Russen all ihre Flugplätze gut. Sie rüsteten sich bereits für jenen grausamen Krieg mit den Deutschen. Aber sie hatten in Tonio einen Mann gefunden, der in die Fliegerei verliebt war, und der Leiter des Flughafens hatte den folgenden Tag nicht abwarten können, um ihm das gewaltige Spielzeug zu zeigen, das er erfunden hatte. Ihm hatte Tonio es zu verdanken, dass er einen Tag vor der Katastrophe allein mit der Besatzung der *Maxim Gorki* geflogen war. Ich hielt die Zeitung auf den Knien, doch es war einer meiner Studienkollegen, der mir den Artikel vorlas. Nach und nach konnte ich von seinem Gesicht ablesen, dass mein Mann sich zum Zeitpunkt des Unglücks nicht an Bord der Maschine befunden hatte.

Ich kehrte in die Rue de Chanaleilles zurück, wo ich nicht vom Telefon wich, bis ich die Stimme meines fliegenden Kavaliers hörte. Der Anruf kam pünktlich, wie jeden Abend. Und so konnte ich einschlafen und wie immer von den neuen Horizonten träumen, die er entdeckte.

Am Morgen weckte mich die Hausmeisterin. Mit ihrer säuerlichen Stimme befahl sie mir, mich augenblicklich anzukleiden. Meine Wohnung sei beschlagnahmt. Die Möbel und meine gesamte kleine Habe, die ich liebte, sollten auf der Stelle verkauft werden, unter dem Geschrei, das eine Zwangsversteigerung zu begleiten pflegt. Ich konnte ein paar Stunden Aufschub erwirken und das Zugeständnis, dass die Möbel nicht in einem Haufen auf die Straße gestellt wurden und ich in der Wohnung bleiben durfte, um den Anruf meines Mannes abzuwarten.

Er meldete sich zu der erwarteten Zeit. Als ich ihm von den Ereignissen des Tages berichtete, lachte er und bat mich um Verzeihung, weil er mich nicht vorgewarnt hatte.

»In meiner Tasche liegt ein Brief, der Ihnen die ganze

Foto mit einer Widmung an Consuelo:
»Für meine zärtlich geliebte Frau.
Innigst, Antoine.«

Zeichnung von Consuelo

Titelbild der ersten Ausgabe von Parisina

Consuelo im Alter von dreißig Jahren

1942/43

Porträt von Emlen Etting
(© Midtown Galleries)

Consuelo. Kohlezeichnung von
Edmond-Marie Dupuis (1939)

In den dreißiger Jahren, mit Hund Youti

April 1931: Hochzeit auf Schloss Agay

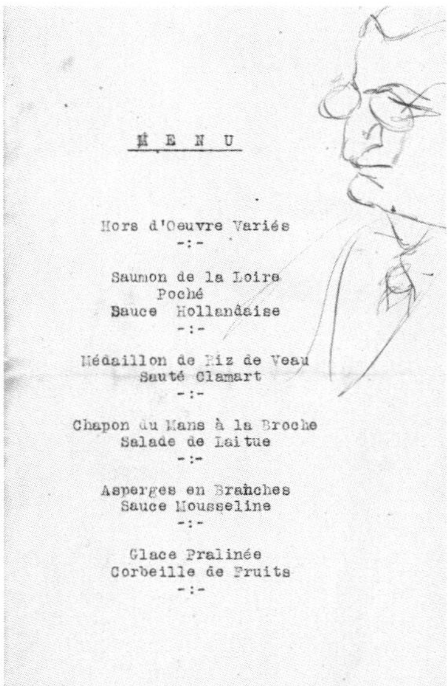

MENU

Hors d'Oeuvre Variés
-:-

Saumon de la Loire
Poché
Sauce Hollandaise
-:-

Médaillon de Riz de Veau
Sauté Clamart
-:-

Chapon du Mans à la Broche
Salade de Laitue
-:-

Asperges en Branches
Sauce Mousseline
-:-

Glace Pralinée
Corbeille de Fruits
-:-

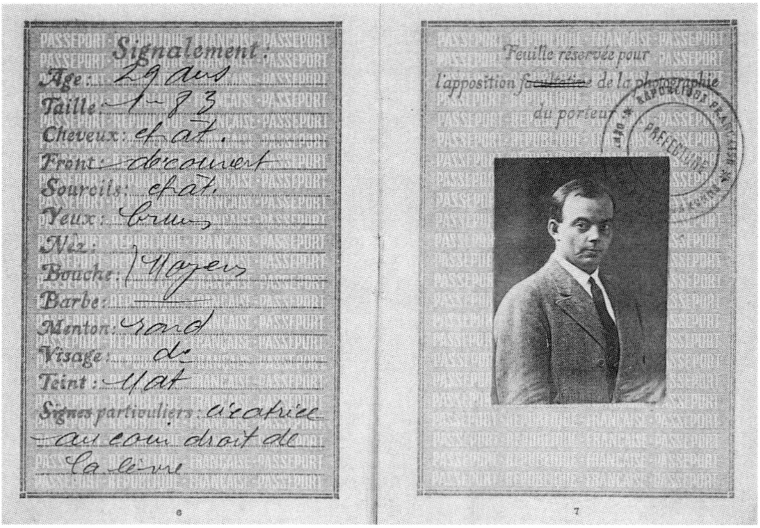
Signalement:
Age: 29 ans
Taille 1m83
Cheveux: chât.
Front: découvert
Sourcils: chât.
Yeux: bruns
Nez:
Bouche: Moyens
Barbe:
Menton: rond
Visage: do
Teint: mat
Signes particuliers: cicatrice au coin droit de la lèvre
Feuille réservée pour l'apposition facultative de la photographie du porteur
République Française Préfecture
6
7

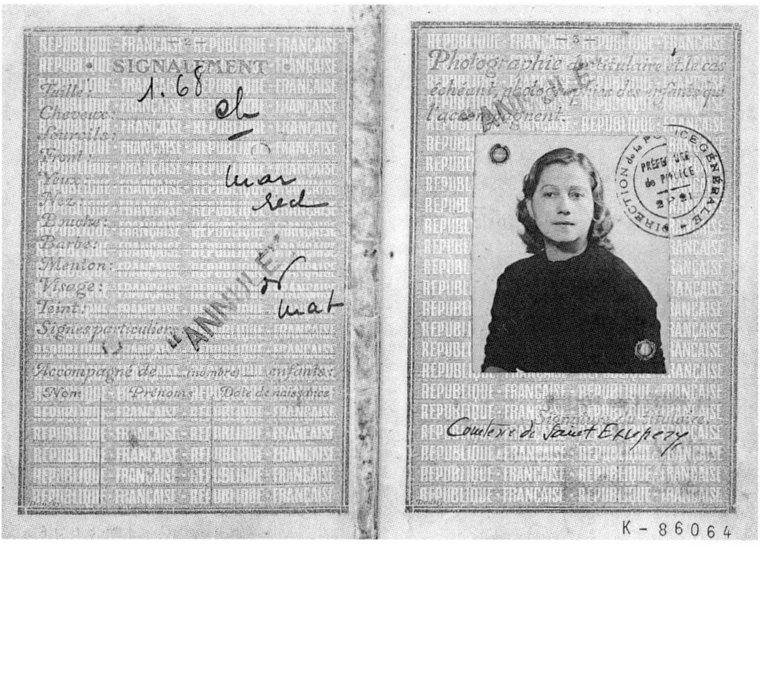
SIGNALEMENT
Taille: 1.68
Cheveux:
Sourcils:
Front:
Yeux:
Nez:
Bouche:
Barbe:
Menton:
Visage:
Teint: mat
Signes particuliers:
ANNULÉ
Accompagné de ... (nombre) ... enfants:
Nom
Prénoms
Date de naissance
Photographie du titulaire et le cas échéant, photographies des enfants qui l'accompagnent.
Préfecture de Police
Direction de la Police Générale
Signature du titulaire.
Comtesse de Saint Exupéry
K - 86064

Im ersten Ehejahr

In der Umgebung von Nizza, 1931

Statue Saint-Exupérys, geschaffen von Consuelo

Foto auf Consuelos Nachttisch

1968: Präsentation der Rosenzüchtung »Saint-Exupéry«

Geschichte erklären wird«, setzte er hinzu. »Unsere Möbel besitzen ohnehin keinen Wert. Der Fiskus wird sich mit der Zwangsvollstreckung zufrieden geben, und das wird es uns ersparen, die Steuern für die Summen zu zahlen, die ich während mehrerer Jahre in Buenos Aires verdient habe. Und dann«, setzte er hinzu, »fange ich ganz von vorn an, und wir werden genau darauf achten, jedes Jahr unsere Steuern zu bezahlen. Ich bitte Sie, eine kleine Suite im Hotel Pont-Royal zu nehmen, wo ich bald zu Ihnen stoßen werde.«

Im Hotel spielte unser Leben sich zwangsläufig vor einer größeren Öffentlichkeit ab. Durch Tonios Russland-Reportage, die in einer Pariser Tageszeitung erschienen war, hatte sich der Kreis aus Bewunderern und Schmeichlern noch vergrößert … Unser kleines Privatleben zerstreute sich in alle Winde.

14

Auf dem Weg in den Orient

»Consuelo, Consuelo, ich langweile mich, ich langweile mich zu Tode. Ich kann nicht den ganzen Tag im Sessel oder im Straßencafé sitzen. Ich habe Beine, und ich muss laufen, mich bewegen …«

»Ich weiß ja, Tonio, die Großstadt ist Ihnen zuwider. Sie lieben an Ihren Nächsten vor allem deren Taten. Sie begreifen nicht, was wir anderen unter den angenehmen Seiten des Lebens verstehen, noch wie reizend es sein kann, sich nur über das Wetter auszutauschen. Zu meinem – und manchmal auch zu Ihrem eigenen – Unglück gehören Sie zu den Menschen, die beständig den Kampf brauchen, die Eroberung. Also gehen Sie, gehen Sie nur.«

Ich spürte genau, dass Tonio für alle Menschen litt, weil er sie besser machen wollte. Er gehörte zu jenen, die ihr Schicksal selbst wählen, aber er zahlte teuer für diese Ungebundenheit und Freiheit.

Es gab keine langen Abendessen mehr, keine Tanzveranstaltungen, keine Feste, auf denen man sich selbst hätte vergessen können. Keine Sekunde war ihm vergönnt, denn etwas vielleicht beinahe Göttliches hatte ihn zu einer Art Saatkorn verwandelt, dem bestimmt war, auf Erden ein besseres Menschengeschlecht hervorzubringen. Man musste ihn in seinen Mühen, seinen Kämpfen unterstützen, bei dieser schmerzhaften Geburt, in der er sich selbst, seine Bücher zur Welt brachte, zwischen all den Sorgen des täglichen Lebens, die ihn plagten, und inmitten all der Menschen, die noch nicht ahnten, dass etwas in seinem Herzen mit Gott sprach.

Zu jener Zeit war ich noch sehr jung und verstand nicht allzu viel von solchen Dingen. Verstohlen musterte ich meinen Mann, so wie man das Wachstum eines großen Baums verfolgt, ohne sich jemals seiner Verwandlung bewusst zu werden. Ich berührte ihn, wie man die Hand auf einen Baum in seinem Garten legt, in dessen Schatten man später einmal die letzte Ruhe finden will.

Unterdessen hatte ich mich an die Wunderlichkeiten meines Baumes gewöhnt. Tonios Desinteresse an materiellen Gütern erschien mir schon fast selbstverständlich. Dennoch warteten wir ständig auf die Entdeckung einer besseren Welt, die zu errichten uns nicht unmöglich schien.

In unseren bescheidenen Zimmern im Hotel Pont-Royal faltete Tonio jeden Abend seine Landkarten auseinander und legte sie wieder zusammen. Er erzählte mir von Bagdad, von merkwürdigen, noch nicht entdeckten Städten und weißen Indianern, von denen man vermutet, dass sie irgendwo am Lauf des Amazonas leben.

»Consuelo, glauben Sie nicht, dass unter Wasser, im Ozean, Straßen existieren, dass sich dort Wesen bewegen, die denken wie wir, aber einfach nicht atmen wie wir? Die vielleicht elastische Proportionen besitzen, ich meine, dass sie von einem Augenblick zum anderen wachsen und wieder zusammenschrumpfen.«

»Gewiss, Tonio«, antwortete ich, begeistert von der Vorstellung, meine Fantasie schweifen zu lassen, »ich glaube, dass die Wale, die Riesenfische, die wir sehen, vielleicht nur einfach Kieselsteine im Ozean oder Regenwürmer sind. Ich glaube, dass diese Personen, die Sie sich vorstellen, sich im Wasser leichter bewegen als wir auf der Erde. Vielleicht denkt in diesem Moment eine Frau wie ich, überall mit Augen bedeckt und mit größerer Sensibilität begabt als ich, genau das, was wir uns eben gesagt haben. Vielleicht überlegt sie: ›An Land muss es für denkende Wesen sehr schwierig sein zu existieren. Dort ist es so grün, und es gibt so viele Gräser, Steine, Mineralien, so harte Dinge! Die Bäume sind so groß, dass kaum noch ein Platz bleibt, wo lebende Wesen entstehen und leben können.‹«

»Kleine Consuelo, hören Sie mir zu. Ich will fort, ich werde von Paris nach Saigon fliegen, sehr schnell, und dort unten werde ich Ihnen ein kleines Haus suchen, damit Sie kommen und mir Geschichten erzählen.«

»Saigon liegt ziemlich weit von Paris entfernt, Tonio.«

»Ja, meine Gattin, aber die Flugzeuge sind sicher, und man fliegt sehr schnell. Ich habe große Lust, nach China zu gehen.«

»Wohl, weil Sie die chinesischen Frauen mögen?«

»Ja, Consuelo, ich liebe kleine, schweigsame Frauen. Dort unten werde ich Sie wie eine Königin mit einem Dutzend dieser winzigen Wesen umgeben, damit Sie niemals allein sind, damit Sie mit ihnen spielen.«

Im Januar 1936 war ich eines Tages damit beschäftigt, sehr starken schwarzen Kaffee zu kochen, den ich in Thermosflaschen füllen wollte. Das würde verhindern, dass Tonio auf dem langen Flug Paris–Saigon einschlief.

»Ein paar Orangen wären vielleicht von Nutzen. Versprechen Sie mir, Tonio, dass Sie nicht über Wasser fliegen, nicht einmal über etwas, das so ähnlich aussieht? Ich bin dumm, dass ich Ihnen von meinen abergläubischen Vorstellungen erzähle, aber ich bin mir sicher, dass das Wasser Sie nicht liebt.«

»Im Gegenteil, vielleicht mag es mich doch. Denken

Sie daran, dass das Mittelmeer mich wie einen Fisch getragen hat. Sie sind ungerecht gegen das Wasser, ungerecht. Packen Sie keine Orangen ein, in meinem Flugzeug benötige ich Treibstoff viel dringender. Ich nehme nicht einmal einen Überzieher mit.«

»Ah, Tonio, ich wünschte, es wäre schon Frühling in Saigon, und wir säßen in einem Haus voller Blumen!«

»Dann können Sie mir so viele Orangen zu essen geben, wie Sie wollen, und die kleinen Chinesinnen werden sie ernten, so wie in Frankreich die jungen Mädchen Kirschen pflücken.«

Da schalteten sich Lucas, ein befreundeter Flieger, und der Mechaniker energisch ein. Sie sprachen mit ernster Stimme, dieser Stimme von Männern, welche die ganze Nacht nicht geschlafen haben, um so sorgfältig wie möglich die Route vorzubereiten, der der Pilot während mehrerer Tage und Nächte folgen musste. Die beiden glaubten sich verantwortlich für ihren älteren Bruder, der mit lauter Singstimme »Die Zeit der Kirschen« schmetterte, mich küsste und um noch ein Stück Schokolade bat, als gehe er nur aus dem Haus, um den Vorortzug zu nehmen.

Lachend und singend durchquerten wir Paris. Ich erklärte Tonio, dass ich nicht den ganzen Frühling in Saigon oder China verbringen wolle. Er müsse mich schnell wieder nach Agay bringen, wo ich mich mit seiner Mutter und seinen Schwestern verabredet habe. Ich glaubte nicht, dass im Orient das Meer so gut zum Schwimmen geeignet sei wie in Frankreich.

Die Reporter von *L'Intransigeant*, *Paris-Soir* und den anderen Tageszeitungen folgten jeder Geste, jedem Wort auf der Startpiste. Mein Mann war ein wahrer Riese, und es fiel mir schwer, an seiner Seite zu bleiben. Die Journalisten taten ihre Pflicht und fotografierten in dem Moment, als wir uns küssten und er mir zuwinkte. Ich hörte das Dröhnen der Motoren und dann nichts mehr.

Das Warten begann. Ich sang nicht mehr, ich lachte nicht mehr. Befreit von meinen Aufgaben als Ehefrau, fühlte ich mich zutiefst nutzlos.

Paris lag noch im Schlaf, und ich bat die Freunde, mich ein wenig allein über die Champs-Élysées spazieren zu lassen. Ich umrundete den Triumphbogen und näherte mich zum ersten Mal voller Rührung der Flamme auf dem Grab des unbekannten Soldaten. Ich sann nach, ja ich betete sogar für die im Krieg verschollenen Männer. Auch für mich selbst betete ich und sah zu, wie die Stadt langsam erwachte, um ihrem Leben nachzugehen. Zuerst kamen einige Passanten, dann die letzten Nachtschwärmer, die noch nicht heimgekehrt waren, dann diejenigen, welche die harte Arbeit auf den Bahnhöfen und in den Markthallen tun …

Ich sah auch jene Frauen eines gewissen Alters und von unverkennbarem Äußeren, die anderen im Haushalt zur Hand gehen. Der Rhythmus ihrer Schritte, ihre Blicke ähnelten sich. Um acht Uhr begannen die Kellner die Caféterrassen zu öffnen. Ich beobachtete sie aufmerksam, weil ich Lust nach einer Tasse Milchkaffee verspürte.

Wozu konnte ich nutze sein? Was war wirklich meine Rolle? Wie sah meine unmittelbare Aufgabe aus? Warten, warten und noch einmal warten …

Die Gesichter der Angestellten, die auf einen Kaffee einkehrten, bevor sie in ihre Büros gingen, zogen an mir vorüber und lenkten mich von der Sorge meines Herzen ab, das sich immer noch an Tonios Abwesenheit klammerte und die Gefahr, die er möglicherweise einging.

Er hingegen befand sich schon in seinem Himmel, auf dem Weg in den Orient.

15

»Saint-Exupéry hier. Ich lebe.«

Mein Ehemann würde also mehrere Tage lang über fremde Wüsten und Städte fliegen, die damals in meiner kindlichen Fantasie wuchsen, bis sie mir so groß erschienen wie die unendlichen Wüsten der Bibel.

Wehmütig dachte ich an meine Heimat El Salvador zurück. Einst hatte ich dort die Rutengänger beobachtet, die durch das trockene Land pirschten und Wasser suchten, wie ein Tier den Duft seines Weibchens aufspürt. Das Warten war drückend, die Weidegründe trocken, und die Tiere starben, weil das Wasser fehlte, das durch die Erdbeben versiegt war. Die Bauern waren unruhig, während die Wünschelrutengänger alle Hoffnung in ihren Händen hielten. Das Zucken ihrer Gerte war eine Frage von Leben und Tod für das ganze Land. Das Flussbett war ausgetrocknet, sein Wasser in den Eingeweiden der Erde oder sonstwo verloren gegangen. Ich habe gesehen, wie ganze Herden sich auf die Erde legten, um zu sterben, ich habe gehört, wie alle Tiere im selben Rhythmus ihr Todesbrüllen ausstießen. Währenddessen war der Himmel blau, und eine tropische Sonne übergoss das ganze Land mit ihrem Licht und spottete über Mensch und Tier. In diesen Tagen großen Leidens in den Tropen versammelten sich die Landbesitzer im Mondschein in den Patios. Sie zündeten große rot leuchtende Feuer an, kochten Kaffee und sangen Gebete, um den

Regen herbeizuholen. Oft geschah das Wunder, und das geliebte, sehnlichst erwartete Nass brachte Tausende von Schafen wieder auf die Beine. Keiner der Menschen, die da sangen, hätte sagen können, wer unter ihnen morgen reich oder arm sein würde. Die Gleichheit war durch das Schicksal bestimmt. Auf einem Landstück mochte noch in derselbe Nacht Tau fallen, und auf einem anderen würden Dürre, Durst und Tod herrschen.

Auch mein Leben bestand jetzt aus Beten, Singen, Warten. Warten und hoffen. Ich versuchte mich an die Würde der Bauern meines Landes in den Gegenden großer Trockenheit zu erinnern …

Ich wanderte in einem dürren Land, einem Land der Prüfungen. Würde er es schaffen oder nicht?

Über die komplizierten Zahlen, die mir der Ingenieur gab, lachte ich, wie ich alles verlachte. Meine einzige Hoffnung lag in unserer Jugend, die mir ewig erschien, und in unserer Liebe, die so rein war, dass sie zwangsläufig an Gott rührte. Meine Hoffnung ruhte auf Tonios Männerhänden, mit denen er das ganze Gewicht seiner irdischen Existenz, seine ganze Energie, seine gesamte Vitalität, gegen die Luftströmungen eines unbekannten Himmels in die Waagschale zu werfen wusste. Er allein konnte auf diese Weise in den wunderbaren Orient fliegen.

Ich machte mich auf den Weg zum Atelier eines meiner Freunde, des Malers Derain. Dieser wartete auf die Morgendämmerung und die ersten Farben des Tages, um auf den Haaren, den Lippen und der Kleidung seiner Modelle das Wunder des Lichts zu erschaffen. Da ich seine Gewohnheiten kannte, glitt ich lautlos in seine Behausung. Ich sog den Duft des Milchkaffees ein, den er sich eben auf einem gewaltigen Kohleofen zubereitete, während eine gänzlich unbekleidete junge Frau mit blühenden Brüsten ihr Haar löste, um noch nackter zu erscheinen. Ich setzte mich in den alten roten Sessel im Atelier. Ich glaube, an diesem Tag schlug mein Herz lautlos. Der Meister kam und ging, blies auf seine große Tasse Milchkaffee. Er erschnüffelte die kleinen Lichtfunken des Morgens und berührte mit einem Finger die langen Haare seines Modells. Und inmitten dieses kleinen Spaziergangs entdeckte er mich endlich.

»Sie, Consuelo? Was führt Sie so früh her?«

»Nun ja, mein Mann ist zu einem Langstreckenflug aufgebrochen, und ich wusste nicht, wohin ich mich zu so früher Stunde wenden sollte. Also bin ich gekommen, um bei Ihnen zu sitzen, falls ich Sie nicht störe.«

»Ich möchte Sie malen, genau so, wie Sie jetzt sind. Bewegen Sie sich nicht.«

»O nein, das ist zu viel für mich. Sie wissen, dass mein Mann Tage und Nächte fliegen wird, wer weiß, vielleicht sein Leben lang!«

Da der Maler seinen Freund Antoine liebte, begriff er den Ernst meiner Lage und bat sein Modell, mir eine Tasse Kaffee zu bringen.

Er arbeitete den ganzen Tag nicht. Wir unterhielten uns über die Piloten, ihre Einfachheit, ihre Gewohnheit, ihr Leben aufs Spiel zu setzen oder ihr mangelndes Erinnerungsvermögen bezüglich ihrer verunglückten Kameraden. Für sie war es natürlich, sich Ungeheuern und Drachen in Gestalt von Stürmen gegenüberzusehen, von den Winden besiegt zu werden. So einfach war das …

Für Derain und sein Modell war ich zu jemand Lebendigerem als bloß einer Frau geworden. Ich trug in mir das ganze Leben eines anderen, die Religion eines anderen, die sich in mir in Liebe vereinten. Die beiden weihten mir ihren Tag. Gegen Abend erhielten wir die ersten Nachrichten von unserem Piloten: Alles war in bester Ordnung.

»Klarer Himmel. Kein Wind. Komme gut voran.« So lautete der Funkspruch, den Tonio mir zukommen ließ!

Der zweite Tag des Wartens brachte keine Neuigkeiten. Keine Hoffnung. Ich schlief nicht. Das Telefon neben meinem Kopfkissen stand stumm und reglos. Gegen Abend kamen Freunde. Dieses Schweigen wurde langsam beunruhigend. Keine neuen Nachrichten. Jeder trug seine Katastrophenmiene zur Schau. Das Schweigen um uns herum vertiefte sich.

Am dritten Tag titelten alle Zeitungen: »Saint-Exupéry auf seinem Flug Paris–Saigon verschwunden.«

Verzweiflung. Schmerz. Ich zerfleischte mich vor Angst und Pein. Ich hatte das Unglück geahnt. Ich hatte nicht gewollt, dass er flog, und doch hatte ich ihm von ganzem Herzen zugeraten.

Und dann kam endlich die bedeutungsschwere, rettende Nachricht: »Saint-Exupéry hier. Ich lebe.«

Sofort brach ich mit seiner Mutter nach Marseille auf, wo er an Land gehen sollte, heimgekehrt von seiner Odyssee. Wir standen am Vieux-Port und warteten auf das Schiff. Auf dem Kai mischten sich Freunde und Schaulustige mit den Journalisten, die gekommen waren, um sein erstes Lächeln, seine erste Gemütsregung auf ein Foto zu bannen.

Das Schiff traf mit mehreren Stunden Verspätung ein. Wir hatten uns nichts mehr zu sagen. Eine tiefe Mattigkeit hatte uns ergriffen und sich unserer Arme, unseres ganzen Körpers bemächtigt. Und dann kündigte die Sirene an, dass unser lieber Tonio uns endlich zurückgegeben würde!

Da brach ich in hysterisches Geschrei aus.

»Nein, das ist nicht möglich. Ich werde ihn nie wiedersehen!«

Wie eine Gazelle rannte ich davon. Einer meiner

Freunde fing mich ein und hielt mich mit aller Kraft fest.

»Du bist ja verrückt!«, sagte er zu mir.

»Ja, ich bin wahnsinnig vor lauter Warten. Ich habe Angst, ich will nichts mehr, nichts auf der Welt. Er lebt, er lebt. Mehr wollte ich nicht wissen. Und ich, ich kann jetzt gehen, nur fort, irgendwohin, wo man nie wieder auf etwas zu warten braucht …«

Ein Weinkrampf ließ mich verstummen. Und bald schloss mein Mann mich fest in die Arme.

»Aber du siehst ja aus wie ein Clown, so wie deine Tränen überall herumrinnen! Meine Herren, fotografieren Sie meine Frau«, setzte er hinzu, indem er sich an die Journalisten wandte. »Sie ist heute nicht schön anzusehen, sie hat heute ihr großes Unwetter. Also lassen Sie mich mit ihr allein. Nur ich kann sie retten.«

Und ins Ohr sagte er mir: »Lass uns beide ins Hotel gehen. Hab keine Angst. Ich bin bei dir. Ich habe dir so viele Geschichten zu erzählen. Stimmt es, dass du flüchten wolltest, als das Boot anlegte? Ist es wahr, dass du weglaufen wolltest? Und dass du mich von Tür zu Tür hättest gehen lassen, um zu fragen, wo du bist? Mein ganzes Leben lang wäre ich gelaufen, um dich wiederzufinden, so wie ich trotz meines Durstes marschiert bin, um zu dir zurückzukommen. Warum wolltest du denn nun fortlaufen?«

»Stimmt es, dass mein Gesicht wie das eines Clowns aussieht?«, fragte ich und schmiegte mich ganz fest an ihn.

»Ja, du hast eine Riesennase wie eine Ananas, aber gleich wirst du schön sein, sehr schön. Du sollst ganz ruhig in meinen Armen schlafen, und dann nehme ich dich mit und zeige dir die Wüste, die mich verschont hat. Ich werde dich nie mehr verlassen, niemals wieder.«

Meine Schwiegermutter erklärte uns, Freunde hätten ein prächtiges Diner für uns vorbereitet. Wir müssten uns umkleiden und dorthin begeben.

»Das ist wie im Krieg, kleine Mama«, antwortete Tonio ihr. »Meine Frau und ich werden gehen, wie wir sind.«

Wie wir nach Paris kamen und von dort aus in eine Klinik in Divonne-les-Bains, weiß ich nicht mehr. Ich erinnere mich nur noch an einen Arzt, der mir kochend heiße Bäder verordnete, die meine Nerven beruhigten.

Endlich fand ich meinen Schlaf und mein Lächeln wieder und schrieb meinem Mann, er solle mich abholen kommen. Ich war geheilt; ich wollte nicht mehr davonlaufen, sondern nur noch in seinen Armen liegen.

Ich war keine Frucht mehr, die vom Baum fällt, sondern ein Korn, das gesät werden wollte, für alle Ewigkeit eingepflanzt. Ich wollte im Herzen meines Mannes wohnen. Er war mein Stern, er war mein Schicksal, mein Glaube, mein Ziel. Ich war klein, doch in mir wohnte ein gewaltiger Lebenswille. In meinen Augen hatte ich alle Sterne des Universums vereint, um ihn in dieses Licht zu hüllen.

Eine solche Liebe war eine schwere Krankheit, eine Krankheit, von der man nie wieder ganz gesundet.

Bald wurde ich ungerecht, eifersüchtig, zänkisch; man konnte nicht mehr mit mir leben. Ich mochte all den Frauen, die sich in Paris jeden Tag zu Cocktailpartys, Mittagessen und Verabredungen in Tonios Terminbuch eintrugen, nicht das Feld räumen, ja ihnen nicht einmal ein Lächeln gönnen. Mir fehlte der klare Himmel, den Gott mir geschenkt hatte, als er mich zu seiner Frau machte. Ich wurde giftig, ich vermochte die schüchternen jungen Frauen nicht zu ertragen, die Schulmädchen, die Tonio um eine Unterschrift in einem Buch, um ein Foto baten. Und dabei rede ich nicht einmal von meinem Benehmen gegenüber denen, die noch weiter in unser Privatleben einzudringen wagten.

Trotz allem verlor ich den Kampf. Tonio brauchte lindere Landstriche, sanftere Dinge, leichteres Gepäck, das man irgendwo abstellen konnte …

16

In der Klinik

Ich war unglücklich, entsetzlich unglücklich. Ich vertraute mich jedermann an, meiner Schneiderin, meinem Arzt, meinem Anwalt, meiner besten Freundin, ganz Paris. Zu dieser Zeit glaubte ich, *tout-Paris* würde Mitleid mit mir haben, mich beschützen, mich in meinem Liebeskummer trösten. Ich war jung und naiv. Heute verstehe ich, was Napoleon meinte, als er erklärte: »Bei Liebesschmerz liegt die einzige Rettung in der Flucht!«

Es kam so weit. Einer meiner Freunde lieh mir den Schlüssel seiner Junggesellenwohnung, damit ich dorthin gehen und nach Belieben weinen konnte. Ich wurde also nicht mehr geliebt. Ich war zu einer dieser ungeliebten Frauen geworden. Noch besaß ich genügend Energie, um nicht vor meinen Dienstboten zu weinen oder denen, die über meine Verwirrung frohlocken würden. Wenn ich nicht mehr konnte, flüchtete ich mich in die Junggesellenwohnung. Dort weinte ich meinen ganzen Kummer heraus. Ich trat ein, zog mich ganz ruhig aus und begann zu weinen, bis die Uhr schlug und es Zeit wurde, nach Hause zu gehen, wo ich immer noch meine Pflichten als Hausherrin zu erfüllen hatte. Mein Elend hatte mich den Schlaf vergessen lassen. Man machte Tonio auf eine Klinik in der Schweiz aufmerksam, wo ich eine Schlafkur machen könnte. Bald fuhr man mich dorthin.

Die Klinik in Bern war eine Art Zuchthaus: ein leeres Zimmer, in dem nur ein Bett, aber kein Tisch stand; nächtliche Spaziergänge, um die Kranken zu erschöpfen. Wenn ich mich nicht entspannen konnte, kamen mitten in der Nacht zwei bullige Wärterinnen. Jede von ihnen umfasste mich fest an einem Arm, und dann zwangen sie mich, die Alleen des Parks abzuschreiten. Ich beschloss meinerseits, sie zu erschöpfen. Schließlich hatte ich das Laufen in der Wüste gelernt! Als die beiden am Ende ihrer Kräfte waren, brachten sie mich zurück in mein Bett und empfahlen mir, sie zu wecken, wenn ich Lust auf einen weiteren Rundgang verspürte. Ich streckte mich gerade lange genug auf meinem Bett aus, um mich ein wenig auszuruhen, und dann rief ich nach ihnen und teilte ihnen mit, ich wolle noch einen Spaziergang unternehmen!

Inzwischen kannte ich die Alleen des Parks bereits auswendig. Ich erzählte den Frauen von Bäumen und allen Reisen, die ich in meinem Leben schon gemacht hatte.

»Warum können wir nicht einen Rundgang durch die Stadt machen, um die Umgebung zu wechseln?«, schlug ich ihnen vor.

Um sieben Uhr morgens stützten die beiden sich auf mich!

Am nächsten Tag teilte man mir eine andere Wärterin und einen stämmigen Pfleger zu, und diese beiden erwiesen sich als unermüdlich. Aber nach drei Wochen dieser Zwangsarbeit konnte ich immer noch nicht schlafen!

Eines Tages, um die Mittagszeit, kam mein Mann. Man verwies ihn in den Speisesaal, wo jeder Tisch eine Nummer trug. Ich hatte nicht einmal die Kraft, die eine Kartoffel zu essen, die man mir zugestanden hatte. Da sprach mich eine vertraute, ein wenig barsche Stimme an.

»Consuelo!«

Drei Wochen lang hatte er mich vergessen; oder seine Briefe waren nicht an mich weitergeleitet worden.

Plötzlich flammte mein ganzer Groll wieder auf. Er legte die Hand auf meine Schulter.

»Man hat mir gesagt, Tisch Nummer sieben. Entschuldigen Sie, ich habe Sie nicht wiedererkannt.«

»Was willst du?«

Ich war blass und mager. Er zog mich in seine Arme.

»Komm sofort mit. Ich bringe dich von hier fort.«

»Diese Leute bringen mich um. Ich habe dir mehrmals geschrieben. Angefleht habe ich dich, du mögest sofort kommen, und du hast mir nicht ein einziges Mal geantwortet!«

Ich weinte in seinen Armen. Die Krankenschwestern hatten uns in einen kleinen Salon geschoben.

»Sag mir, dass du dich sehr gut fühlst«, flüsterte er mir ins Ohr. »Ich werde darum bitten, dass man dich anzieht.«

Aber schon zerrte die Krankenschwester mich aus seinen Armen und erklärte, es sei Zeit für meine Dusche.

Ich sah Tonio nicht wieder. Ich schrieb ihm auch nicht mehr, denn ich hatte alle Hoffnung verloren, diese Hölle je wieder zu verlassen. Sein Besuch erschien mir wie ein Traum. Ich war mir nicht einmal sicher, ob er wirklich da gewesen war. Ich war hungrig, entsetzlich hungrig. Der Essensduft wehte von weither, aus einem anderen Gebäude, durch das Fenster hinein. Ich begann, Brotstückchen aus dem Nachbarzimmer zu stehlen. Dort wohnte ein Kropfleidender, der nichts aß. So kam ich ein wenig zu Kräften, und dank einem Priester, der samstags kam, um den Kranken die Beichte abzunehmen, konnte ich einer Freundin in Paris ein langes Telegramm schicken, in dem ich meine Lage schilderte.

Das Kino nahm meinen Mann stark in Anspruch. Er schrieb die Dialoge für seinen Film *Anne-Marie*. Nur unter Schwierigkeiten drang meine Freundin zu seiner Gruppe vor, die zu dieser Zeit Quartier in einer Kleinstadt in der Umgebung von Paris bezogen hatte. Endlich hatte sie es geschafft.

»Consuelo muss Brot stehlen, damit sie am Leben bleibt«, schrie sie Tonio an. »Wenn Sie zu beschäftigt sind, um sie zu holen, dann fahre ich selbst.«

Mein Mann wusste, dass ich keinerlei Verbindung nach außen aufnehmen durfte. Er erzählte die Geschichte seinen Gefährten.

»Was für ein wunderbares Thema für einen Film«, meinten diese. »Aber Ihre Frau stirbt, Saint-Ex!«

Tonio erklärte ihnen, der Arzt habe ihm versichert, ich befände mich auf dem Weg der Besserung und sei bereit, mich seiner unfehlbaren Kur zu unterziehen. Er solle mich weder verzärteln noch mir schreiben!

Die Schauspieler und der Regisseur widersprachen und führten ihm vor Augen, angesichts der Ängste, die ich während seines Absturzes und Verschwindens in Libyen ausgestanden hatte, hätte ich allen Grund, mich verrückt aufzuführen. Sie setzten ihn in einen Zug, der in die Schweiz fuhr, und so kam er erneut zu mir in die Klinik.

Das erste, was er mir zeigte, waren zwei Fahrkarten nach Paris. Ich begriff nicht, ich verstand ihn schlecht, sodass er seine Sätze wiederholen musste. Er weinte wie ein Kind; bat mich um Verzeihung. Ich hatte drastisch abgenommen, und er musste meinen Rock mit einem Bindfaden befestigen, damit er mir nicht von der Taille rutschte.

Drei Tage blieben wir in einem Hotel in Bern. Er gab mir Milch zu trinken und zu essen und brachte mir Erdnüsse, die ich kaum anrührte.

Im Zug, der uns nach Paris zurückbrachte, warf er mir vor, ihm die drakonischen Behandlungsmethoden der Klinik nicht deutlich genug auseinander gesetzt zu haben, und schwor mir, er habe nichts davon gewusst. Ich war noch nicht ausreichend wiederhergestellt, um eine Rückkehr nach Paris ins Auge zu fassen, in den Wirbelsturm, in dem er lebte. Ich sagte ihm, ich würde gern nach El Salvador zurückkehren, bis mein Rock wieder um meine Taille halte.

»Ich würde dir bis ans Ende der Welt folgen«, versprach er.

Schließlich wurde daraus aber schlicht und einfach Thonon-les-Bains, weil er dort einen Arzt kannte, der mir meine Kräfte wiederschenken würde!

Seine Pariser Freunde, die Frauen, die Kinoleute fanden das unerträglich: Er machte sich zu meinem Krankenpfleger! Eines Tages las ich den Entwurf eines Briefes, in dem er einer seiner Musen versicherte, sie sei schön, aber sie denke nicht auf dieselbe Weise wie er. Er verbringe seine Tage mitnichten am Fußende des Bettes seiner Frau, um sie zu pflegen wie eine Amme. Er schreibe, und wenn er eine Seite vollendet habe, lese er sie ihr vor. Das gebe ihr die Kraft, eine Mahlzeit mit ihm einzunehmen, und ihm den Mut zum Arbeiten.

In der Umgebung von Thonon gab es zahlreiche Stellen, an denen man Irrlichter sehen konnte. Das war Tonios liebster Zeitvertreib. Ständig ging er, sie zu beobachten. Er glaubte an Wunder und verbrachte ganze Nächte auf seinen Erkundungen. Gemeinsam mit einem Apotheker, der in unserem Hotel wohnte, stellte er diesen Flammen nach, die zitternd aus den Eingeweiden der Erde aufstiegen. Ich begann mich wie neugeboren zu fühlen und hatte wieder Lust, mit ihm zu lachen.

Als ich Tonios Meinung nach genesen war, brachte er mich zurück nach Paris, ins Hotel Lutétia. Ich konnte ihm die Verzweiflung nicht verhehlen, die es mir bereitete, mich in diesem Hotel, zwischen all den Erinnerungen, wiederzufinden.

»Sollen wir denn immer in Hotels wohnen?«, fragte ich ihn.

Er bat mich, den Nachmittag über abzuwarten. Bereitwillig fügte ich mich, denn ich begann von neuem die sonnigen Tage der Liebe zu atmen. Ich wusste, dass wir am Beginn einer neuen Zeit standen. Das Pariser Leben, die Seidenwaren der Dekorateure, die Polstersessel, die Champagnerkelche aus Kristall, die erlesenen Parfüms, die Raffiniertheit der Salons – all das waren nur die müßigen Beschäftigungen der Degenerierten. Später sollte das Leben mir Recht geben. Diese Frauen, die Opiumhöhlen und dieses ganze *dolce far niente* einrichteten, waren obszön. Ich wusste, dass Tonio nicht so war wie diese Menschen. Und mir wurde klar, dass ich nicht dazu geschaffen war, die Frau eines Modeschriftstellers zu sein. Unser Lachen und unsere Vertrautheit mit anderen zu teilen, erschien mir immer noch eine Katastrophe. Ich wollte meinem Mann nahe sein und alles, was ihn seiner Macht, seiner Unverletzlichkeit berauben könnte, mit äußerster Eifersucht verfolgen. Intuitiv wusste ich, dass er zum Sterben geschaffen war, doch ich wollte, dass er sein eigenes Ende fand, eines, das ihn zu Gott führen würde.

Also wartete ich wie gewohnt, doch dieses Mal gestärkt durch unsere Versöhnung. Gegen fünf Uhr kehrte Tonio zurück, ein Stück Papier in der Hand.

»Hier ist dein Geschenk!«

Ich nahm den Zettel und las: Es handelte sich um die Mietquittung für eine Wohnung mit zwei Etagen, unter dem Dach am Place Vauban gelegen. Ich sah mir den Grundriss an: zwei Terrassen, zehn Zimmer. Das war zu viel für mich! Ich weinte, aber trotzdem wäre ich am liebsten noch an diesem Abend eingezogen!

Tonio interessierte sich für jeden Vorhang, für jede Einzelheit der Ausstattung. In welcher Farbe ich die Wände haben wolle?

»In der Farbe von Wasser in einer Badewanne«, antwortete ich ihm.

Er ließ befreundete Maler kommen, um den exakten Farbton festzustellen. Aber nur Marcel Duchamp entdeckte an einem grauen Tag das Geheimnis.

Dies war seit unserer Hochzeit unsere erste richtige Wohnung. Die Freunde, die schon lange darauf warteten, wollten alles nachholen. Jeden Tag war offenes Haus. Zu Boris, dem russischen Oberdiener, sagten sie: »Ich bin zwar nicht eingeladen, aber ich bin gekommen. Ich bin ein Freund von Madame.«

Und jede Frau erklärte: »Ich bin zwar nicht eingeladen, aber ich bin sehr gut mit Madame bekannt.«

Boris verköstigte die ganze Gesellschaft mit Borschtsch.

Tonio flog jetzt zwar weniger, doch seine Liebe zur Fliegerei wuchs eher noch. Da er von Natur aus großzügig und unbesonnen war, brachte er all seine Freunde, die er auf den Boulevards und in Cafés kennen lernte, mit nach Hause, und diese wiederholten ihre Besuche dann häufiger, als ihm selbst recht war.

Er träumte auf der Terrasse gegenüber der Kuppel des Invalidendoms, während die Weltausstellung von Paris die Nacht verschwenderisch mit Geräuschen und Lichtern übersäte.

Unsere Abende zu zweit dagegen wurden immer seltener. Zu Hause herrschte zu viel Kommen und Gehen. Ich hatte mich noch nicht vollständig von meinem Aufenthalt in Bern erholt. In der Nacht irrte ich durch die langen Korridore und träumte manchmal von einem Dorf an der afrikanischen Küste, wo ich in aller Ruhe mit Tonio leben könnte. Er würde sich in seine Manuskripte vertiefen, die das einzig Trennende zwischen uns sein würden.

Die Abende waren nicht nur voller Gitarren, sondern auch voller Fallstricke. Die Gesichter von Picasso, Max Ernst, Duchamp, der Surrealisten und so vieler Schriftsteller, Maler oder Cineasten reichten nicht aus, um mich zu beruhigen. Mir fehlte die Vertrautheit, das Schweigen zu zweit. Tonio verstand das und schlug mir vor, in unserem Flugzeug, einer Simoun, eine Rundreise um das Mittelmeer zu unternehmen.

In Marokko defilierte die französische Armee, begleitet von Trommeln, Hörnern und bunt gekleideten Kavalleristen auf arabischen Pferden, vor dem Sarg von Lyautey. Dies war unsere erste Zwischenlandung. Wir nahmen Platz zwischen unseren Freunden vom Militär, die in ihre schwarzen, hellblauen, leuchtend roten und weißen, bestickten und mit goldenen Troddeln geschmückten Capes gehüllt dasaßen. Die luxuriösen Stoffe wirkten wie Musik. Die Eingeborenen trugen ihre gestärkten, makellosen Capes, die sich in der Sonne kilometerweit erstreckten wie weißer Schnee.

Ein Oberst, der in seiner prächtigen Uniform einem hübschen Papagei ähnelte, kam und küsste meinen Mann vertraulich auf beide Wangen.

»Sie sind mein Gefangener, und Ihre junge Frau desgleichen«, verkündete er uns. »Ich weiß, dass Sie sich auf einer Vortragsreise befinden. Daher muss ich Sie auf meine Art zu mir holen. Sie müssen mit mir weiterreisen: Ich fahre nach Kairo.«

Nach dem Mittagessen beschloss mein Mann plötzlich, mich dort zurückzulassen. Die Reise, so schob er vor, sei zu lang für mich, zu ermüdend, und außerdem müsse ich unsere alten Freunde aus Casablanca empfangen. Die Flugroute nach Athen sei komfortabel, und so weiter. Kurz gesagt, er bestellte mich für zwei Wochen später nach Athen. Die beiden Männer entschwanden in der Menge, die sich noch nicht zerstreut hatte, und ehe ich auch nur Zeit gehabt hatte zu protestieren, stand ich schon allein zwischen Kamelen und Arabern.

Von neuem begann das Warten.

Vierzehn Tage später nahm ich wie vereinbart das Flugzeug und traf gerade rechtzeitig zur Krönung von König Georg II. in Athen ein. Das Volk befand sich in heller Aufregung. Mein Mann hielt seinen Vortrag in einem Theater. Ich nahm im ersten Rang Platz, nachdem ich ihm versprochen hatte, meinen Hut abzunehmen, falls er zu leise sprach, oder ihn bis auf die Augen zu ziehen, falls alles gut verlief! Tatsächlich klang Tonios Stimme leise, schüchtern und gedämpft, wenn er in der Öffentlichkeit sprach. Daher begann er ruhig und bedächtig und erklärte, er leide unter Heiserkeit und werde sein Bestes tun, um seine Erfahrungen als Flieger zu schildern. In Wirklichkeit sprach er mit heller Stimme wie ein Schuljunge, der seine Lektion gut gelernt hat. Ich hatte ihn bisher auf der Bühne immer nur mit zitternden Händen erlebt. Unter dem Eindruck, ihn plötzlich so gelassen und seiner selbst sicher zu sehen, fiel ich in Ohnmacht. Man hatte einen anderen aus meinem Tonio gemacht!

Mit Hilfe von Riechsalz kam ich ziemlich verwirrt wieder zu mir. Tonio setzte seinen Vortrag fort, ohne sich stören zu lassen. Die Veranstaltung wurde ein voller Erfolg.

Am nächsten Tag reisten wir nach Rom weiter. Angesichts der diplomatischen Lage riet Monsieur de Chambrun, der Botschafter, Tonio davon ab, seinen Vortrag zu halten. Wir waren hocherfreut, auf diese Weise dem Besuch beim Duce zu entgehen, und flogen nach Hause. Diese Reise mit der Simoun, die für mich nicht besonders amüsant gewesen war, hatte indessen dennoch die Eifersucht der Pariser Freundinnen geweckt, die sich vom Schicksal dazu ausersehen sahen, neben Tonio die Rolle der idealen Gefährtin zu spielen, für die ich ihrer Meinung nach schlecht geeignet war. Bemerkte Tonio das überhaupt? Er wollte mich hervorheben und erzählte unseren Freunden von der Place Vauban von dem Sturm, den wir über der Adria, zwischen Athen und Rom, überstanden hatten. Er erklärte, wie ich fast mein Taschentuch heruntergeschluckt hatte. Und in Rom hätte ich seinen Mechaniker verkleidet und ihn gezwungen, eine Priesterkutte anzulegen, um zum Papst zu gehen.

Weiterhin führte ich vom unteren Tischende aus, etliche Meter von meinem Mann entfernt, den Vorsitz bei Abendeinladungen, deren Gäste ich nicht kannte. Zu Hause schwieg ich, doch bei anderen gebärdete ich mich zwangsläufig unangenehm. Tonio brachte stets gegen Mitternacht einige sehr hübsche Damen und deren nachsichtige Ehemänner mit, und die ganze Gesellschaft ließ sich bis zum Morgengrauen bei uns nieder. Die Lieder, die Kartenrunden, die Geschichten aus dem marokkanischen Hinterland, alles, was Tonio erzählte und ich schon auswendig kannte, wiederholte sich jeden Abend. Gegen ein Uhr morgens bat Boris mich um Erlaubnis, sich zurückzuziehen. Und ich stand allein da und hatte darüber zu wachen, dass alle zu trinken und zu essen bekamen …

Bald musste ich darauf verzichten, die unzähligen Anrufe entgegenzunehmen, die während des Vormittags eingingen, und wir stellten eine Sekretärin ein. Durch die Kosten für das Flugzeug und die Wohnung sowie den Umstand, dass Tonio nicht mehr schrieb, waren unsere finanziellen Mittel allerdings zusammengeschmolzen. Trotz allem richtete sich die Sekretärin häuslich ein und trug eine glühende Ergebenheit gegenüber ihrem Arbeitgeber zur Schau ... Sie hatte einen Kopf wie ein Regenschirm und war nicht mehr ganz jung, aber sie leistete tausenderlei Dienste. Sogar solche, um die man sie nicht gebeten hatte. Sie war wie eine Glocke, die von allein läutet. Diese Frau legte es darauf an, mich von allem auszuschließen. Sie hatte entschieden, dass ich die Anrufe, die meinem Mann galten, zu ignorieren hatte. Besucher stellten sich unangemeldet zu den merkwürdigsten Uhrzeiten ein. »Monsieur hat diesen Termin vereinbart«, behauptete die Sekretärin.

Und ich hatte dazu nichts zu sagen.

Tonio hatte niemals Zeit, mich in den Zirkus zu begleiten, den ich über alles liebte, oder ins Kino. Ich begriff nicht mehr, was in meinem Haus vorging. Ja, ich fragte mich sogar, ob ich noch Zutritt hatte ... An den Wochenenden bat mein Mann mich, Einladungen nach außerhalb anzunehmen. Ich begab mich widerwillig dorthin, überzeugt, dass man sich an der Place Vauban ohne mich ausgezeichnet unterhielt ... Vergeblich suchte ich nach dem Grund für diese Entfremdung, die sich, ohne dass es Streitigkeiten oder klare Motive dafür gegeben hätte, zwischen uns beiden breitmachte. Von neuem verließ mich der Schlaf.

Aber was Tonio anging, kannte meine Geduld keine Grenzen.

Alle Welt klagte über meine Reizbarkeit.

»Wie können Sie nur eine solche Frau ertragen?«, erstaunten sich seine Freunde doppelzüngig.

Inmitten dieser Gitarren- und Kartenabende blieben von unserem Privatleben nur noch die Geldsorgen übrig, denn diese Feste verschlangen große Summen für alkoholische Getränke, Blumen, Bedienungen und so weiter; und das Lächeln, das ich mit großer Mühe von irgendwoher mobilisierte, wahrscheinlich aus jenem Land, das jeder Mensch in sich trägt, um in Minuten höchster Qual daraus zu schöpfen. Mein Mann fragte mich, warum ich so blass sei und mich nicht amüsiere. Einer meiner Freunde, ein Dichter, erklärte eines Tages: »Das Zuchthaus wäre gnädiger als das, was Ihre Frau erträgt. Dies ist die sechzigste Nacht in Folge, in der Sie sich amüsieren. Sie bringen sie um! Wenn Sie ihr ans Leben wollen, sagen Sie es. Haben Sie Freude daran? Wollen Sie sie nicht endlich schlafen lassen?«

Nach dieser Szene zogen die Gitarren für einige Tage an einen anderen Ort um, und Tonio blieb zu Hause. Er stürzte sich in die unangenehmste Arbeit: seine Bankkonten. Wir besaßen nichts mehr. Er wurde ungerecht und nervös. Nur der Hund fand Gnade in seinen Armen. Ab und zu kam er in mein Zimmer, um verstohlen nach mir zu schauen. Zum Glück hatte ich mich wieder der Bildhauerei zugewandt.

»Sind Sie da, Consuelo?«

»Ja, Tonio, ich bin noch da ...«

Die Sekretärin hatte sich einen Finger gebrochen und wir hatten ein wenig Ruhe. Tonio ging es nicht gut, aber ich konnte nichts für ihn tun.

Tonio hatte seine Simoun für einen Flug von Paris nach Timbuktu ausgerüstet. Er sollte eine Reportage für *Paris-Soir* schreiben. Man hatte ihm das Honorar für die Artikel vorgeschossen, aber seine Schulden hatten schon alles verschlungen. Er war reizbar, sprach immer weniger und marschierte kilometerweit durch die Wohnung, wobei er mit den Armen ruderte wie eine gewaltige Windmühle. Er blies Trübsal. Endlich beschloss ich, mit ihm zu reden. Die gleichmütige Miene, die er aufsetzte, als ich eintrat, verhieß nichts Gutes …

»Du bist unglücklich; sag mir, was dich quält. Von ganzem Herzen will ich dir helfen. Es ist keine Neugierde, die mich bewegt. Aber ich spüre, dass du dich von mir entfernst. Tu mir den Gefallen, mir deine Sorgen anzuvertrauen.«

»Seit vierzehn Tagen laufe ich ganz Paris ab, um das Geld für meinen Flug aufzutreiben. Das Benzin und die Versicherungen allein belaufen sich auf mehr als sechzigtausend Francs. Ich kann den Haushalt kaum noch bestreiten. Gar nicht zu reden von der Miete, der Sekretärin, den Dienstboten, mit deren Lohn ich im Rückstand bin …«

Er hatte mir noch nie etwas über seine finanziellen Angelegenheiten anvertraut.

»Mir scheint, *Paris-Soir* könnte dir einen Vorschuss über die Summe geben, oder?«

»Man hat ihn mir abgeschlagen.«

»Und dein Verleger?«

»Hat auch abgelehnt. Das ist nur verständlich; er kümmert sich schließlich nicht um meine Flüge, sondern um meine Bücher.«

»Würdest du mir denn erlauben, es zu versuchen?«

»Mach, was du willst«, beschied er mich mürrisch. »Ich weiß nur, dass ich in zehn Tagen aufbrechen muss.«

Ich ging in den Salon und bat meine liebe Freundin Suzanne Werth, mich auf meinen Bittgängen zu begleiten. Bei Provoust, dem Direktor von *Paris-Soir*, holte ich mir nicht nur eine Abfuhr, sondern trat auch erschrocken wieder auf die Straße. Provoust hatte sich heftig beklagt, mein Mann habe seine Verpflichtungen gegenüber dem Blatt nicht eingehalten.

Eine Stunde lang ruhte ich mich bei Suzanne in der Rue d'Assas aus. Dann mobilisierte ich aus Liebe zu Tonio meinen ganzen Mut und begab mich zu seinem Verleger. Dieser empfing mich sofort und begegnete mir sehr höflich, erklärte mir jedoch, Geldfragen gingen ihn nichts an. Darüber müsse ich mit seinem Bruder sprechen.

»Ich weiß«, erklärte ich ihm, »dass Sie Tonio gewisse Beträge auf seine nächsten Bücher vorgestreckt haben. Ich will Ihnen gegenüber aufrichtig sein. Eine Filmfirma möchte ein Drehbuch von Tonio mit dem Titel *Igor* für fünfhunderttausend Francs kaufen. Er wird auch ein Buch daraus machen, das eher ein Roman werden wird. Aber Sie wissen ja, dass er nach seinen beiden Filmen nichts mehr vom Kino hören will. Da Ihr Bruder mit dem Kino zu tun hat, könnte er diese Angelegenheit vielleicht besser regeln als ich. Tonio hat mir gesagt, ich solle zu jedem Preis abschließen, weil er sofort sechzigtausend Francs für seinen Flug benötigt. Was ist da zu tun?«

»Tonio soll mich aufsuchen. Er wird sein Geld bekommen.«

Ich fiel dem Mann um den Hals und küsste ihn. Dann lief ich los, um dasselbe bei Tonio zu tun. Doch er empfing mich längst nicht so begeistert, wie ich erwartet hatte.

»Zweifellos irren Sie sich.«

»Nein, Suzanne kann alles bezeugen.«

»Ist das wahr?«

Er verzichtete darauf, sich zu bedanken, und ging seinen Scheck abholen.

Seit seinem Absturz in Libyen litt er unter Leberbeschwerden. Er fand keinen Schlaf mehr. Eine meiner Freundinnen, die zu jener Zeit meine Vertraute war, schenkte mir ein Bett, damit ich in einem anderen Zimmer auf der anderen Etage schlafen konnte. Das Bett war so groß, dass es keinen Platz in unserem Zimmer fand. Sie brachte mich auch auf die Idee, mir einen eigenen Telefonanschluss einzurichten, um weniger gestört zu werden.

Weihnachten stand vor der Tür. Ich war der Meinung, ein Aufenthalt bei seiner Mutter würde meinem Mann ein wenig Ruhe schenken. Seine Schwester bestand darauf, dass ich ihn nach Agay brachte, um den Jahrestag seiner wundersamen Rettung in der libyschen Wüste zu feiern. Tonio befahl mir, meine Koffer zu packen. Wir schrieben den zweiundzwanzigsten Dezember. Am Abend fuhr er mich zum Zug. Ihn selbst hielten geschäftliche Angelegenheiten in Paris fest, und außerdem befand sich die Simoun in Reparatur. Er würde mir am nächsten Tag folgen.

Ich kam in ein Haus, wo man ihn erwartete, nicht mich. Daran war ich schon gewöhnt, aber zum ersten Mal nahm ich diese Behandlung nicht widerspruchslos hin. »Ich bin an Tonios Stelle hier. Er wird nicht kommen«, erklärte ich seiner Mutter und seiner Schwester.

Er hatte es versprochen, doch ich war mir sicher, dass er nicht erscheinen würde. Die Art, wie er getrunken, wie er mit mir gesprochen hatte …

»Ich weiß nicht, was geschehen ist. Er hat sich verändert, das ist alles. Es tut mir Leid für Sie alle, aber ich bin mit meiner Weisheit am Ende. Er hat mich gezwungen, hierher zu fahren. Nehmen Sie mich auf, aber glauben Sie mir, dass ich nicht glücklich darüber bin.«

»Aber nein, Consuelo, er kommt morgen, Sie werden schon sehen. Gehen Sie sich ausruhen«, riet mir meine Schwiegermutter.

Weihnachten. Im Schloss herrschte festliche Stimmung. Alle Kinder aus dem Dorf waren eingeladen, um sich ihr Spielzeug abzuholen. Alles lachte und sang; die Kinder waren als Engel kostümiert, die gefüllten Puter dufteten nach goldenen Maronen, und man freute sich auf die näher rückende Mitternachtsstunde. Nur Tonio ließ sich immer noch nicht blicken. Kurz vor dem feierlichen Moment klingelte das Telefon. Seine Mutter ging an den Apparat. Kaum hatte er einen Satz mit ihr geredet, da verlangte er mich zu sprechen. Ich weigerte mich.

»Sagen Sie ihm, dass er um Mitternacht hier sein muss. Er hat es versprochen.«

»Aber er bittet Sie um Hilfe, er braucht Sie in Paris. Wenn ich einen Ehemann wie ihn hätte«, setzte seine Mutter hinzu, »dann würde ich ihm bis ans Ende der Welt folgen.«

Sie hatte gewonnen.

»Es ist schon ziemlich spät«, räumte ich ein. »Ich kann heute Nacht nicht ganz allein nach Paris zurückfahren.«

Zum ersten Mal bat ich darum, dass mich jemand begleitete.

»Abgemacht, wir fahren nach Mitternacht«, schloss Tonios Schwester.

In Saulieu, in Burgund, stieß unser Wagen mit einem anderen zusammen. Zum Glück saß ich nicht am Steuer.

Als Tonio mich abholen kam, lag meine Schwägerin im Krankenhaus. Ein schönes Weihnachtsfest! Man fürchtete, sie könnte Entstellungen zurückbehalten. Wir brachten sie nach Paris, und ich überließ ihr mein Zimmer und richtete mich im Salon ein. Sie trug Verbände um den Kopf und lächelte meinem Mann zu. Inzwischen hatten die Spezialisten uns beruhigt. Eine Operation stand nicht mehr zur Debatte. Durch Ruhe würde alles in Ordnung kommen, hatten sie versichert. Ihr Gesicht würde sein normales Aussehen zurückgewinnen. Ich pflegte sie liebevoll, umgab sie mit meinen Nippsachen und lieh ihr mein Radio. Tonio verbrachte viele Stunden an ihrem Krankenlager. Merkwürdig war, dass sie mich bat, sie allein zu lassen, wenn sie Tonio oder E. empfing. Die drei verbrachten Stunden in meinem Zimmer. Wenn ich eintrat, verstummten sie. Zuvorkommend hatte ich fragen wollen, was meine Schwägerin sich zum Mittagessen wünschte.

»Ihr seht aus, als schmiedetet ihr ein Komplott«, sagte ich lachend zu ihr. »Worum geht es?«

Alle setzten eine abweisende Miene auf. Langsam bekam ich Angst, mein eigenes Zimmer zu betreten. Aber Didi ging es besser. Sie hatte ihr Lachen wiedergefunden; das Radio spielte. Immer noch begriff ich nicht, was da vorging. Ich wachte über Tonios Schlaf, denn in wenigen Tagen stand sein Flug Paris–Timbuktu bevor. Doch seine Abende mit meiner Schwägerin zogen sich bis tief in die Nacht hin. Ich fühlte mich in meinem eigenen Heim wie von Fallstricken umgeben. Tonio kam mir vor wie ein Schauspieler, der seine Rolle nicht gelesen hat und sich auf der Bühne wiederfindet, wo er in einem nicht enden wollenden Stück spielt. Jeder kennt seinen Text, nur er muss improvisieren …

Einmal bat ich Tonio spät abends, zu mir zu kommen. Seit jenem Weihnachtstag hatte er mich nicht ein einziges Mal aufgesucht. Ich bewohnte das obere der beiden Stockwerke. Von der Treppe aus rief ich ihn an.

»Tonio, könntest du mir das Thermometer bringen? Ich glaube, ich habe Fieber.«

Als er kam, hatte er das Kartenspiel dabei, das er

immer mit sich trug, entweder um sich zu konzentrieren, oder um seine Antwort hinauszuzögern, für den Fall, dass Probleme auftraten ... Meine Augen standen voller Tränen, und ich umklammerte seine Handgelenke.

»Lass uns dieses Spiel beenden, Tonio. Du weißt genau, dass nichts mehr geht, nichts.«

»Was denn, was?«, wiederholte er ein ums andere Mal.

Seine Stimme zumindest drückte den Wunsch aus, zu erfahren, was ich sagen wollte.

»Du liebst mich nicht mehr. Ich bin dir im Weg. Und deiner Schwester auch. Du weichst meinem Blick aus, sogar bei Tisch. In diesem Augenblick ist es dir unangenehm, meine Hände auf deinen zu spüren. Aber ich lasse dich nicht los, du wirst mich anhören.«

In seiner Wohnung klingelte das Telefon. Tonio wollte sich losmachen.

»Du wirst nicht gehen. Jeden Abend höre ich dich stundenlang telefonieren. Wenn ich in die Küche gehe, um mir ein Glas Milch gegen meine Schlaflosigkeit zu holen, senkst du die Stimme, als hättest du Angst, dass ich höre, was du sagst.«

In diesem Moment schrillte mein eigenes Telefon. Es musste mindestens vier Uhr morgens sein. Ich hob ab. Es war E., die mich etwas fragte, woran ich mich nicht erinnere und sich entschuldigte, weil sie um diese Uhrzeit anrufe. Aber sie wisse, so sagte sie, dass Tonio nicht schlafe.

»Wenn du *mich* bitte entschuldigen würdest«, antwortete ich ihr, »aber ich unterhalte mich gerade mit ihm!«

Tonio saß auf meinem Bett, reglos und schweigend.

»Wenn du schon nicht reden willst«, fuhr ich fort, »dann werde ich das übernehmen. Verstehen Sie das? Man verfolgt mich bis in mein Bett, weil Sie nicht ans Telefon gegangen sind! O ja, ich bin eifersüchtig! Allerdings habe ich eigentlich keinen Grund dazu, da Sie mich nicht mehr lieben. Gott weiß warum, aber in diesem Moment hassen Sie mich. Und doch wissen Sie, dass Ihnen durch mich nie etwas Hässliches oder Böses widerfahren wird. Wäre es Ihnen vielleicht andersherum lieber? Sie haben mich noch nie angelogen, nicht einmal jetzt, da Sie schweigen wie ein Grab. Ich möchte so gern wissen, was Sie denken! Ich habe das Recht, es zu erfahren und mich nicht ständig bedroht zu fühlen. Sie legen Karten, um mich von meinem Vorhaben abzulenken, aber Ihre Miene wird traurig. Das kenne ich gut. Ich bin weder eine Heilige noch eine Heilerin. Wahrhaftig, für Sie kann ich nichts mehr tun, weil Sie mir die Macht entzogen haben, Sie mit meiner Liebe zu heilen. Und Sie können nichts mehr unternehmen, um mir zu helfen. Schlafen Sie. Vergessen Sie meine Stimme, wenn sie Ihnen unangenehm ist. Aber vergessen Sie nicht, was ich Ihnen jetzt sagen werde: Die entsetzlichsten Dramen sind jene, die sich im Geheimen abspielen.«

Wieder klingelte sein Telefon, und dieses Mal bat ich ihn, abzunehmen.

Tonios Verleger gab eine große Abendgesellschaft, um Didis Genesung zu feiern. Morand, Pourtalès und viele andere Schriftsteller waren gekommen. Didi war entzückt und hing wie ein Schatten an ihrem Bruder, der seinerseits E. nicht von der Seite wich, die an diesem Abend in ihrer ganzen Schönheit erstrahlte – zumindest solange sie ihre Zähne nicht zeigte!

Gegen ein Uhr morgens warf ich meinem Mann vor, dass er nicht ein einziges Mal das Wort an mich gerichtet hatte.

»Meine Schwester kenne ich schließlich seit fünfunddreißig Jahren«, gab er zurück, »und Sie erst seit sieben!«

Ich hatte das Gefühl, man hätte mich von diesem Planeten verbannt. Aus meiner Handtasche zog ich unseren Wohnungsschlüssel und gab ihn ihm zurück.

»Hier ist der Schlüssel. Ich will nicht bei einem Ehemann bleiben, der mich verleugnet.«

Ich hatte sehr laut gesprochen. Die Gespräche waren zum Stillstand gekommen. Man hielt mich für eine schreckliche Frau, eine Megäre. Ich hatte den Eindruck, mein Leben sei vorüber. Die Gastgeberin reichte mir wortlos meinen Mantel. Ich spürte, wie ich ins Leere stürzte.

In einem Krankenhausbett in Vaugirard wachte ich auf, in dem Saal, der den Menschen vorbehalten war, die man ohne Papiere auffand. Man hatte mich in der Nacht aufgegriffen, auf dem Trottoir liegend ... Die Schreie meiner Zimmergenossen rissen mich aus dem Schlaf. Ich hob den Kopf. Diesem Mann dort hatte jemand mit einem Messer den Bauch aufgeschlitzt. Die Frau da gestikulierte, auf ihrem Bett stehend, wild herum. Zwei Krankenschwestern hielten sie fest und versuchten sie zu beruhigen, während ein Pfleger sie mit kaltem Wasser bespritzte. Schließlich brachte man sie mit einer Spritze zum Schweigen, und dann war ich an der Reihe.

»Danke«, sagte ich zu den Schwestern, »ich schlafe sehr gut.«

In der Berner Klinik hatte ich gelernt, wie ich mich Krankenschwestern und ihren drakonischen Methoden gegenüber zu verhalten hatte. Ich tat, als schliefe ich. Meine List war erfolgreich, und sie zogen zu einem anderen Bett weiter. Ich versuchte, meine Erinnerungen zu sammeln.

Immer wieder sagte ich mir: »In Paris gibt es einen Mann, der mein Gatte ist; er wird mich holen kommen.« Mit diesem Gedanken schlief ich endlich ein. Aber sehr rasch begann ich vor Fieber zu zittern. Am nächsten Morgen tauchte der Stationshelfer auf. Er hustete. Mit meiner engelhaftesten Stimme riet ich ihm, Pillen dagegen zu nehmen. »Die sind zu teuer«, antwortete er mir.

»Hier, nehmen Sie meine Perle. Im Hospital brauche ich keinen Schmuck mehr.«

Ich zog mir den Ring vom Finger und reichte ihn ihm.

»Wenn ich Ihnen einen Dienst erweisen kann, dann sagen Sie es jetzt, schnell.«

Während er auf die Perle biss, um sich davon zu überzeugen, ob sie nicht etwa falsch sei, seufzte ich.

»Ach! Die Sache ist schwierig, das können Sie nicht zu Wege bringen.«

»Sagen Sie es mir trotzdem.«

»Ich muss fort von hier. Unter meinem Nachthemd habe ich mein Kleid anbehalten.«

»So, so. Können Sie gehen?«

»Aber ja, sogar rennen!«

»Ich werde die hintere Tür, die in den Garten führt, für eine Minute offen lassen. Gehen Sie langsam, laufen Sie nicht, und wenn man Sie sieht, sagen Sie, dass Sie eine Kranke besuchen wollen.«

Auf diese Weise konnte ich entkommen und nach Hause, in die Wohnung an der Place Vauban, zurückkehren.

Ich fühlte mich gedemütigt, verzweifelt. Man hatte doch tatsächlich beschlossen, mich einzusperren!

Es war mir peinlich, so an meinen Hausmeisterinnen vorbeizugehen – im Abendkleid, mit aufgelöster Frisur und vor Kälte zitternd, da ich bei meiner nächtlichen Ohnmacht meinen Mantel verloren hatten. Später erfuhr ich, dass sie vollständig im Bilde waren, wie das in Paris immer der Fall ist, und sogar als erste von der Geschichte gehört hatten!

Zweimal war die Polizei in der Wohnung erschienen, um sich zu vergewissern, dass mein Mann nicht die Absicht hegte, seine Frau aus diesem Krankensaal für Obdachlose herauszuholen. Aber den Männern war es nicht gelungen, ihn zu sprechen oder ans Telefon zu bekommen. Daher fiel es ihnen schwer, über meinen Fall zu entscheiden. Tonios Tür war verschlossen geblieben, und nur die Stimme meiner Schwägerin hatte geantwortet, ihr Bruder schlafe, und man werde einen Freund schicken, der nach der Kranken sehen solle. Die Polizei musste sich an die Hausmeisterin wenden, und diese hatte sich ins Krankenhaus begeben und mich identifiziert, während ich schlief …

Ich ging auf mein Zimmer und fand dort eine vollständig bekleidete, schlafende Frau vor.

Tonio würde um vier Uhr mit dem Zug nach Toulouse fahren. Zum erstenmal hatte ich mich nicht darum gekümmert, seine Koffer zu packen. Diese Sorge ließ mich keinen Schlaf finden, und ich stand wieder auf, um dieser kleinen Pflicht nachzukommen, die ich noch nie vernachlässigt hatte.

17

Erdbeben

Wir frühstückten zu dritt, zusammen mit meiner Schwägerin, die vor Glück strahlte. Wie ich die Nacht verbracht hatte, war kein Thema. Mein Mann setzte sich ans Klavier. Seit dem gestrigen Tag hatte er mich nicht einmal angesprochen. Ich sah furchtbar aus und wagte nicht, mich von meinem Stuhl wegzurühren. Er winkte mir, zum Klavier zu kommen und mich neben ihm auf die Bank zu setzen. Er wollte sich entschuldigen, weil er in der vergangenen Nacht nicht ins Krankenhaus gekommen war.

»Ich habe Gaston beauftragt, dich hierher zurückzubringen«, erklärte er. »Selbst zu gehen, wäre mir zu schmerzlich gewesen. Er hat zwei Stunden gebraucht, um dich zu finden. Da er kein von mir unterzeichnetes Papier dabei hatte, wollte man nicht erlauben, dass er dich mitnahm. Aber ich habe in heller Angst gewartet, erschöpft von dieser Szene, und mir das Schlimmste ausgemalt. Dann hat man mir Tabletten gegeben, und ich bin eingeschlafen.«

Er fuhr fort, mit einer Hand zu klimpern, während er mit der anderen über mein Haar strich, das jämmerlich vor meinem Gesicht herabhing.

»Du bist nicht brav, kleines Mädchen«, summte er im Takt seiner Noten.

»Vielleicht bist du ja auch ziemlich unartig!«

»Glaubst du?«

»Wenn es dir gut geht, bin ich niemals krank.«

»Kann schon sein«, gab er melancholisch zurück.

Und er hörte auf zu spielen.

»Um vier Uhr fahre ich nach Toulouse.«

»Dann reden wir im Zug miteinander.«

Ich küsste ihn, rannte auf mein Zimmer und schloss mich ein.

»Einsteigen, alles einsteigen …« Menschen drückten sich eilig die Hand. Schnell stieg Tonio in den Zug, vor mir … Meine Schwägerin fasste mich an den Schultern. »Ich werde ihn begleiten«, verkündete sie mir.

Der Zug ruckte an. Er streckte Didi die Hand entgegen, um ihr beim Einsteigen behilflich zu sein …

Am selben Abend, gegen Mitternacht, rief er mich an. Eine Stunde lang sprach er mit mir und flehte mich an, den ersten Zug zu nehmen, um zu ihm zu kommen. Seine Abreise nach Timbuktu habe sich um ein oder zwei Tage verschoben. Aber ich besaß keine Kraft und keinen Mut mehr dazu.

In Marseille sahen wir uns wieder. Allein bei dem Gedanken an dieses Zusammentreffen zitterte ich vor Nervosität und wusste nicht, ob aus Angst oder Liebe. Ich war von guten Freunden umgeben. Von Tonio hatte ich keine weitere Nachricht erhalten bis auf die, in der er mir lakonisch seine Rückkehr mitteilte.

Von Tonios Ausstieg aus dem Flugzeug bis zum Abendessen verlief alles einfach, wenn sich dadurch auch das Gespräch auf später verschob und die wirkliche Begegnung hinausgezögert wurde.

Im Hotel blieb er unbeweglich vor seinen beiden geschlossenen Koffern stehen und blickte starr auf den

Boden. Ich begann den Riemen eines der Koffer zu lösen. Da schreckte er hoch wie jemand, den man abrupt geweckt hat.

»Was suchst du da?«

»Einen Pyjama für dich. In welchem Koffer ist er?«

Beide wühlten wir in seinem Gepäck – besser gesagt, in diesem kunterbunten Durcheinander –, bis wir schließlich eine Schlafjacke und eine Hose fanden.

»Ich weiß, ich weiß, du wirst mich tadeln, weil ich die schmutzige und die saubere Wäsche durcheinander werfe ... Aber es ist spät. Lass uns schlafen gehen.«

Er musste sich zusammennehmen.

In Marseille werden die Hotels nicht geheizt. Man geht prinzipiell davon aus, dass im Süden die Sonne regiert. Kein Marseiller würde zugeben, dass er friert; selbst an jenen grauen Tagen nicht, wenn der eisige Mistral weht. Er verleiht den Bewohnern dieser Stadt diese tiefe, ständig heisere Stimme, die von den Gerüchen des Hafens, dem Wind und der salzigen Meeresluft herrührt.

Durch das Fenster betrachtete ich die Kais, die ständig vor Geschäftigkeit brodelten. Je dunkler die Nacht wurde, desto eifriger betätigten sich die Mädchenhändler.

Ich war unfähig zu denken. So sehr hatte ich auf die Rückkehr meines Mannes gewartet, und nun stand er vor mir, kalt wie eine Marmorstatue und fern wie die Gestirne. Ich spürte keinen Schmerz mehr. Ich musste einmal mehr auf seine Rückkehr warten, sagte ich mir, und öffnete mit großer Mühe den Mund.

»Bist du müde?«, fragte ich ihn.

»Ja, ja. Ich bin sehr müde. Legen wir uns hin.«

Ich senkte den Kopf und beugte mich über seine unordentlichen Koffer, um zu versuchen, darin ein wenig Ordnung zu schaffen. Aber kaum hatte ich ein Paar

Socken und einige schmutzige Taschentücher ergriffen, da riss er sie mir brüsk aus den Händen.

»Rühr meine Sachen nicht an«, schrie er. »Ich bitte dich, sie nicht anzufassen. Ich bin erwachsen und habe das Recht, meine Hemden selbst aufzuräumen!«

Seit jeher hatte ich seine Koffer sorgfältig ein- und wieder ausgepackt. Ich allein kannte das System, nach dem seine Kleidungsstücke geordnet werden mussten. Er hatte seine Haltung so plötzlich geändert, dass es mir kalt über den Rücken lief. Ich glaubte, er sei krank oder schlecht gelaunt. Vielleicht hatte er Geldsorgen. Halb angezogen glitt ich ins Bett. Mein Herz war kälter als seine Arme und die vom Mistral eisigen Decken. Er riegelte die Fenster hermetisch zu, löschte die Lichter und setzte sich vorsichtig auf die Bettkante. Also verspürte auch er die Furcht, die mich bereits ganz und gar erfüllte.

Unsere Rückfahrt mit dem Zug verlief ebenfalls schweigend: Zwischen uns herrschte die gleiche Zurückhaltung wie zwischen Fremden, die zwangsweise in dieselbe Richtung fahren. Zu Hause verlief der Abend ebenso wie der vorige. Tonio schlief ein; doch mich ließ meine weibliche Nervosität nicht zur Ruhe kommen. Auf leisen Sohlen begann ich durch unsere riesige Wohnung zu wandern. Ich begab mich in das abgelegenste Zimmer, von wo er die Geräusche, die ich in meiner Sorge und Schlaflosigkeit verursachte, am wenigsten würde hören können. Noch nie hatte ich bei ihm diese Entfremdung, dieses Schweigen, dieses Fehlen von Worten mir gegenüber erlebt. Aus einem mit Büchern voll gestopften Wandschrank ragte einer seiner Koffer hervor. Was hatte dieser fest verschlossene Koffer hier zu suchen? Augenblicklich attackierte ich ihn wie einen Feind. Ich öffnete ihn und durchwühlte ihn hektisch. Die schmutzige Wäsche lag noch darin, die er mir am Vortag entrissen hatte, und dazwischen entdeckte ich ungefähr hundert parfümierte Briefe. Der Duft des Papiers genügte, um mir das Verhalten meines Mannes zu erklären. Ich öffnete den ersten Brief. Ja, das war seine Handschrift. »Liebste, Liebste«, las ich. Doch dieser Brief war nicht an mich gerichtet. Wer war also diese glückliche »Liebste«? Ich konnte nichts mehr erkennen. Meine Tränen hinderten mich daran zu begreifen. In meiner Verwirrung entzifferte ich eine einzige Zeile: Darin hieß es ungefähr, er könne seine Frau nicht daran hindern, nach London zu kommen. Sie sei eingeladen, und dies wäre eine unnötige Grausamkeit. Wenn jedoch morgen – so schrieb er weiter – meine Rivalin ihn bitte, an ihrer Seite sieben Jahre auf See zu verbringen, so würde er gehen, ohne mir auch nur Adieu zu sagen.

Ich konnte nicht mehr. Die anderen Briefe stammten von der besagten Liebsten.

Was tun? Ich verfügte über keinerlei Erfahrung mit solchen Situationen. Irgendwo musste ich beginnen. Ich weckte Tonio auf und zeigte ihm seine Briefe.

»Aha! Hast du etwa in meinen Sachen gekramt?«

Angesichts meiner Tränen verflog seine Verstimmung.

»Weißt du, es ist besser so.«

Schüchtern senkte er den Kopf wie ein kleiner Junge, der vor seiner Mutter steht.

»Was wirst du tun?«, fragte er mich.

»Ich? Nichts. In mir ist etwas zerbrochen, das nicht einmal du je wieder zusammenfügen kannst.«

Ich presste die Hand auf mein Herz, das zu schnell schlug. Ich kam mir vor wie eine Idiotin, wie in einer dieser Komödien, wenn der Ehebrecher entdeckt wird. Ich spottete über mich selbst.

»Und du? Was willst du unternehmen? Ich habe dir

nichts vorzuwerfen. Du liebst mich nicht mehr, und das ist dein gutes Recht. Wir waren uns doch einig; ich selbst habe damals vorgeschlagen: ›Wenn einer von uns einmal aufhört, den anderen zu lieben, dann müssen wir einander das sagen, es gestehen.‹ Die Liebe ist ein zerbrechliches Ding; manchmal verirrt man sich in ihrer Unendlichkeit … Jetzt bin ich es, die verloren ist, aber du bist glücklich mit der anderen, und ich wünsche euch beiden nichts Böses. Geh so schnell wie möglich mit ihr fort, und für immer. Sieh mich nie wieder, ziehe in ein neues Land. Die Reise wird uns vergessen lassen.«

Ich wusste, wer sein neues Land war, und ich gestand es ihm. Ohne Luft zu holen, sprach ich weiter:

»Wenn deine Leidenschaft, wenn deine Liebe zu ihr aufrichtig sind, darfst du sie nicht verlassen. Ich verspreche dir, dass ich nicht sterben werde; ich werde versuchen zu leben und mich daran erinnern, dass ich dir erlaubt habe, deine wahre Liebe zu finden. Und so wirst du für sieben Jahre auf See gehen, sogar für siebentausend Jahre, ohne mir Adieu zu sagen.«

Er war blass und ernst.

»Ich bewundere dich«, gab er zurück und zog mich langsam an sich. »Es tut mir Leid, dass du diesen Brief gefunden hast. Ich hätte dir alles früher sagen müssen. Ich hatte Angst, dir wehzutun, große Angst. Ich liebe dich aus tiefstem Herzen, ich liebe dich wie meine Schwester, wie meine Tochter, wie mein Vaterland, aber ich kann mich nicht von dieser Frau fern halten. Ich halte keinen Tag aus, ohne sie zu sehen, ohne ihre Stimme zu hören. Wie eine Droge wirkt sie auf mich. Sie zerstört mich, sie bereitet mir Schmerzen, sie bringt uns auseinander, aber ich kann sie nicht verlassen.«

Ich legte mich nieder, weil meine Beine zitterten. Das tat weh, schrecklich weh. Wir weinten beide, wir schluchzten heftig wie Kinder, die sich an derselben Flamme verbrennen, ohne die Hoffnung auf ein Wunder, das sie retten könnte.

Im Morgengrauen war ich diejenige, die wieder zu sprechen begann.

»Ich werde deine Freundin bleiben. Ich werde zu meiner Mutter zurückgehen. Wie damals als kleines Mädchen, wenn ich mir die Knie aufgeschlagen hatte, werde ich mich von meinen Rosenstöcken trösten lassen, meinen Palmen, meinen großen Vulkanen von San Salvador. Vielleicht kommst du mich ja eines Tages besuchen, wenn du alt bist ...«

Er zog ins Hotel, denn wir konnten einander nicht gegenübertreten, ohne zu weinen, ohne einander in die Arme zu sinken und so unseren ganzen Tag mit diesem unnützen Schluchzen zu vergeuden. Dennoch wirkte er glücklich. Ich dagegen lag zu Bett. Meine treue Freundin Suzanne pflegte mich, und ich erkundigte mich nach dem nächsten Schiff, das mich nach San Salvador bringen konnte.

Mein Mann begann mir zärtliche und immer verliebtere Briefe zu schicken, und bald flehte er mich auf Knien an, ich solle nicht gehen. Er bat mich, sechs Monate zu warten, »sechs lächerliche, kurze Monate«, wie er schrieb ...

Und er schwor mir, danach werde er mich nach China mitnehmen, wo wir glücklich sein würden, nur wir beiden. Ich glaubte an China, an unser chinesisches Glück, und ich wartete, immer noch krank und tief in mein Bett vergraben.

Eines Tages war er mitsamt seinem Gepäck zurück. Er war des Lebens im Hotel überdrüssig. Wie ein Junge, wie ein Student, der eine kurze Weile in einer übel beleumdeten Umgebung verbracht hat, stand er vor seinen beiden Koffern, die er selbst am Fußende meines Betts abgesetzt hatte, und rief: »Da bin ich!«

Er hielt die Arme fest an den Körper gepresst.

»Ich bin wieder da. Ich kann nirgendwo anders leben als in unserer Wohnung. Ich kann nicht ohne dich leben. Ich bin krank, ich brauche dich. Nimm mich wieder auf, sonst sterbe ich. Ich kann nicht mehr im Restaurant essen, alles tut mir weh, ich trinke zu viel Alkohol, und ich kann keine einzige Zeile mehr schreiben. Wer soll uns ernähren, wenn ich nicht arbeite?«

Boris, der mich allein wähnte, trat ohne zu klopfen ein. Er brachte meine Post. Als er Tonio sah, strahlte er vor Freude. Er warf mir einen kurzen Blick zu und nahm die Koffer, als hebe er Diamanten von der Straße auf … Alle drei lächelten wir. Boris verschwand mit den Koffern, räumte ihren Inhalt in die Schränke und gab Anweisungen, die Etage von *Monsieur le comte* mit Blumen zu schmücken und wohnlich herzurichten … Endlich hatte er seinen Herrn zurück. Selbst der Hund tanzte umher und begoss vor lauter Freude den Teppich … Mein Mann wollte nicht, dass ich das Tier bestrafte, denn, so sagte er, das sei ihm zu Ehren geschehen!

Aber leider nahm alles wieder seinen gewohnten Verlauf … Jeden Abend wartete ich nun erneut auf die Rückkehr meines Gatten. Eines Tages hielt mein Hund bis sieben Uhr früh an der Tür Ausschau nach ihm. Dabei holte er sich eine Lungenentzündung – dieser Pekinese war äußerst anfällig – und starb innerhalb von vierundzwanzig Stunden! Jetzt hatte ich nicht einmal meinen Hund mehr zum Gefährten …

Der sechste Monat der Frist, die ich Tonio gewährt hatte, neigte sich dem Ende zu. Ich packte meine Koffer und brachte die Wohnung in Ordnung. Und wie ein Soldat, der eine Niederlage erlitten hat, aber Stolz empfindet, weil er alles unternommen hat, um sein Land zu retten, trat ich die Flucht an.

Als mein Mann meine Vorbereitungen sah, begriff er. Ich hatte eine ganze Reihe Kleider für meine Schwestern und mich gekauft. Also reiste ich ab. Ich trat auf die Terrasse. Die Lichter der Weltausstellung übergossen die Kuppel des Invalidendoms mit einem goldenen Schein.

»Tonio, ich gehe.«

»Ja«, gab er zurück. »Wann?«

»Es macht mich traurig, aber ich muss dich verlassen. Ein schweres Erdbeben hat unser Leben erschüttert, und ich kann dem Himmel nur danken, dass ich mit heiler Haut davongekommen bin. Ich werde an einem anderen Ort von vorn anfangen ...«

»Ja, Consuelo, manchmal ist es notwendig, so zu handeln. Auch ich gehe nach Amerika. Ich werde einen neuen Flug unternehmen. Vielleicht komme ich niemals wieder, denn ich habe keine Lust zurückzukehren. Ich liebe nicht, ich liebe nicht mehr ...«

Ohne Diskussionen oder ein weiteres Wort fuhr ich nach Le Havre und nahm das Schiff nach Guatemala. Es lief Puerto Barrios an, den einzigen Atlantikhafen, den Mittelamerika besitzt.

Das Meer war grau, das Meer von Le Havre im Winter. Ich jedoch fand dieses Schauspiel herrlich. Grau die Möwen, grau die Flaggen der Schiffe, grau die großen Frachter, und ebenfalls grau die Menschen, die sich ringsum bewegten. Mein Mantel war grau, ein Mantel aus russischem Eichhörnchenfell ... Und grau der Moment, in dem ich die Gangway betrat ...

Auch der Horizont, auf den mein Schiff zuhielt, war grau. Doch meine Gedanken, mein Herz waren von Sonnenschein erfüllt, mit jenem heiligen Licht der Ergebung in das Unvermeidliche. Ich war neu geboren, wie wohl nur die Christen in einem anderen Leben auferstehen, nachdem sie diese unglückliche Welt verlassen haben … Vielleicht verdiente ich ja diese Freunde nicht, diesen Trost. Doch ich hatte so viel geweint, dass ich mir diese Gefühle wie ein Geschenk gewährte. Ich bat den Himmel, ich möge der Erleichterung würdig sein, die ich spürte, als ich den Grabstein meiner gescheiterten Ehe aufrichtete. Von jetzt an, so gelobte ich mir, würde ich glücklich sein und nie wieder zurückblicken. Nicht in El Salvador, diesem Land, das sich in ständiger Bewegung befindet, sondern in Paris hatte ich das größte Erdbeben erlebt. Jetzt würde ich die Früchte der Tropen ernten, Schmetterlinge zähmen und mit den Flüssen singen. Für immer, bis zum Ende …

An meinem ersten Abend auf dem Schiff wollte ich hübsch sein. Ich weigerte mich, die Luft der Vergangenheit zu atmen; alles wirkte frisch, wie eine neue Liebe. Die Zimmermädchen halfen mir, meine Koffer auszupacken. Zärtlich strich ich über mein schönes Abendkleid. Ich würde es an diesem ersten Abend tragen, an dem ich mir das Recht gab, wieder in die Welt der Frauen einzutreten.

Bänder, Satinschuhe, glitzernder Schmuck, Federn im Haar, einen Spitzenschal über den Locken … ich hatte für alles gesorgt. Sorgfältig kleidete ich mich an, ich umarmte mein neues Schicksal. Ich war froh und glücklich, glücklich … Der Gong, der zum Diner rief, hallte durch den Gang vor den Kabinen. Noch etwas Parfüm auf die Haare! Ich parfümierte auch das Zimmermädchen, das mir geholfen hatte, mich anzuziehen. In ihren Augen entdeckte ich ein gewisses spöttisches Funkeln …

Ich ging ruhig, mit dem Vergnügen und dem Selbstvertrauen, welches die Gewissheit verleiht, gut angezogen zu sein. Von meinem Herzen bis zu meinen Spitzen glitzerte alles an mir. Mit Tanzschritten durchquerte ich die Salons und dann die Bars, doch ich traf dort nur auf die Mannschaft.

Ein Offizier trat auf mich zu.

»Sie suchen die anderen Passagiere?«

»Vielleicht bin ich ja zu früh dran? Der Gong hat erst einmal zum Diner geläutet.«

»Nein«, antwortete mir der Mann mit dem gleichen freundlichen Spott, den ich im Blick meines Zimmermädchens gelesen hatte. »Sie sind unser einziger Passagier.«

Ein Revolverschuss hätte mir keinen größeren Schock versetzen können. Ich fing an zu lachen. Dieser Scherz schien mir zu unglaublich, um wahr zu sein. Indem er ziemlich vertraulich meinen Arm berührte, fuhr der Mann fort.

»Erlauben Sie mir, Madame, Ihnen den Schiffsarzt vorzustellen, den Kapitän, den zweiten Offizier ...«

Alle waren sie in Reih und Glied angetreten und begrüßten mich freundlich.

Dann ergriff der Kapitän das Wort.

»Sie sind unser einziger Passagier und die letzte Frau, die jemals auf diesem Schiff reisen wird. Wir treten heute unsere letzte Reise als Kreuzfahrtsschiff an. Seit zwanzig Jahren bin ich hier der Kapitän. Wir haben einen Streik geführt, der übel ausgegangen ist, und das Schiff ist bestraft worden: Man wird es in einen Frachter verwandeln. Man hat uns auf die letzte Überfahrt geschickt, und da wir die Erlaubnis erhalten haben, Passagiere zu befördern, haben Sie durch einen großen Zufall Ihre Passage gebucht. Sie haben also den Befehl über dieses Schiff. Es gehört Ihnen. Wir sind Ihre Mannschaft. Wenn

Sie Anordnung erteilen, den Kurs zu ändern, werde ich Ihnen gehorchen. Wie lautet Ihr erster Befehl?«

»Ich möchte etwas Kühles trinken, mit Ihnen allen auf unsere Reise anstoßen. Das Essen kann warten.«

»Das Diner wird warten«, bestätigte der Kapitän.

»Weitergeben«, befahl der Offizier seinem Stellvertreter.

»Befehl weitergeben«, wiederholte jemand anderer, und man verteilte Champagnergläser an »meine« gesamte Mannschaft ... Ich wusste nicht, ob ich lachen oder weinen sollte. Nach einigen Gläsern verriet der zweite Offizier mit ein Geheimnis.

»Um die Wahrheit zu sagen, wir haben noch einen anderen Passagier, in der dritten Klasse. So eine Art Piraten. Der Mann liegt im Sterben und will nicht über Nicaragua fahren. Er hegt eine ziemlich merkwürdige fixe Idee. Bevor wir in Nicaragua anlegen, sollen wir ihn ins Meer werfen ... Dieses Land ist sein Albtraum. Aber keine Sorge, Sie werden ja schon in Puerto Barrios von Bord gehen!«

Am nächsten Tag verlegten wir den Speisesaal in die Nähe des Schwimmbads, und die Männer bauten einen Wintergarten für mich. Meine Kabine lag neben der des Kapitäns. Dieser war ein alter Seewolf mit wunderschönen Falten, einem Lachen, das lebenslang den Wogen und den Sternen getrotzt hatte, und von märchenhafter Güte.

Ich glaubte zu träumen. Das alles war zu schön. Bald sichteten wir eine Insel, die in allen Farben leuchtete. Ich bat den Kapitän, Kurs darauf zu setzen, was dieser auch tat. Es handelte sich um die Insel, auf der die Zugvögel sich auf ihren Wanderungen ein Stelldichein geben. Ich hätte mich nicht gewundert, wenn der Kapitän mir vorgeschlagen hätte, den Rest meines Lebens dort zu verbringen, wenn er vor dieser Insel den Anker seines Schiffs und den seines Herzens geworfen hätte …

Aber wir setzten pflichtgemäß unsere Fahrt nach Guatemala fort. Ich spürte jedoch, dass die Mannschaft umso nervöser und ängstlicher wurde, je weiter wir uns Puerto Barrios näherten …

Der Kapitän und ich hatten uns eine kleine abendliche »Gewohnheit« zugelegt. Wir entfernten uns vom Rest der Besatzung und erzählten uns zum x-ten Male unsere Kindheit. Von unserem Leben als Erwachsene mochten weder er noch ich sprechen. Wir waren erwachsene Menschen, die die Realität vergaßen, vor allem deren Hässlichkeit. Wir sprachen wie Freunde miteinander. Er erzählte mir die Neuigkeiten aus dem Rest der Welt, die über Funk eintrafen. Ich bemerkte, dass er mich umso zärtlicher umsorgte, je näher wir Curaçao kamen. Aber in seinen alten, sonnengegerbten Händen mischte sich eher Mitleid mit Liebe, wenn er mich zur Treppe zurückführte …

Auf Curaçao beschloss ich, ganz allein einen kleinen Ausflug zu unternehmen, um über meine neue Existenz nachzudenken. Alles erschien mir einfach wundervoll: der Anblick der Bäume, eines neuen Himmels, der Menschen … Ganz in Weiß gekleidet stürzte ich mich auf Sportschuhen in die geteerten Straßen von Curaçao. Aber bald hatte meine Mannschaft mich eingeholt. Ich drehte mich um.

»Ich will allein sein«, schrie ich. »Ich möchte ganz für mich ein paar Einkäufe machen. Wir sehen uns heute Abend an Bord.«

Die Männer entfernten sich, aber nicht weiter als zehn Meter. Mir wurde klar, dass sie mir folgten. Ich hatte richtig Mühe, sie abzuhängen. Manchmal waren sie zu siebt, dann wieder zu zehnt, und alle liefen hinter mir her und taten, als kauften sie Obst, sprachen mit den Eingeborenen, schenkten den Kindern Muschelschalen oder schmückten sich mit Ketten aus Muscheln und Blumen. Unter diesen Palmen fühlte man sich wie in ein kleines Kind verwandelt. Die Insel gehörte der Königin Wilhelmine, und diese niederländische Kolonie strahlte etwas von Holland und frischen Tulpen aus.

In einer Bank wechselte ich ein wenig Geld. Der erste Offizier rannte zur Tür, hielt sie mir jedoch nicht auf, sondern stürzte an mir vorbei nach drinnen. Ich hielt ihn für verrückt. Ich wechselte ein paar Francs in die Landeswährung und kehrte schließlich aufs Schiff zurück. Beim Kapitän beschwerte ich mich über diese ziemlich auffällige Bewachung. Der Alte lachte und weinte zugleich.

»Sie sind jung und hübsch«, setzte er mir auseinander. »Die Menschen auf dieser Insel hätten Sie entführen und aus Ihnen ein Kind Curaçaos machen können ... Wir können unseren Passagier doch nicht auf der Insel zurücklassen ...«

Ich glaubte dem alten, tapferen Kapitän. Ach, Kapitän, wenn du noch lebst, dann danke ich dir für dein Lachen und deine Tränen ...

Aber Puerto Barrios rückte mit jedem Tag unerbittlich näher. Als ich den Offizier fragte, wie viele Meilen wir an diesem Tag zurückgelegt hatten, antwortete er mir traurig: »Ich wollte, ich käme niemals in Puerto Barrios an!«

Für lange Zeit furchte sich seine Stirn, und ich stellte ihm keine Fragen mehr. Die makellos in Schneeweiß und Gold gekleidete Mannschaft erklärte mir die Geheimnisse des karibischen Meeres. Denn wir hatten uns nichts mehr zu sagen. Jeder von uns näherte sich seinem letzten Hafen ...

Die alten Seemänner würden nie wieder ausfahren.

Bald würde ihr Traum vom zivilen Leben beginnen. Sie fürchteten sich davor. Die Kinder in der Wohnung, ständig die treue – oder auch untreue – Ehefrau im Kielwasser …

Wie sollten sie dieses Leben ertragen, nachdem sie es sich so viele Jahre lang vorgestellt, auf diese wundersame Ruhe und dieses Familienglück gewartet hatten, dieses Paradies, in dem nie wieder jemand ankommen noch abreisen würde? Und doch war dies wahrhaftig das Ende.

Der verschleierte, verhangene Himmel über der Karibik veränderte die Seeleute. Er wies hier eine andere Farbe auf als über dem offenen Meer. Man bemerkt das nicht gleich, allein der Körper fühlt sich erleuchtet, größer und wie verwandelt durch ein neues Licht. Man gleitet durch diese neuartige Beleuchtung, als trete man in eine völlig andere Umgebung ein. Dies nennt man den Zauber der Karibik. Die Menschen wandeln sich: die Brutalen werden sanft, die Schwachen stark, und man atmet, als sei man in eine neue Liebe hineingeboren, in eine neue Umarmung.

Man erlebt sogar, dass die Eingeborenen angesichts dieses Lichts zu singen beginnen, als dankten sie für eine Gnade … Wenn ich in Paris einschlief, hatte ich davon geträumt, meine Sonne wiederzusehen, dieses Licht, meine Vulkane, die wie Kanonen dröhnten, den ewigen Sommer. Lange hatte ich mir vorgestellt, mich wieder in dieser Atmosphäre zu finden, die meine Wiege war, mein Blut.

Langsam streckte ich mich auf dem Deck aus und sprach zu meinem alten Kapitän vom Schicksal der Sterne, die uns so zerbrechlich erscheinen, weil unsere Augen ihr Geheimnis nicht zu ergründen vermögen. Sie waren wie gewaltige Bienen, und um ihren Honig zu kosten, gab es kein besseres Rezept, als sich auf der Brücke neben diesen alten Seewolf zu legen und aus vollen Lungen das karibische Meer zu atmen, das in seinen schwarzen Wassern die unbewegten Gestirne spiegelte.

Die Tage waren kurz. Wir machten Fotos und spürten, dass wir bald diese warmen Gewässer verlassen würden. In Kürze würden wir für immer auseinander gehen, und wir wollten die Spur dieses Augenblicks bewahren, in dem unsere Blicke sich mit solcher Intensität und Reinheit trafen wie Sterne, die mit dem Wasser des Meeres verschmelzen.

»Sie werden mich vergessen«, meinte der Kapitän, »so wie es alle meine Passagiere getan haben. Und das ist auch richtig so. Ich habe alle diese Frauen geliebt, die für die Dauer einer Überfahrt an meiner Seite verweilt haben. Sie haben sich auf demselben Liegestuhl ausgestreckt, erfüllt vom Drama ihres Lebens, erfüllt von ihrer Angst vor dem Tod. Schön waren sie alle, alle vergänglich wie die Überfahrten meines Schiffes, wie die Existenz der Blumen und der Schmetterlinge, die nur einen Tag leben, wie das Glas Champagner, das Sie in der Hand halten. Bald wird es leer sein, aber es wird in dem tieferen Leuchten Ihrer Augen überleben. Und die Erinnerung wird für ewig in diesem Haupt stecken« – er berührte seinen Kopf –, »in diesem Haupt, das selbst als Skelett das Gefühl dieser vergänglichen Überfahrten bewahren wird, dieser flüchtigen Leben, des perlenden Champagners, des Glanzes Ihrer Augen. Alles das sind Lichter, das ist dasselbe Licht, das zählt, das ist das Licht, das schöpferisch wirkt, das Licht allein, das helle Licht.«

Mein Körper fühlte sich schwer an. Bald würde ich mich in Puerto Barrios wiederfinden, unter den Palmen und bei meiner Familie, um das Land meiner Geburt von neuem zu erobern. Ich fürchtete mich nicht, doch ich wäre gern auf dem Deck eingeschlafen und sanft bei Gott erwacht, der alles vermag. Trotz allem zitterte ich vor Angst. Da erscholl Glockengeläut, und die Sirene im Laderaum stieß ein Jaulen aus, als wolle jemand den Traum stören, den wir Menschen, wir vergänglichen Wesen, gewoben hatten. Ein weiteres Sirenenheulen, lautes Stimmengewirr, Schritte.

»Mein Kapitän, darf ich zu Ihnen an Deck kommen?«, fragte der Erste Offizier.

Ich hätte ihn am liebsten angefleht, heute Abend niemanden zu uns zu lassen, doch der Alte war schon hochgefahren wie ein Tier, das aus dem Schlaf gerissen wird. Zwischen den Fingern zerdrückte er sein Kristallglas. Langsam schloss er die Faust, bis er das Glas vollständig zermalmt hatte.

»Ja, kommen Sie!«, rief er dann.

Er hatte sich verletzt; Glassplitter lagen auf dem Boden. Mühsam trat er an meinen Diwan und drückte mir zum ersten Mal leidenschaftlich die Hand, wobei er meine Kleidung mit Blut bespritzte. Darauf streichelte er mit der anderen Hand meine Stirn. Das dauerte einen Augenblick, dann stand er vor seinem Untergebenen, der schweigend in Habtachtstellung wartete.

»Sprechen Sie.«

»Wir haben einen Besucher. Er befindet sich zwei Meilen entfernt vom Schiff und verlangt, dass wir ihn an Bord holen …«

»Wer ist der Mann?«

»Der Direktor der Transatlantik-Gesellschaft. Er bringt eine dringende Nachricht für die Gräfin Saint-Exupéry.«

»Dann lassen Sie ihn schnell an Bord holen. Stoppen Sie die Maschinen und werfen Sie in fünf Minuten Anker.«

Eine Nachricht für mich. Vom wem mochte sie stammen, wenn nicht von dem Mann, den ich zusammen mit meiner Vergangenheit begraben wollte, durch den ich in Paris geboren worden und gestorben war? Ich verstand, warum mein alter Kapitän sich mir gegenüber so zärtlich und beschützend verhielt.

Ich fühlte, dass ich in Gefahr schwebte, aber worin bestand diese?

Das ganze Schiff erwachte und arbeitete für diesen Mann, der in seinem Boot auf dem Weg zu uns war.

Eine neue Flasche Champagner erfrischte uns und stillte während der Wartezeit unseren Durst. Vor uns überhauchten die kleinen Lichter der Schiffe, die sich gegenseitig zu jagen schienen, die Landschaft, welche sich vor dem ruhigen Horizont der karibischen See erstreckte, mit einem heiteren Schein.

Wie um mich zu unterhalten versuchte ich, die tausend kleinen Glassplitter zu entfernen, die sich in die Hand des Kapitäns gebohrt hatten, diese Hand, die so freundlich zu mir gewesen war. Als ich alle herausgezogen hatte, richtete der Alte sich zu seiner vollen Größe auf, und wir kehrten in seine Kabine zurück. Er machte Licht, legte mir ein schönes Majors-Cape um die Schultern, um die Blutspuren zu verbergen, die mein weißes Kleid befleckten, und rief den Funker an. Per Telefon befahl er, ihm eine bestimmte Akte zu bringen. Der Funker trat ein. Er trug ein Kupfertablett, das so strahlend poliert war, dass es aus Gold zu bestehen schien. Darauf lag ungefähr ein Dutzend Telegramme.

»Alle für Sie. Sie sind während der Überfahrt eingetroffen, aber ich habe sie Ihnen nicht gegeben, weil sie Sie zum Weinen gebracht hätten. Ich wollte Ihnen die Tränen ersparen.«

Zitternd nahm ich das erste zur Hand.

FLUGZEUG IN GUATEMALA ABGESTÜRZT. SAINT-EXUPÉRY IN LEBENSGEFAHR. MUSS RECHTEN ARM AMPUTIEREN. IHRE MUTTER WACHT BEI DEM KRANKEN. ERWARTEN SIE. IHR ERGEBENER – ARZT, HOSPITAL GUATEMALA.

Dann las ich das nächste.

DEIN MANN SCHWER VERLETZT. 32 KNOCHENBRÜCHE, DAVON 11 LEBENSGEFÄHRLICH. HABE AMPUTATION VERHINDERT BIS ZU DEINEM EINTREFFEN. NIMM FLUGZEUG NACH PANAMA, UM SO SCHNELL WIE MÖGLICH ZU UNS ZU STOSSEN. DRÜCKEN DICH AN UNSER HERZ. DEINE MUTTER UND DEINE SCHWESTERN.

18

Zu Hause

Die anderen Telegramme stammten von Freunden und von Sensationsblättern, die aus dem Unglück anderer hohe Auflagen schinden.

»Sie haben mir nie von Ihrem Mann erzählt«, sagte der Kapitän zu mir, »Ihrem großen, Ihrem berühmten Mann. Und nun schwebt er in Lebensgefahr und wartet in Guatemala auf Sie, genau dort, wo Sie das Schiff verlassen wollen. Geben Sie zu, dass das Leben merkwürdige Wege geht!«

Ich konnte nicht mehr weinen. Ich wusste gar nichts mehr. Mit schwerem Herzen fuhr ich fort, die Sterne zu betrachten.

Plötzlich kam das Schiff zum Halten. Man hörte das Knirschen der Riemen, das Klirren der Ketten und das Knarren der Treppen. Alle Vorbereitungen wurden getroffen, um den Direktor der Transatlantik-Gesellschaft für Mittelamerika an Bord zu nehmen.

Ich hatte mich hingelegt, während der Kapitän mit großen Schritten in seiner Kabine auf- und abging. Das erste Tageslicht begann unser Drama zu bescheinen.

»Mein Name ist Luis«, rief ein zwei Meter großer Mann mit sanftem, tropischem Akzent. »Ich komme Sie abholen, um Sie so rasch wie möglich zu Ihrem Gatten zu bringen. Der Präsident von Guatemala und ich möchten Ihnen, mit Unterstützung der Einrichtungen der

Transatlantik-Gesellschaft, diese Reise schenken, damit Sie Ihren kranken Ehemann wiedersehen.«

Der Mann war blass und trotz seiner weißen Haare noch jung, und sein Lächeln war von der Art, an der man inmitten der leidenden Menschheit einen Freund erkennt. Als ich aufzustehen versuchte, um ihm zu danken, sank ich in seine Arme. Doch das Hüsteln des Kommandanten erinnerte mich daran, dass ich so etwas vorzustellen hatte wie einen tapferen kleinen Soldaten auf dem Schlachtfeld, der die Schläge des Feindes mit Würde hinzunehmen hat!

»Vielen Dank, Monsieur. Die Liebenswürdigkeit Ihrer Gesellschaft rührt mich zutiefst«, antwortete ich ihm daher. »Ich bin froh über Ihre Hilfe. Wann brechen wir auf?«

»Das Schnellboot wartet auf uns. In einer Stunde können wir im Hafen sein.«

Der Kommandant hatte all seine Rufknöpfe gedrückt, und das gesamte Personal trat auf leisen Sohlen vor die Kabine.

»Einer unserer Direktoren von der Transatlantik-Gesellschaft befindet sich an Bord. Er soll uns doch die Freude machen, unser Schiff zu besichtigen. Ich vertraue Ihnen unseren Gast an, meine Herrschaften«, erklärte der Kapitän barsch.

Die Besatzung kümmerte sich um den Besucher. Die beiden Sanitätsschwestern, die bis auf den Mann aus der dritten Klasse keine Kranken zu versorgen hatten, waren in Abendkleidern erschienen, und ein einziges Mal gaben sie die schönen Reisenden ab, die von der Mannschaft verwöhnt wurden, dieser Hand voll beschäftigungsloser Don Juans …

Ich legte mich wieder hin. Der Kapitän ging in der Kabine auf und ab, als ob nichts gewesen wäre. Von fern vernahmen wir schmachtende, berauschende Musik, Lieder, das Leben. Ich schlummerte ein, ich weiß nicht, wie lange. Als ich erwachte, sah ich die Augen meines Kapitäns, der sanft meine Hand nahm.

»Schlafen Sie, schlafen Sie. Ich wecke Sie, wenn es Zeit zum Abendessen ist. Im Flugzeug ist kein Platz. Luis wird bis Puerto Barrios unser Gast sein. Heute Abend im großen Speisesaal werden wir zum letzten Mal gemeinsam essen. In Panama bekommen wir sogar noch ein paar neue Passagiere, einige junge Damen, die zu einer Sportmannschaft gehören. Das wird ein fröhlicher Abend für unsere Gäste. Und Sie und ich werden unsere Herzen schlafen schicken, während wir warten. Der Schmerz ist ein geheimnisvolles Ding. Wollen Sie bei diesem Diner meine Tischdame sein?«

Ich vermochte diesem Mann, der meinen Schmerz so tief mitempfand und mir den seinen nicht zeigen wollte, seine Bitte nicht abzuschlagen.

Er küsste mir die Hand. Eine Krankenschwester kontrollierte den Eisbeutel, der auf meiner Stirn lag, der Arzt gab mir Spritzen, und ein Zimmermädchen legte mir ein blumenbesticktes Abendkleid zurecht, weiß wie die Hoffnung …

Es war heiß. Die Seeleute erlaubten keiner Frau außer mir, an unserem gewohnten großen Tisch Platz zu nehmen. Sie hatten mit frischen Blumen einen Thron errichtet, mit ebenfalls weißen Blüten, die sie in Panama gekauft und trotz der Sonne erfolgreich frisch gehalten hatten. Auf meinem Platz hatten sie eine kleine, ganz einfache Aufschrift angebracht: »Eine Fee.« Wie sollte ich dieses Geschenk aufnehmen? Wie hätte ich mich anders als eine Blume fühlen sollen, selbst wenn diese durch die Nacht geknickt werden würde?

Unsere Blicke leuchteten, und wir schwammen in Bewunderung für die Redner. Ah, wie wurde unser Gast an diesem Abend verwöhnt! Unser erster Offizier, der liebenswürdigste Plauderer des Pazifiks, stellte ihm Fragen, und nach und nach erzählte er uns sein ganzes Leben. Vor uns legte er seine Beichte ab, vor diesen Seeleuten, die sich alle Mühe gaben, die Bitterkeit zu mildern, mit der die weißen Blüten dieses Throns mich erfüllten. Don Luis war verrückt nach uns, betrunken von der Kunde, die er überbrachte, wie berauscht von seiner Beschützerrolle.

»Sehen Sie, mein Kommandant«, erklärte er mit der Arroganz eines Kaisers, »ich bin verheiratet. Verheiratet, verheiratet. Ich habe drei Töchter. Eines Tages wollte ich meine Frau und meine Kinder nach El Salvador holen. Ich wartete auf das Eintreffen der Passagiere, doch meine Frau befand sich nicht darunter. Und doch hatte ich am Vortag einen Funkspruch erhalten, der mir mitteilte, sie gehöre zu den Passagieren. Sie konnte sich nicht in Luft aufgelöst haben, vor allem, da sie zweihundert Kilo gewogen hatte, als ich sie in Paris zurückließ! So leicht konnte sie daher nicht entwischen. Verblüfft wartete ich einige Minuten, und da bat man mich, an die Rampe zu kommen, wo die Tiere ausgeladen wurden. Und dort nahm ich dann meine Frau in Empfang, zusammen mit … ein paar Kühen und einem Pferd! Zwei meiner Töchter halfen mir, sie in den Passagiersaal zu transportieren. In den zwei Jahren, seit ich sie nicht gesehen hatte, war sie noch dicker geworden. Sie sprach mit sehr sanfter Stimme. Im Hotel musste man eine Tür aushängen, damit man sie ins Zimmer bringen konnte. Und dort wohnt sie seither, in diesem Zimmer, wahrscheinlich für lange Zeit. Sie kann sich weder umdrehen noch sich setzen. Das ist meine Gattin, Monsieur, ach ja!«

Uns rührte dieser schmale, agile, elegante Mann, dieser Gatte eines Monstrums, das durch keine Tür passte. Jeder der Seeleute erzählte seine Geschichte, die so traurig wie möglich sein sollte. Sie versuchten mir zu beweisen, dass der Mensch manchmal schwerere Pein zu tragen hat als den Tod eines geliebten Wesens.

In Puerto Barrios angekommen, glaubte ich zu träumen. Ich befand mich in meiner Heimat, dem Land der Vulkane und der wohl bekannten, geliebten Lieder. Der Präsident der Republik hatte mir von seinem Amtssitz ein Automobil mit zwei Motorradfahrern als Eskorte geschickt, die mich auf der Fahrt begleiten sollten. So würde ich schneller vorankommen. Aber ich hielt gar nichts von diesem Höllentempo. Ich wollte aussteigen und auf einem kleinen Gehöft Kokosnussmilch trinken, dort, wo die Eingeborenen die Nüsse mit den Zähnen aufknacken und direkt aus der Schale trinken.

Ich trug also auf dem Arm eine ganz frische Nuss davon, um in dem komfortablen Wagen des Präsidenten, zwischen den Staubwolken der Straße, die Milch zu trinken. Man konnte die Fenster nicht offen lassen, weil man sonst Staub geschluckt hätte, und selbst hinter den Scheiben sah man nichts als gelblichen Rauch. Ich erstickte.

Schließlich erreichten Don Luis und ich das Militärhospital. Eine tief gebeugte alte Frau, mager und freundlich, mit weißem Haar, umarmte mich mit aller Kraft, ehe ich Zeit hatte, ihr ins Gesicht zu sehen und sie zu erkennen, und brach dann in meinen Armen in Tränen aus: meine Mutter.

Lange Zeit standen wir so. Ich war schon derart daran gewöhnt, einen Schock nach dem anderen zu erleben, dass ich glaubte, ihr Schluchzen künde mir von Tonios Tod. Aber nein … Langsam führte sie mich in ein Zimmer, in dem ein Arzt in einer Majorsuniform auf mich wartete.

»Willkommen im Hospital von Guatemala, Madame. Ihr Gatte ist in unser Krankenhaus gebracht worden. Er liegt auf Zimmer siebenundsiebzig. Kommen Sie. Die allergrößte Gefahr ist glaube ich abgewendet, ich meine die Lebensgefahr. Sehr krank ist er aber dennoch. Er hat zahlreiche Verletzungen erlitten. Wenn Sie uns die Erlaubnis erteilen, werden wir ihm noch heute Abend die Hand amputieren, vielleicht bis zum Ellbogen. Das ist unabwendbar. Ich weiß, dass Sie eine sehr mutige Frau sind, und ich bin mir sicher, dass Sie meine Meinung teilen werden. Ein einarmiger Gatte ist gewiss einer Leiche mit zwei Armen vorzuziehen.«

Ich trat in das ärmlich ausgestattete Zimmer. Ein Pfleger wachte bei dem Patienten. Ich hatte Mühe, meinen Mann wiederzuerkennen, derart war sein Kopf aufgedunsen. Er war ohne Übertreibung fünfmal so dick wie normal. Der Arzt versicherte mir, man habe alles Notwendige unternommen und alle Körperteile wieder an ihren richtigen Platz geschoben. Tatsächlich waren in seinem Mund Vorrichtungen zu erkennen, die seine Zähne in ihrer Stellung hielten. Seine Lippen waren nur noch Hautfetzen, die ihm über das Kinn herabhingen. Ein Auge saß praktisch auf der Stirn, und das andere war angeschwollen und violett auf den Mund zugerutscht. Sein Körper verschwand fast unter Watte und Verbänden, die mit Desinfektionsmitteln in allen Farben getränkt waren. Aus Flaschen, die mit einem komplizierten Fadengeflecht verbunden waren, tropfte ständig Flüssigkeit auf seine Handgelenke, Ellbogen, den Kopf, die Ohren. Noch nie in meinem Leben hatte ich etwas Ähnliches gesehen.

Und dieser Mann war mein Gatte. Ab und zu öffnete

er ein Auge, denn das andere war durch die Kompressen vollständig unbeweglich. Wenn Licht darauf fiel, ging in seinem Gehirn etwas niemandem Begreifliches vor. Immer wieder stöhnte er, und ich erriet, dass er darum kämpfte, diese kostbare Materie zu retten, die das Schicksal nur zu gern durchwalkt, bluten lässt, zerschlägt und verwandelt. Heftig wogte diese Schlacht in den Tiefen seines Bewusstseins, falls er in diesem Moment überhaupt noch etwas Derartiges besaß.

Sogleich spürte ich jede seiner Verletzungen an meinem eigenen Körper. Neben seinem Bett auf einem schmalen Stuhl sitzend, beobachtete ich dieses Auge, dessen Blick gelegentlich auf meine Kleidung oder mein Gesicht fiel. So vergingen mehrere Wochen.

Ich begann ihn zu füttern wie ein kleines Kind, dem man seinen ersten Löffel Milch gibt, das erste mit Honig getränkte Brotstückchen. Langsam schwoll sein Kopf ab. Er war vollständig abgemagert und verlor täglich weiter an Gewicht. Unter dem Einfluss des Morphiums erzählte er häufig derart komplizierte Geschichten, dass ich mich fragte, ob ich nicht selbst krank sei.

Der Doktor erlaubte mir, ihn mit nach Hause zu nehmen, denn da war nur noch die Handverletzung, die nicht vernarben wollte. Diese Hand schien durchaus nicht an seinem Arm halten zu wollen und war unsere große Sorge.

An dem Tag seiner Entlassung aus dem Krankenhaus glaubten unsere Freunde, Tonio eine große Freude zu bereiten, indem sie uns im Hotel Palace de Guatemala mit einer Marimba-Gruppe und ungefähr hundert Gästen empfingen. Doch mein Mann meinte: »Ich werde nur einfach durch diese Menge gehen. Bring mich zum Schlafen ins Hotel, und morgen setzt du mich in das Flugzeug nach New York. Ich werde mich einer Gesichtsoperation unterziehen, um meine Zähne in Ordnung zu bringen und mein Auge an den richtigen Platz zu setzen. Du kannst schließlich nicht mit einem Monstrum leben, das ein Auge in der Wange und das andere auf der Stirn trägt. Keine Sorge, alles wird gut verlaufen.«

»Aber ich gehe mit dir.«

»Nein. Wir haben uns getrennt, weißt du noch?«

»Ja«, antwortete ich ihm, »ich erinnere mich. Dann werde ich dich zum Flugzeug fahren. Ich werde gleich telefonieren und fragen, ob für den morgigen Flug noch ein Platz frei ist.«

So einfach war das. Aber ich fragte mich, ob ein Mann tatsächlich ein Herz besitzt, und wenn ja, wo es sich befindet. Ich hatte Tonio soeben vor dem Tod bewahrt, und er erinnerte mich daran, dass er nicht mehr mein Gefährte war … Ich rief Don Luis zu Hilfe, der sich darum kümmerte, den Flug zu reservieren und alle praktischen Einzelheiten zu arrangieren.

Mein Körper hielt sich noch bis drei Uhr morgens aufrecht, als ich meinen Mann – schwach wie ein Skelett, das kurz vor der Auflösung steht, aber geleitet durch den Ruf einer geheimnisvollen Macht – zum Flughafen fuhr.

Als ich zurückkehrte, wurde ich von einem Fieber ergriffen, dessen Ursprung die Ärzte nicht zu bestimmen vermochten. Nun wurde ich selbst in die Klinik eingeliefert. Ich litt unter einem unbekannten Fieber. Meine Mutter schenkte mir das Leben, die Heilung und den Glauben wieder. Wir erzählten einander nicht von allem, was wir als Frauen erlitten hatten, sondern unterstützten uns einfach gegenseitig. Dann wurde ich eines Tages entlassen, und meine Familie brachte mich in mein Geburtshaus.

Jeden Tag gingen in Guatemala die Telefonanrufe aus New York ein. Mein Mann sorgte sich um mich und befahl meiner Mutter, mich so schnell wie möglich in ein Schiff oder ein Flugzeug nach Paris zu setzen, wohin er in nächster Zukunft abreisen würde. Boten brachten mir zärtliche Briefe, Blumen und Geschenke von Tonio. Aber ich wollte mein Dorf wiedersehen und längere Zeit dort verweilen, spazieren gehen, meine Kinderfreundinnen und meine Rosenstöcke am Fuß der Vulkane wiederfinden.

»Orangen, Mangos, Tamales, Pupusas!«[19] Diese Rufe begleiteten mich auf den kleinen Bahnhöfen am Weg des Zuges, der mich nach Armenia San Salvador brachte.

Am Bahnhof meiner Heimatstadt herrschte unverminderte Hitze. Ich erblickte Kinder, eine große Menge von Kindern, die die Nationalhymne sangen. Sie hatten sich aufgestellt, um mich zu empfangen. Die Mädchen waren den Knaben gegenüber aufgereiht, und dem Schullehrer gegenüber stand die Lehrerin. Beide schlugen den Takt wie Dirigenten und lenkten diese kleinen Kinderstimmchen, die zu Ehren ihrer Landsmännin sangen, ihrer älteren Schwester, die seit Paris tausend Hindernisse überwunden hatte, um zu ihnen zurückzukehren.

Don Alfredo, der Bürgermeister meines Dorfes, war in Weiß gekleidet und noch jung – diese friedvolle Art von Jugend, die man in ruhigen Städtchen findet. Seit ich fort war, war im Dorf vieles geschehen. Die jungen Mädchen waren groß geworden, sie waren Mütter oder Witwen. Manche hatten sich scheiden lassen. Die Reichen waren arm geworden und die Armen reich. Den alten Markt gab es nicht mehr, die Bäume waren gewaltig gewach-

[19] Tamales, Pupusas sind zwei Arten von Maispasteten. (Anm. d. Übers.)

sen, und Orangenbäume schmückten die Straßen. Der Park von Armenia war mit Bambus überwuchert und von Tamales-Verkäufern bevölkert. Nachdem ich in Guatemala einen Monat lang in der Klinik das Bett gehütet hatte, schritt ich langsam dahin, die Reihe der kleinen Jungen zu meiner Rechten und die der kleinen Mädchen zu meiner Linken. Als ich so unter der tropischen Sonne einherging, kam ich mir vor wie eine Alice im Wunderland, die vom Grunde eines Meeres kommt, das ein böser Gott ausgetrocknet hat, auf eine merkwürdige Weise der Zärtlichkeit dieser Stimmchen überstellt, die ihre Lebensfreude heraussangen, während sie mit nackten Füßen über die in der Sonne kochenden Bodenplatten liefen.

Zu Hause angekommen, war ich mir sicher, ich würde mich auf dem Mosaikboden unseres Hauses schlafen legen können, im Schatten des großen Kakaobaums oder meines liebsten Mangobaums.

Aber meine Ankunft verlief anders, als ich mir vorgestellt hatte. Ein weiteres Orchester und drei Marimbas erwarteten mich. Die gewaltigen Türen waren für die Bevölkerung geöffnet, und alle wollten mir die Hand drücken.

Ohne mich nach meiner Meinung zu fragen, hatten meine Schwestern bei sich entschieden, mein Sportkostüm sei nicht würdevoll genug, um all diese Ehren entgegenzunehmen. Auf der Stelle wurden meine Taschen und Überseekoffer aufgerissen. Sie nötigten mich, um drei Uhr nachmittags meine eleganteste Ballrobe anzulegen … Eine meiner Schwestern zog mir die Schuhe an, die andere frisierte mich, und die dritte schmückte mir die Haare. Meine Mutter gab mir einen großen Fächer, da man in San Salvador immer transpiriert. Ich war wieder zu Hause.

Die einzigen Freunde, denen ich voller Glück die Hand drückte, waren die drei Dorfbettler, die sich nicht im Geringsten verändert hatten: der *Viejo de la Colbasón*, den man auch *el Mudo manaña* nannte, Nana Raca und Latilla Refugio!

Ich lachte, als ich sah, dass sie immer noch bettelten, und bat meine Mutter, sie ins Haus einzulassen. Ich wusste, dass diese meine wahren Kriegskameraden waren, Mitkämpfer im Krieg des Lebens. El Viejo de la Colbasón setzte sich neben mich, obwohl er unter den Schlägen mit der Klopfpeitsche litt, die man hierzulande unterschiedslos an Fliegen, Hunde und Bettler verteilt.

Das Haus war voller Blumen und Palmzweige, die zu Triumphbögen gewunden waren, als sei eine Königin eingetroffen. Ich begriff, dass ich nicht all diesen Herzen gerecht werden konnte, welche die Freundschaft einer Königin suchten; ich fühlte mich nur wie die Königin der großen Unglücke. Aber welches Recht hatte ich, mich zu beklagen, wie hätte ich mein weibliches Unglück beichten können? Nach und nach verstummte ich, und langsam zwang ich mich, meine Gefühle zu vergessen.

Am Abend fand der Umzug der Indianer von Isalco statt, die auf dem Besitz meiner Mutter arbeiteten. Jeder legte ein Blatt nieder, eine Frucht, einen Vogel oder einen anderen Gegenstand. Schön war das, traurig und rührend. Ich liebte all diese Riten. Aber ich konnte nicht mehr mitspielen …

Die *Atamialada*, das Fest der Tamales, begann. Der Viejo de la Colbasón war mein einziger Vertrauter. Von Zeit zu Zeit rieb er den Kopf an meinem Kleid. Er war traurig, weil er meine Schuhe nicht wachsen durfte, denn er war der beste Schuhputzer des Dorfes.

»Wir haben hier eine vierte Bettlerin«, erklärte mir der Alte. »Aber sie ist von seltsamerer Art als wir. Sie mag nicht sprechen wie wir, sie mag nicht essen wie wir. Sie lebt anders als wir. Und die anderen behaupten, dass sie verrückt ist. Man ruft sie die Dorftrottelin. Sie hat mir versichert, sie würde Sie besuchen kommen, wenn Sie ganz allein sind.«

Während er mir diese Geschichte erzählte, vernahm ich die Schreie einer Frau, die erbarmungslos geschlagen wurde. Ich stieß mein Gefolge beiseite und stürzte zu dem Ort, von dem die Rufe her drangen. Es war mein Zimmer. Auf meinem Bett – seit Tagen wartete es sorgfältig hergerichtet darauf, mich zu empfangen – lag eine Frau, die ungefähr dreißig Jahre alt zu sein schien. Ihr Haar fiel über die kostbaren Stickereien auf den Spitzenbezügen und Kopfkissen. Dienstboten versuchten, ihr einen Frisiermantel aus besticktem Leinen zu entreißen. Sie prügelten auf die Fremde ein wie auf einen Hund, doch sie schützte ihren Kopf, rührte sich ansonsten aber nicht.

Das war die Verrückte des Dorfes. Da sie mich allein treffen wollte, hatte sie sich ganz einfach in mein Bett gelegt. Ich sammelte meine letzten Kräfte, schrie und versuchte, den Rohlingen, die sie schlugen, Einhalt zu gebieten. Vergeblich. Meine Mutter sagte mir, sie sei wahnsinnig. Am Vortag habe sie einer anderen Frau die Augen ausgestochen, es aber trotzdem geschafft, aus dem Gefängnis freizukommen. Schließlich konnte ich alle nach draußen schicken und blieb allein mit meiner Verrückten, die wunderschön und unschuldig wirkte. Mit einer einzigen Bewegung setzte sie sich hoch und breitete die Arme aus. Als sie mich umschlang, glaube ich, mein letztes Stündlein habe geschlagen. Doch sie streichelte sanft meine Wangen, meine Arme und Beine.

Sie legte mir den Morgenmantel aus weißem Leinen um, den sie genommen hatte, und öffnete dann würdevoll die Tür, um zu gehen.

Ich blieb bewusstlos auf meinem Bett zurück.

Eines Tages kam ein Konsul und teilte mir mit, ich müsse nach Paris zurückkehren, wo mein Mann nach mir verlange.

Und so schritt ich ein weiteres Mal an meiner Hausmeisterin in der Place Vauban vorüber. Nach allem, was geschehen war, konnte ich mich kaum auf den Beinen halten. Endlich war ich wieder zu Hause. Tonio war noch sehr mager, sehr ruhig und sehr still.

Boris, der Koch, schenkte mir sein russisches Lächeln, dieses animalische Strahlen, mit dem er mich bereits mehrere Male willkommen geheißen hatte. Die Wohnung war dieselbe geblieben; nichts hatte sich verändert. Während wir mit dem Tod rangen, hatten unsere Möbel friedlich geschlummert, und die sanfte Atmosphäre dieses Ortes, hell und blau wie der Himmel, hatte überdauert. In freundlichem Schweigen setzten mein Mann und ich uns zu einem Essen zu zweit. Nacheinander kamen mehrere Besucher: Freunde, Verwandte, meine Schwiegermutter. Was wollten sie von mir? Ich konnte ihnen nichts mehr von mir geben. Ich hatte genug gelitten.

Als ich eines Nachmittags von meinem Friseur zurückkehrte, wo ich aufgehalten worden war, fand ich die Wohnung leer vor: Alles war ausgeräumt! Nur noch ein paar zerknitterte Zeitungen wehten im Wind, weil die Fenster offen standen. Ich glaubte zu träumen. Wo waren unsere Möbel, unsere Besitztümer geblieben? Mir fiel ein Film von Chaplin ein, ich glaube mit dem Titel *Der Circus*, in dem man nur noch die Spuren der Menschen sieht, die in die Geschichte entschwunden sind.

Ich rang die Hände und versuchte zu begreifen, aber ich wusste nicht mehr, was ich tun sollte.

Ich stieg zur Hausmeisterin hinunter, doch ich wagte nicht, ihr Fragen zu stellen. Stattdessen ging ich nach draußen, um frische Luft zu schnappen. Vielleicht würde ich ja doch noch begreifen. Oder jemanden finden, der mir eine Erklärung gab. Da stand plötzlich mein Mann auf dem Trottoir vor mir, unbeweglich wie eine Statue. Er nahm meinen Arm.

»Ja, ich habe gekündigt«, erklärte er mir. »Die Wohnung war zu teuer. Ich habe kein Geld mehr, um die Miete zu bezahlen.«

»Aber wo sollen wir wohnen?«

»Ich fahre dich ins Hotel. Ich habe zwei Zimmer reserviert.«

Von neuem begann das Leben im Hotel. Dieses Mal im Lutétia.

19

Ich gehe arbeiten

Das Hotel Lutétia, auf dem rechten Seineufer gelegen, war der Zufluchtsort der Menschen vom linken Flussufer … Ein Ort des Austausches zwischen den beiden Ufern der Seine.

Unserer Ehe, die auf afrikanischem Sand erbaut war, tat das allzu glatte Pflaster von Paris nicht gut. Hier war alles flach, grau und trübe. Um diese Melancholie zu verbrämen und zu beschönigen, brauchte es Tränen, Champagner, Lügen und Treulosigkeiten …

Im Hotel hieß es also zwei Zimmer, eines für Monsieur und eines für Madame, wie in den englischen Romanen, die gerade in Mode waren.

»Möchtest du wirklich zwei Zimmer?«

»Ja, das wird viel bequemer«, meinte Tonio. »Ich arbeite nachts und würde dich wecken. Ich kenne dich doch.«

»Na schön, ganz wie du willst …«

An der Rezeption verlangte ich zwei Zimmer, die aber nicht in derselben Etage liegen sollten.

»Jetzt übertreibst du.«

»Nein, nein. Du wirst mich weniger stören, wenn du spät nach Hause kommst …«

»Nun gut, aber das wird dir Leid tun.«

»Oh, es hat mir schon Leid getan. Eine Minute lang, nur eine Minute. Eine einzige. Als ich zum letzten Mal in die Wohnung an der Place Vauban gekommen bin und all unsere Möbel, all unsere Sachen fort waren. Und du hast mir kein einziges Wort gesagt. O ja! In diesem Moment habe ich so einiges bedauert, und ich will, dass du das weißt. Aber ich glaube, dass es auch dir eines Tages Leid tun wird.«

»Ich habe das getan, um zu sparen.«

»Sparen? Aber das Hotel kostet doppelt so viel wie unsere Miete an der Place Vauban, die Mahlzeiten gar nicht eingerechnet. Wirklich, deine Berechnungen spielen sich im Himmel ab, geheimnisvoll. Aber vielleicht kommst du so ja tatsächlich billiger davon? Vielleicht verläuft unsere Trennung auf diese Weise einfacher. Das willst du dir also ersparen. Ich habe verstanden. Du willst mich ohne Aufhebens verlassen. Sehr nett. Vielen Dank.«

Der Hoteldiener zeigte uns die Zimmer. Eines lag im fünften, das andere im siebten Stock. Melancholisch dankte Tonio ihm und murrte.

»Aber wer wird mir meine Hemden, meine Taschentücher bringen?«

»Ich komme zu dir, wenn du zu Hause bist, und dann sollst du deine sauberen Hemden und deine Krawatten bekommen ...«

»Du bist freundlich ... Weißt du, ich bin ganz und gar zerschlagen. Meine Gallenblase funktioniert nicht. Eine Operation ist unmöglich, weil durch meinen Absturz in Guatemala alles in meinem Körper durcheinander geraten ist. Mein Herz berührt meinen Magen, und ich verspüre ständig Brechreiz.«

»Du spuckst dein Leben aus, besser gesagt, du verabscheust alles. Was wird dir danach noch bleiben?«

»Ach, dass die Frauen die Männer niemals verstehen wollen!«

»Die Männer? Nein, nicht alle Männer. Einen Mann, ja, dich. Ich weiß, du musst allein sein. Du willst deine Tage vollständig ungebunden verbringen, ohne feste Mahlzeiten, ohne Frau, ohne ein Heim … Du willst kommen und gehen wie ein Schatten. Habe ich das richtig verstanden?«

»Ja …«

»Wieso hast du mich dann aus Guatemala zurückgeholt? Warum? Um mich in einem Hotelzimmer abzuladen? Um worauf zu warten?«

»Auf mich?«

»Du bist zu weit gegangen. Ich kann dir nicht mehr folgen … Da sitzen wir nun im Hotel. In einer Woche wird dein Magen krank sein vom Gasthausessen, dem Alkohol und der Unordnung …«

»Krank bin ich schon. Ich gehe nach Vichy, um meine Leber zu kurieren.«

»Wenn du willst, können wir noch heute Abend fahren.«

»Nein, ich fahre allein. Ich brauche etwas Einsamkeit. Später treffe ich dich dann im Hotel wieder.«

»Schönen Dank. Und womit soll ich meine Zeit zubringen?«

»Damit, uns eine neue Wohnung zu suchen.«

»Na gut. Gehen wir schlafen.«

»In deinem Zimmer.«

»Wenn du möchtest.«

»Aber wenn ich am Telefon verlangt werde, musst du ins Badezimmer gehen und mich allein sprechen lassen.«

»Ich habe dich noch nie am Telefonieren gehindert … Deine Ermahnungen machen mich traurig. Ich habe niemandem etwas zu sagen, nichts zu verbergen … Schön, gehen wir schlafen.«

Seine E. beherrschte ihn weiterhin, aber so sehr wohl doch nicht, weil er mich um Hilfe bat, weil er so betrübt war! Noch in der Nacht beschloss ich, eine Wohnung zu suchen.

Etwas Bitteres wie ein Regen aus Asche und Steinen ging über unserer Ehe nieder. Eine Frau, nichts weiter … Meinem Herzen war nicht mehr zum Lachen zu Mute, diese Sache musste ein Ende haben. Wozu noch diese Zwischenspiele in Hotels …

Doch um Mitternacht hatte ich in Tonios Armen all meine Sorgen vergessen … So war unser Leben, ein ständiges Hin und Her … Liebe und Trennungen …

Ich machte mich daran, eine preiswerte Wohnung zu suchen. So etwas musste es in Paris doch geben; mit einer Küche, wo ich für Tonio Gemüse und Reis kochen, und einem kleinen Zimmer, in dem er seine Bücher aufstellen konnte. Einen Platz, an dem er immer in meinen Armen sein würde, ganz gleich wo, solange er bei mir war! Schon halb schlafend bat er mich noch einmal, ein Dach zu suchen, das uns Zuflucht gewähren würde.

In der Nähe der Sternwarte entdeckte ich eine Wohnung im fünften Stock, über den Baumkronen, aber ohne Lift. Sie war sofort frei. Ich leistete eine Anzahlung und wartete auf Tonios Besuch.

Wir gingen zusammen hin. Er war überglücklich und dankte mir mit Tränen in den Augen. Ich war hingerissen.

Sein Zimmer besaß einen großen Balkon, von dem aus er den Park betrachten konnte. Die Miete war sehr günstig. Wir waren jung, und fünf Etagen hochzusteigen machte uns nichts aus. Auf dem Balkon würde ich Vögel halten und Blumen ziehen. Die Küche war groß, mit einem gewaltigen Kohleherd, der die halbe Wohnung heizen würde. Einen Dauerbrandofen für Tonios Arbeitszimmer, mehr brauchten wir nicht. In zwei Wochen, zu Weihnachten, würden wir eingerichtet sein.

Tonio lud unsere liebe Freundin Suzanne zu einem Besuch ein, und sie zeigte sich ebenso glücklich wie ich. Wir bezahlten die ersten drei Monate im Voraus, und man händigte uns die Schlüssel aus.

Am nächsten Tag kehrte Tonio nicht ins Hotel zurück. Er hatte mir telefonisch eine Nachricht hinterlassen und mir mitgeteilt, er werde für einige Tage verreisen. Ich war so glücklich über meine Wohnung, dass ich mir keine Sorgen machte. Doch gegen Mittag forderte mich sein Geschäftspartner auf, ihm die Schlüssel zu unserer neuen Wohnung zurückzugeben. Mein Mann hatte nachgedacht: Er verfügte im Moment nicht über die Mittel, eine Wohnung zu heizen, da der Kohlepreis gestiegen sei …

Um Gottes willen! Das Hotel kam zehnmal teurer! Ich erhob Einwände, doch dies war ein Befehl. Weinend gab ich die Schlüssel ab.

Blass, verstört, unruhig tauchte Tonio drei Tage später wieder auf. Eine meiner Freundinnen verriet mir, dass sie ihn in Paris getroffen hatte: Er hatte also wieder einmal gelogen …

Ich war traurig und verzweifelt.

»Consuelo, wollen Sie nicht noch einmal eine hübsche kleine Wohnung suchen, ganz für sich allein? Ich schwöre Ihnen, dass ich sie ernsthaft mieten werde, und dass ich Sie oft besuche.«

Ich begriff, dass er nicht mehr mit mir zusammenleben wollte. Er versuchte mich zu bewegen, allein zu wohnen.

»Ja, Tonio, ich spreche mit meinem Makler.«

Zum Glück hatten Freunde von uns am Quai des Grands-Augustins eine Wohnung mit zwei Etagen zu vermieten. Sie war äußerst preiswert und verfügte über einen Blick auf die Seine.

Sofort fuhr Tonio mich zum Maklerbüro und zahlte eine Jahresmiete im Voraus. Man händigte mir die Schlüssel aus. Ich ging in die Kirche, um zu beten, und Tonio begleitete mich. Wir spazierten am Ufer entlang und stöberten in den Auslagen der Antiquariate. Ich achtete darauf, kein Interesse an irgendeinem teuren Buch zu zeigen, das er mir sonst vielleicht hätte kaufen wollen, und sprach über die Schatten auf dem Wasser. Am ersten Januar, so sagte ich, wäre ich am Quai des Grands-Augustins eingerichtet … Er fand die obere Etage sehr angenehm zum Arbeiten. Dort würden wir nichts als Bücher aufstellen und eine hübsche kleine Bibliothek einrichten … Er versprach mir zurückzukommen. Ich ließ mich in seinem Zimmer nieder, doch er kehrte die ganze Nacht nicht zurück.

Auch am nächsten Morgen nicht. Dafür rief er mich an, damit ich mir keine Sorgen machte. Er habe eine Autopanne auf dem Land gehabt und sei zum Abendessen zurück.

Am Abend saßen wir im Restaurant des Lutétia und aßen, ohne dabei viel zu sprechen. Eine tiefe Mattigkeit, eine große Müdigkeit hatte sich unser bemächtigt.

»Gehen wir schlafen, meine Frau. Ich möchte in Ihrer Nähe ausruhen.«

»Ja, Tonio.«

Bis zum Mittag schliefen wir zärtlich umschlungen, wie Bruder und Schwester. Er bat mich, im Bett zu bleiben, und kleidete sich langsam an. Dann erklärte er mir, er müsse nach Algier reisen, wo er im Hotel Aletti absteigen würde … Er werde mir schreiben …

Tonio entschuldigte sich, weil er mich an diesem Jahresende allein lasse, vor allem angesichts meines Umzugs. Ich hatte nicht einmal mehr die Kraft zu widersprechen. Als er mich zum Abschied küsste, hielt ich die Augen halb geschlossen.

Mit meinem Vermieter am Quai des Grands-Augustins war abgesprochen, dass ich einziehen konnte, sobald die Malerarbeiten abgeschlossen waren. Da ich keine anderen Weihnachtsvorbereitungen zu treffen hatte, mietete ich, sobald dies geschehen war, einen Lastwagen. Die Spedition riet mir, den Transport der Möbel rechtzeitig vor den Feiertagen zu bewerkstelligen. Und so fuhr am sechsundzwanzigsten November der mit meinen Besitztümern beladene Wagen am Quai vor. Der Hausmeister empfing uns ungnädig und teilte uns mit, wir könnten die Möbel nicht hinauftragen. Ich rief den Sekretär des Eigentümers an, doch der befand sich im Urlaub. So musste ich den beladenen Lastwagen auf der Uferstraße stehen lassen, was mich zweihundert Francs täglich kostete ... Am zweiten Januar schließlich war der Eigentümer zurück und teilte mir mit, mein Mann habe eine Abstandszahlung geleistet, weil er die Wohnung nicht behalten wolle ...

Ich glaubte wahnsinnig zu werden. Aber der menschliche Körper ist stärker als man glaubt und spottet anscheinend über die Verzweiflung und die Spinnennetze, die das Herz vor unseren Augen webt, um uns blind für unser Schicksal zu machen. Der Körper schreitet weiter, immer weiter!

Mein Mann befand sich in Algier, und ich war allein; an diesem Jahresende ertrug ich meine Einsamkeit. Ich lernte, dass ich von einem Tag zum anderen leben musste ...

Begleitet von Suzanne, mietete ich ein Atelier in der Rue Froidevaux, das ich mit einem Tisch, drei Stühlen, einem großen Kohleofen und meinem alten Klavier einrichtete. Und ich verließ das Hotel Lutétia, wo mein Mann sich nie länger als einige Stunden pro Woche aufgehalten hatte.

Freunde teilten mir mit, er sei zurück und habe eine Junggesellenwohnung in Auteuil gemietet, wo die schöne E. ihn jeden Nachmittag besuche. Mir blieb zum Trost nur noch meine Bildhauerei.

Tonio fand meinen Entschluss mutig. Mein Studio gefiel ihm. Ich hörte mir seine Komplimente an, wie eine Tote den Hammerschlägen lauscht, mit denen ihr Sarg zugenagelt wird …

Nun lebten wir getrennt. Der Blick auf den Montparnasse-Friedhof jagte mir kalte Schauer über den Rücken, aber nach und nach gewöhnte ich mich daran. Meine Hausmeister, Vater und Sohn, behauten die Grabsteine. Der Sohn arbeitete schneller als sein Vater, und während der Alte gemessene, schwere Schläge anbrachte, schlug der kleine Hammer des Sohnes einen gegensätzlichen Takt. Von morgens bis abends hörte ich, wie die Steinmetzen die Grabsteine behauten; sie besiegelten das Leben eines anderen Menschen, der wie ich gelacht, geliebt und gelitten hatte.

Ich erklärte Tonio, was diese unharmonischen Geräusche zu bedeuten hatten. Er stattete mir fast tägliche, aber sehr kurze Besuche ab. Ich erzählte ihm auch von meinen Ängsten.

»Du wirst dich schon einfinden. Das menschliche Wesen gewöhnt sich an alles«, versicherte er mir.

»Ja, ich erinnere mich daran, wie man am Río de Oro Sklaven heranzieht. Sobald man einmal die Demütigung akzeptiert hat, nicht mehr man selbst, nicht mehr frei zu sein, dann ist man glücklich, nicht wahr? Und genauso behandelst du mich. Du gewöhnst mich daran, allein zu leben, am Rand eines Friedhofs und von tausend Francs pro Monat. Du gibst mir zweihundertfünfzig Francs die Woche; ich komme mir vor wie dein Hausmädchen auf Urlaub. Warum kannst du mir das Geld nicht auf einmal bringen?«

»Ich bin nicht reich, Consuelo … Ich verdiene unseren Lebensunterhalt … Was wirst du denn machen, wenn ich dir tausend Francs im Monat gebe, kleines Mädchen? Du würdest alles auf einmal verschleudern.«

»Ich werde arbeiten gehen, wie die armen Frauen … Vielleicht wäre ich dann ja glücklicher? Vielleicht würde ich ja mehr als tausend Francs im Monat verdienen?«

Ich war blass und bekam keine Luft. Ich weinte ganze Nächte lang, aber ich wollte ihm keine Vorwürfe machen. Er liebte mich nicht mehr, das war sein gutes Recht. Niemand darf einer anderen Person grollen, weil diese aufgehört hat, ihn zu lieben. Trotzdem half er mir zu überleben, in guten wie in schlechten Tagen: Von tausend Francs im Monat konnte ich Miete und Kohle bezahlen … Ich ernährte mich von Milchkaffee und Brioches, und manchmal auch nur von Brot und Wurst …

Aber die Vorstellung, mich für zweihundertfünfzig Francs die Woche zur Sklavin zu machen, war mir unerträglich.

»Danke, Tonio«, erklärte ich ihm daher eines Tages, »aber ich will kein Geld mehr von Ihnen. Ist das denn das Einzige, das wir noch gemeinsam haben?«

»Ich fürchte ja«, gab er traurig zurück.

»Dann wollen wir von heute an nichts mehr gemeinsam haben. Nehmen Sie Ihre zweihundertfünfzig Francs zurück, kaufen Sie eine Flasche Champagner, um meine Freiheit zu feiern; und wenn Sie möchten, trinken wir sie zusammen.«

»Und was werden Sie morgen essen?«

»Das geht Sie nichts an, da wir nichts mehr gemeinsam haben. Aber da Sie derart neugierig sind, kann ich Ihnen verraten, dass ich Arbeit suchen werde.«

»Sie und arbeiten? Aber dazu sind Sie viel zu zerbrechlich. Sie wiegen ja kaum vierzig Kilo … Sie können ja nicht einmal eine volle Flasche tragen …«

»Geben Sie mir diese zweihundertfünfzig Francs. In fünf Minuten bringe ich Ihnen eine Flasche Champagner, und dann werden Sie nie wieder herkommen, um mir meinen Wochenlohn zu zahlen wie einer Angestellten …«

»Einverstanden, aber gehen Sie nicht nach draußen. Man kann Champagner auch telefonisch bestellen.«

»Ja, Sie haben Recht.«

Bis der Champagner eintraf, verging eine lange Weile.

»Auf Ihre Freiheit …«

»Auf die Ihre …«

»Ich bin mir sicher, dass Sie mich morgen anrufen und um Geld bitten. Das wird mich große Mühe kosten, denn im Moment bin ich sehr arm … Trotzdem werde ich Ihnen noch einmal Ihren Wochenlohn bringen, wie Sie das ausdrücken. Ich verdiene viertausend bis fünftausend Francs pro Monat, und ich muss die Miete zahlen, das Telefon, die Restaurantrechnungen; außerdem gebe ich meiner Mutter tausend Francs und Ihnen tausend.«

»Für mich ist diese Sache von heute an erledigt.«

»Wir werden sehen …«

Nach dieser Szene küsste er mich wie früher zärtlich auf den Mund und ging dann. Er hatte Kohle im Ofen nachgelegt, Klavier gespielt und in der Küche seine unvermeidlichen Rühreier zubereitet. Zum ersten Mal hatte er sich hier richtig zu Hause gefühlt.

»Wenn Sie möchten, dass ich über Nacht bleibe«, hatte er zu mir gesagt, »dann tue ich das. Sie sind immer noch meine Frau.«

»Nein, nein«, rief ich aus. »Morgen gehe ich arbeiten. Ich werde Geld verdienen.«

»Sie sind ja verrückt. Wollen Sie wirklich nicht?«

»Nein, ich will arbeiten. Ich will frei sein. Schluss mit dieser Sklaverei. Ich habe genug davon, Ihre monatlich entlohnte Ehefrau zu sein.«

Und doch liebte ich meinen Mann, dieses große Kind, und ich wusste, dass er ebenso empfand. Aber er wollte in seiner Ehe frei sein, und ich machte mir Vorwürfe, weil ich ihn jedes Mal zwang, zu mir zurückzukehren, wenn ich mein Zimmer, mein Essen, meine Telefonrechnung bezahlen musste. Die Champagnergläser in der Hand, umarmten wir uns lange und schworen uns ewige Liebe. Und er blieb in meinem Bett … Aber um fünf Uhr morgens fand ich mich halb schlafend und allein wieder. Er hatte mir eine kleine Nachricht hinterlassen, dazu eine hübsche Zeichnung, ein Selbstporträt: ein Clown mit einer Blume in der Hand, ganz verlegen; ein ungeschickter Clown, der nicht weiß, was er mit seiner Blume anfangen soll … Später wurde mir klar, dass ich die Blume war, eine sehr stolze Blume, wie Tonio im *Kleinen Prinzen* schreibt.

Der Übergang vom Traum in die Wirklichkeit fiel mir schwer. Ich hatte meine Unabhängigkeit gefeiert, und nun war es an mir, Wort zu halten … Kaum vermochte ich Toilette zu machen, mich anzuziehen, mir einen Kaffee zu kochen. Ich lächelte: Dies war wirklich wie in den besten Szenen der billigen Romane à la Paul Bourget … Ich suchte Arbeit. Blieb nur noch die Frage, was für eine.

Um nachzudenken, setzte ich mich auf die Terrasse des Sélect. Ich brauchte dringend einen Plan. In meiner Tasche hatte ich gerade noch zwanzig Francs, kaum genug, um ein halbes Brot und zwei Tomaten zu kaufen …

So saß ich im Sélect an meinem Tisch und las meine

Zeitung, als es mich plötzlich wie ein Blitz durchfuhr. Wie in einem Traum drangen spanische Worte an mein Ohr. Das Radio des Cafés verkündete: »*Cigarrillos La Morena, cómpralos señorita!*«[20] Ich schoss aus meinem Sessel hoch. Diese Botschaft war für mich bestimmt. Ich hatte genau die Arbeit gefunden, die ich brauchte: Reklameansagen in spanischer Sprache. Bestimmt würde ich mir auf diese Weise meinen Lebensunterhalt verdienen können. Ich kannte viele Menschen in Paris. Crémieux hielt bei Radio Paris Vorträge, die für die spanischsprachigen Länder bestimmt waren; er würde mir helfen.

Gesagt, getan: Tags darauf saß ich vor einem Mikrofon und redete Spanisch. Und ich sprach nicht nur Reklame, sondern kündigte auch Gesangsnummern und Theaterstücke an.

Ich war gerettet …

---

[20] »Kaufen Sie Zigaretten Marke La Morena, mein Fräulein!«

20

Die Freundin der Rosen

Tonios finanzielle Lage hatte sich verbessert. Durch seine Beförderung zum Offizier der Ehrenlegion und den Erfolg von *Wind, Sand und Sterne* war er zu einem anerkannten, allgemein bewunderten Schriftsteller geworden. Wir hatten unser gemeinsames Leben nicht wieder aufgenommen, ohne uns jedoch völlig zu trennen. So war unsere Liebe, ihr unabwendbares Schicksal. Man musste sich halt daran gewöhnen, so zu leben. Tonio mietete für mich ein großes Haus auf dem Lande, das Anwesen La Feuilleraie. Ihm gefiel dieses neue Leben, halb Ehemann und halb Junggeselle. Er wohnte in seinem Apartment und ich auf dem Land.

»Du bist wohl sehr zufrieden, diesen Ort auf dem Land zu haben«, meinte er zu mir. »Besser als die Wohnung an der Place Vauban, stimmt's?«

Er hatte Himmel und Hölle in Bewegung gesetzt, um Kohle für mich aufzutreiben. Bei *L'Intransigeant* verdiente er ein wenig Geld. Für meine Kohlerechnung, so erklärte er mir, habe er diese Zeitungsartikel geschrieben, die zu verfassen er eigentlich keine Lust hatte.

»Von dem Geld sollen Sie sich eine Zentralheizung installieren lassen und eine Ausstattung an Gartenmöbeln kaufen – Bänke und Stühle in verschiedenen Farben, zitronengelb und blau.«

Tonio kam regelmäßig nach La Feuilleraie, sogar öfter,

als mir lieb war. Wenn er eintraf und feststellte, dass ich Freunde zum Mittag- oder Abendessen zu Gast hatte, setzte er sich in ein kleines Bistro im Dorf, wo er mir Briefe von zehn, fünfzehn Seiten schrieb. Liebesbriefe, wie ich sie noch nie im Leben bekommen hatte.

Der Park war wunderschön. Überall wuchsen Fliederbüsche. Aber ich fühlte mich dennoch allein. Dem Frühlingserwachen nach dem langen Regen, den mit Früchten beladenen Obstbäume, dem Duft des Flieders und der Stille des Parks, romantisch wie aus Lamartines Zeiten, fehlten Liebende, die auf den moosbewachsenen Bänken gesessen hätten.

Eine treue alte Jungfer begleitete mich auf Schritt und Tritt, als Köchin und auch, um meine Tränen zu trocknen wie eine Mutter. Ich beschäftigte auch ein altes Gärtnerehepaar, Monsieur und Madame Jules, doch mir fehlten junge Leute. So bat ich die Tochter meiner Schneiderin, zu mir nach La Feuilleraie zu ziehen. Sie war Russin und sehr hübsch. In Paris verdiente sie mühselig fünfzig Francs pro Woche und saß den ganzen Tag über herrliche Roben gebeugt, die andere Leute tragen würden. Ich bot ihr den gleichen Lohn dafür an, dass sie sich in meinem Park umtat, die Blumen liebte, meine Taschentücher aufräumte und hübsche Kleider und Hüte für mich aussuchte. Sie hieß Vera und zählte kaum zwanzig Jahre. Sehr schnell wurde sie »die junge Dame von La Feuilleraie« … Sie liebte es, auf die Bäume zu klettern, im Gewächshaus Pflanzen umzutopfen und fremdländische Blumen zu ziehen, von der schwarzen Orchidee bis zur chinesischen Rose.

Vera liebte mich bald wie eine Schwester. Hingebungsvoll kümmerte sie sich um Ziegen, Enten, Kaninchen, Esel und sogar um die riesige Kuh, die uns bald Milch liefern sollte. Ängstlich wartete sie darauf, dass das Tier kalbte. Sie hatte die Kuh Natascha getauft.

Sie stellte mir Fragen nach meiner Kindheit, auf die ich ausweichend antwortete, denn sie glaubte, ich hätte schon immer auf La Feuilleraie gelebt. Ich ließ sie träumen. Vera kleidete sich eigenartig, manchmal als russische Eisläuferin oder Kaukasierin, dann wieder als Inderin …

Eines Tages hatte Vera ein wenig mehr Champagner als gewohnt getrunken – es war ihr Geburtstag – und hielt es für angebracht, hartnäckiger nachzufragen.

»Aber warum kommt Ihr Mann nicht zu Ihnen? Und Sie, besuchen Sie ihn denn niemals in Paris?«

Das war eine schwierige Frage und eine Sache, für die ich selbst keine Erklärung wusste. Zwischen meinem Mann und mir bestand die Übereinkunft, dass er in Paris leben würde und ich hier. Die Antwort stimmte mich nicht fröhlich, und vielleicht verriet ich Vera ohne zu überlegen die Wahrheit.

»Darüber habe ich noch gar nicht nachgedacht, Vera. Sicher, ich könnte ihm einmal einen Besuch abstatten …«

»Dann lassen Sie uns doch zu ihm fahren«, versetzte das Mädchen heftig. »Ich möchte zu gern seine Wohnung kennen lernen, sehen, wie er lebt, was für Möbel er hat, in welchem Viertel er wohnt. Seine Dienstboten treffen.«

Wir wurden durch Tonios plötzliches Auftauchen unterbrochen, der zusammen mit einem Kameraden auf dem Motorrad gekommen war. Er hatte sich diese häufigen, unangekündigten Besuche angewöhnt, da er wusste, dass meine Köchin gutmütig war und es Vera und mir Vergnügen bereitete, ihn zum Mittagessen einzuladen, auch wenn wir selbst schon beim Dessert angelangt waren.

An diesem Tag war unser Tisch von Vergissmeinnicht übersät. Zu ihrem Geburtstag hatte Vera darauf bestanden, die Tafel in ein blaues Blumenbeet zu verwandeln. Unsere Namen, Veras und der meine, waren aus dunkelvioletten Veilchen geformt, dazu ein Herz, in dessen Mitte sie ein kleines Flugzeug aus Metall gestellt hatte.

»Gott, wie schön ihr beiden seid!«, rief Tonio aus, als er uns erblickte.

Sein Freund war an der Tür des Speisezimmers zu ihm getreten, doch Tonio – ich weiß nicht, aus welchem Grund – hinderte ihn daran, in unsere vertraute Tischrunde einzudringen und verabschiedete ihn brüsk.

»Ich bedaure, mein Alter, aber meine Gattin hat das Essen bereits beendet. Vielen Dank für das Motorrad. Ich werde den Nachmittag hier verbringen.«

Er trat auf wie ein arabischer Fürst, und in seinen schwarzen Augen blitzte ein ganz besonderes Licht, das uns erzittern ließ.

Ich fragte ihn nicht, warum er seinen Kameraden fortgeschickt hatte. Vielleicht wollte er ja dieses Vergissmeinnicht-Fest ganz allein genießen. Jedenfalls setzte er sich zu Tisch, als gehöre ihm alles, was um ihn herum duftete.

»Meine Kinder«, rief er aus, »ihr esst also Blumen. Köstlich, diese Blüten!«

»Vera hat diese wunderbare Tafel zu ihrem zwanzigsten Geburtstag hergerichtet. Wir sind allein, und du weißt, dass ich heute Abend arbeite. Du bist bei ihrer Geburtstagsfeier willkommen. Vera hatte gerade von dir gesprochen: Sie überlegte, wie wohl deine Wohnung in Paris aussieht.«

Seine Miene verschloss sich. Er schlug die Augen nieder und legte mit der Rechten Veilchen auf seinen Teller, als wolle er den Reis parfümieren, den er aß. Passenderweise erschien in diesem Moment Jules mit seinem Geschenk für Vera. Es war eine kleine Schildkröte; seine

Frau und er hatten sich mehrere Tage damit beschäftigt, ihren Panzer silbern anzumalen. Auf dem Rücken des armen Tierchens stand in winzigen Goldbuchstaben Veras Name geschrieben. Er präsentierte uns die Schildkröte in einer großen Muschelschale. Tonio spielte den Weinkellner und sorgte dafür, dass wir immer heiterer wurden. Wir sahen zu, wie mein baumhoher Riese von einem Mann durch den Speiseraum eilte und den Tanz des Eroberers aufführte …

»Sie sind hier glücklich, Consuelo. Das Licht in diesem Raum ist wunderbar. Schauen Sie aus dem Fenster und sehen Sie diesen Rasen, diese Farben. Es ist wie in einem Traum, und Sie beide sind hier wie Prinzessinnen aus dem Märchen.«

»Warum wohnen Sie eigentlich nicht bei uns?«, wollte Vera wissen. »Wir haben so viele Zimmer; bestimmt finden Sie eines, das Ihrem Geschmack entspricht. Sie sollen jeden Tag ein Fest von Blumen auf dem Tisch haben, das verspreche ich Ihnen.«

»Vielen Dank, Vera. Lassen Sie uns zum Kaffee in den kleinen Pavillon gehen.«

»Aber Madame Jules wartet hier auf uns«, warf ich ein. »Sie spendet den Kaffee und einen Überraschungskuchen zu Veras Geburtstag.«

Trotzdem spazierten wir über die Wege, an denen die Veilchen blühten. Wir warfen uns kleine Zweige in die Haare und pflückten Kirschen, die wir mit aufgeblähten Wangen kauten, weil wir sie uns händeweise in den Mund steckten.

An den Stamm eines alten Kirschbaums gelehnt, blieben Vera und Tonio stehen. Sie sahen sich unverwandt in die Augen wie junge Tiere, die plötzlich die Liebe zueinander entdeckt haben und sich das sogleich beweisen wollen … Ich ließ sie ihre sehnsuchtsvollen Blicke wechseln und sagte mir ganz vernünftig, dass auch im Harem der Sultan mehrere Frauen nacheinander glücklich macht. Nun war eben Vera an der Reihe.

Brav wie in der Katechismusstunde saßen wir vor Madame Jules' Kuchen. Tonio war peinlich berührt durch das Begehren dieses jungen Mädchens, das sich ihm buchstäblich an den Hals warf. Schüchtern berührte sie seine Hand, so wie man über den Stängel einer seltenen Blume streicht. Madame Jules war erstaunt. Die alte Gärtnerin wusste genau, was das zu bedeuten hatte. Tonio aß weder seinen Kuchen, noch trank er seinen Kaffee. Mir tat vor allem die alte Frau Leid, und sie ihrerseits sorgte sich um mich. Mütterliche Tränen standen in ihren Augen, als sie mich ansah.

Sehr vernehmlich meldete ich mich zu Wort.

»Aber Tonio, warum essen Sie denn Ihren Kuchen nicht? Trinken Sie doch Ihren heißen Kaffee. Ist schon gut, wenn Vera Ihnen über die Hand streicht, aber betrüben Sie bitte Madame Jules und mich nicht. Seien Sie vergnügt; ich habe Ihnen nichts Böses getan. Kosten Sie diesen Kuchen, trinken Sie diesen Kaffee, er ist sehr gut.«

Die beiden »Kinder« schreckten hoch, und Tonio murmelte: »Ja, entschuldigen Sie, meine Frau.«

Er stieß Veras Hand fort und begann den Kuchen der Gärtnerin zu essen …

Seit dem Tag ihres zwanzigsten Geburtstags war Vera melancholisch. Ich spürte, dass sie sich in Tonio verliebt hatte. Er kam jetzt seltener nach La Feuilleraie. Vera war meine einzige Freundin, meine einzige Gefährtin, und für ihn war sie nur ein Kind, das sich eine Stunde lang hatte amüsieren wollen. Er wollte diesen Frieden und das Gleichgewicht nicht zerstören, die ich schließlich unter so großen Mühen inmitten der poetischen Umgebung von La Feuilleraie geschaffen hatte.

Wochen vergingen. Eines Tages erkrankte Tonio. Fieber, Apathie. Nach etlichen Tagen zeigte der Arzt sich beunruhigt, denn seine Temperatur war auf einundvierzig Grad angestiegen. Er setzte mich darüber in Kenntnis, dass so etwas gefährlich, sogar lebensgefährlich werden könnte, da Tonios Herz durch seine Flugunfälle geschwächt sei. Wenn das Fieber anhielt, würde er nicht dagegen ankämpfen können.

Vera telefonierte jede Viertelstunde, um Nachricht von ihm zu erhalten. Mein Mann beschied sie barsch.

»Ich will mit meiner Frau sprechen.«

»Warum fahren wir ihn nicht besuchen?«, schlug Vera mir schließlich vor. »Er ist wirklich sehr krank.«

Sie wollte immer noch seine Wohnung kennen lernen. Niemand ist neugieriger oder hartnäckiger als ein junges Mädchen, das dazu noch verliebt ist.

»Ja, Sie haben Recht, Vera«, antwortete ich müde. »Vielleicht sollte ich ihn in seiner Junggesellenwohnung pflegen.«

»Ach was, wir bringen ihn nach La Feuilleraie und pflegen ihn hier. Schließlich ist er Ihr Mann, und Sie haben das Recht und die Pflicht, ihn zu pflegen.«

Sie war jung. Vera wusste nichts von den Szenen einer Ehe, von Trennungen, von dem Pakt des Schweigens, den man schließt, wenn die Eheleute weder treu noch länger verliebt sind. In ihrer jungmädchenhaften Unbekümmertheit hatte Vera einen riesigen Blumenstrauß aus Weißdorn verfertigt, der kaum in den Kofferraum des Wagens passte. Solchermaßen mit Blumen versehen sowie mit frischem Obst in einem Korb, brachen wir auf, um Tonio in seiner Wohnung zu besuchen.

Vera hatte sich als russische Bäuerin ausstaffiert. Kaum, dass sie in den Lift in Tonios Haus in Auteuil passte. Ich glaubte zu sterben, als ich zum ersten Mal an der Tür meines Mannes klingelte. Der Duft der wilden Rosen, mit denen sie beladen war, brachte Vera zum Niesen. Ein Hausmädchen öffnete uns. Als erstes sah sie den riesenhaften Strauß. Die Weißdornzweige trieben die Frau ins Innere eines Zimmers, sodass der Zugang zu einem kleinen Korridor frei war, in den Vera sich stürzte.

»Hier ist es«, erklärte das Mädchen und schob seinen Strauß durch eine angelehnte Tür, hinter der Stimmen zu hören waren.

Eine Tür knallte zu, und ich sah den Rock einer in Grün gekleideten Frau flattern, die sich im Badezimmer versteckt hatte. Mein Mann hatte fieberglühende Wangen und brüllte vor Zorn.

»Consuelo, meine Frau, wer hat Sie gebeten herzukommen? Gehen Sie, hier haben Sie nichts zu suchen!«

Das Stückchen grünen Rocks bebte. Die ganze Szene war derart tragikomisch, wie es nicht einmal die Clowns in ihren Pantomimen darstellen können. Vera hatte ihren riesenhaften Blumenstrauß auf dem Boden abgelegt. Sie war bleich, verstört und verwirrt zu sehen, dass eine Frau sich im Bad verbarg. Wenn ich sie nicht zurückgehalten hätte, wäre sie wohl auch in Deckung gegangen.

»Gehen Sie«, schrie Tonio, »hinaus. Ich will keinen Besuch.«

Behutsam fühlte ich ihm den Puls, und er ließ mich gewähren.

»Ich will sterben«, sagte er. »Ich mag keine Komplikationen. Gehen Sie, meine Frau, ich beschwöre Sie …«

Und er wies auf den grünen Rock, der wie ein Fähnchen wehte.

»Ich mache mir Sorgen um dich, nichts anderes zählt. Ich habe nur an deine Gesundheit gedacht. Beruhige dich, keine Sorge, wir werden gehen. Ich wollte dich pflegen, weil du sehr krank bist. Da komme ich dich zum ersten Mal besuchen und werde vor die Tür gesetzt. Aber du hast so hohes Fieber, du weißt nicht, was du tust …«

»Noch nie habe ich dich so mit Geschrei empfangen, um dich davonzujagen!«

Alle beide weinten wir, und Vera sah uns schluchzend zu.

»Sie sind ein Ungeheuer«, kreischte sie. »Wenn Sie wüssten, welche Mühe ich mir gegeben habe, um diesen großen Strauß zu binden. Ihn zu Ihnen zu schleppen. Ich war es, die Ihrer Frau zu dieser Reise geraten hat.«

Ich schob Vera nach draußen, und sie begriff, glaube ich, dass es nicht ausreicht, hübsch zu sein, um in das Leben eines Mannes zu treten und dort zu verweilen.

Am Tag nach diesem misslichen Vorfall rief mein Mann mich an. Er klagte darüber, dass er nachts nicht schlafen könne, aber wie er sagte, hätten die Blumen und Früchte aus La Feuilleraie ihm den ganzen Frühling ins Haus gebracht. Sein Fieber bessere sich, und er bat mich, am Bettrand eine Tasse Tee mit ihm zu trinken – ohne Vera.

Unsere Unterhaltung fiel sehr kurz aus. Ich wollte nicht lange bleiben, denn ich fürchtete, noch einmal eine Szene wie am Vortag zu erleben. Tonios Hausmädchen nahm mich von Kopf bis Fuß in Augenschein. Der Tee war schlecht, aber ich trank ihn, weil ich mich an etwas festhalten musste. Mein Mann schüttete mir den Inhalt der Teekanne über die Kleider. Er wollte, dass ich ins Bad ging, um mein Kleid zu trocknen, doch ich weigerte mich, den Raum zu betreten, in dem sich gestern eine Frau in einem spinatgrünen Rock versteckt hatte!

Am Sonntag stattete er mir zusammen mit seinem Hund einen Besuch ab, und da ich spät am Abend zu meiner Arbeit ging und es dabei nicht auf die Uhrzeit ankam, fragte ich ihn, ob wir gemeinsam fahren sollten.

»Wenn Sie erlauben, werde ich auf La Feuilleraire bleiben. Aber ich möchte allein sein. Ich brauche Ruhe, ich muss über uns beide nachdenken. Und nehmen Sie Ihre Gouvernante mit, ich brauche keine Gesellschaft dabei ...«

Bei meiner Rückkehr lag er in meinem Bett, ganz wie früher. Ich war verblüfft, ließ mir aber keinerlei Erstaunen anmerken. Ich erzählte ihm von meiner Radiosendung, und beschloss sicherheitshalber, in Veras Zimmer zu schlafen.

Am nächsten Morgen erklärte mein Mann, er könne sich nicht aus dem Bett rühren. Es sei ihm unmöglich aufzustehen, und er brauche einen Mann, zum Beispiel den Gärtner, um auf die Beine zu kommen. Vera flüsterte mir ins Ohr, wenn die Dienstboten wüssten, dass er eine Nacht in meinem Zimmer verbracht hatte, wäre mein Recht verwirkt, eine Scheidung zu verlangen.

Denn die Idee einer Scheidung begann mir im Kopf herumzuspuken. Tonio wusste das und gestand mir später, er habe absichtlich für einen Zeugen gesorgt, damit eine eventuelle Scheidung nicht stattfinden könne, weil er unzweifelhaft in meiner Wohnung genächtigt hatte!

Nach dieser kleinen Inszenierung bat Tonio meinen Gärtner, ihm im Garten eine gelbe Bank zu suchen, um sie gegenüber dem Fenster aufzustellen. Ich lachte, denn im Zimmer standen bequeme Sessel. Aber er wollte unbedingt eine Gartenbank. Also trugen Jules und seine Frau eine herbei. Tonio verkündete, dieses Zimmer gehöre von jetzt an ihm, und bestand darauf, dass niemand sich auf diese Bank setzen dürfe. Dies sei »die Antoine-de-Saint-Exupéry-Bank«.

Er verbrachte den Tag im Hühnerhaus, ging im Gemüsegarten spazieren und plauderte mit Jules über Tomaten. Als er am Abend abfuhr, nahm er Eier, Obst und Blumen mit.

Zu dieser Zeit geschah es, dass ich im Radio berühmte Männer zu interviewen hatte. Ich begann die geplante Serie mit meinem Freund Léon-Paul Fargue. Und als nächsten lud ich ein … Antoine de Saint-Exupéry!

Tonio antwortete Radio-Paris, für ein Honorar von dreitausend Francs würde er annehmen. Er setzte noch hinzu, dass er schlecht Spanisch spreche. Doch er würde ein paar Sätze in dieser Sprache sagen.

Man kündigte meinen Gast an. Eine Minute, bevor das rote Licht des Studios aufleuchtete, bat ich meinen Mann herein. Er erkannte mich und stieß einen lauten Schrei aus.

»Was tust du denn hier?«

»Still, Monsieur, in einer Minute wird die ganze Welt Sie hören. Hier habe ich Ihren Fragebogen, in zwei Sprachen abgefasst. Ich habe ihn gut vorbereitet. Lesen Sie mit Ruhe; ich stelle die Fragen und Sie antworten.«

»Aber was?«

»Psst. Wo haben Sie Spanisch gelernt?«

»In Buenos Aires, von meinen Piloten.«

Er sprach ohne Unterbrechung, indem er zugleich die Fragen stellte und die Antworten gab. Nach kurzer Zeit nahm ich ihm das Mikrofon weg und sagte, selbst auf Spanisch: »Sie hörten den berühmten Flieger, Ihren Freund Antoine de Saint-Exupéry. Er ist in Hellgrau gekleidet und sehr aufgeregt darüber, Spanisch zu sprechen. Er entschuldigt sich für seinen starken Akzent, aber Sie müssen wissen, dass es da einen Vertrag zwischen Franzosen und Spaniern gibt, eine unverletzliche Übereinkunft. Die Spanier rollen grundsätzlich das ›r‹, und die Franzosen bringen es einfach nicht fertig, das ›j‹ auszusprechen. Monsieur de Saint-Exupéry wird sich jetzt noch auf Spanisch verabschieden!«

Er war wie von Sinnen und sah mich hilflos an.

»Gute Nacht …«

»Der Nächste bitte …«

Meine Sekretärin schob Tonio an den Schultern hinaus, während Agnès Capri zu singen begann.

Spät am Abend kam Tonio zurück in mein Büro, um mich zu sprechen.

»Madame de Saint-Exupéry, bitte«, sprach er eine Sekretärin an.

»Eine Dame dieses Namens arbeitet nicht bei uns.«

»Aber ja, sie moderiert auf Spanisch …«

»Aber nein, Monsieur, die Dame, welche die spanischen Sendungen leitet, heißt Madame Consuelo Carrillo.«

»Danke. Das ist dieselbe Person. Wo finde ich sie?«

»Sie hat bald Feierabend. Heute ist ihr Namenstag, und wir sollen sie alle nach Hause begleiten, nach außerhalb. Sie wissen vielleicht, dass ihr Mann ein berühmter Flieger ist; aber sie wohnt allein auf dem Land. In Jarcy, in einem großen Haus, das La Feuilleraie heißt. Und heute Abend fahren wir alle hin.«

»Aber wo ist sie?«

»Da kommt sie gerade. Madame Gómez, Madame Gómez, hier ist Besuch für Sie.«

»Vielen Dank.«

An Tonio gewandt, fuhr die Sekretärin fort: »Fahren Sie doch mit uns im Lastwagen. Wir sind ohnehin zwanzig Personen. Wir wollen auf La Feuilleraie eine Einweihungsparty feiern.«

Er kam mit. Aber niemand wusste, dass dieser Herr mein Ehemann war …

Im Verlauf des Festes erzählte man ihm eine hübsche Geschichte, die mir passiert war; die Geschichte von der Rosenernte auf dem Weg zwischen Paris und La Feuilleraie.

»Madame Gómez fährt jeden Abend nach der Arbeit über diese Straße«, erklärte ihm einer der Gäste. »Da hat sie natürlich die Rosenzüchter kennen gelernt. An einem Abend, an dem es fror, sah Madame Gómez, dass ihre Freunde weinten und ganz aufgeregt waren. Denn der Frost war dabei, die Rosen zu töten. Noch in derselben Nacht ließ sie Dutzende großer, mit Kronen bestickter Leintücher bringen. Es heißt, die Laken gehörten zu dem Erbe ihres Mannes, der ein Adliger ist – ich glaube, ein Graf. Auf jeden Fall stammt er von einer großen Familie ab. Stellen Sie sich nur vor, die weißen Tücher auf der Erde. Mitten in der Nacht hat sie neue Hoffnung in den Rosenzüchtern entfacht, und sie machten sich von neuem an die Arbeit. Sie selbst hat sich beteiligt, und gemeinsam haben sie ein riesiges, schneeweißes Zelt errichtet, um die Rosen zu retten. Am nächsten Morgen sind wir alle gekommen, um zu helfen. Jeder, Monsieur, hat ein Stück Verpackungsstoff mitgebracht oder Zeitungspapier; das war ein richtiger Lumpenmarkt unter den ›Zelten‹. Wir krochen auf allen vieren und zündeten kleine Feuer an, und, Monsieur, ein richtiges Wunder geschah, und die Rosenernte wurde gerettet. Man muss sagen, dass der Himmel den Bauern geholfen hat. Der Frost ging zurück, und die Rosen konnten überleben. Die Laken waren natürlich nur noch Fetzen, aber die Liebe der Rosenzüchter zu Madame de La Feuilleraie, ich meine Madame Gómez, die, glauben Sie mir, Monsieur, ist noch viel schöner als tausend Laken, und wenn sie mit Kronen bestickt sind. Sie sind an mehreren Tagen nach La Feuilleraie gekommen, um ihr im Obstgarten, im Gemüsegarten zur Hand zu gehen. Sie haben die Binsen geschnitten. Verstehen Sie, Monsieur, Arme, die nicht bezahlt werden, die Arme der Freundschaft und der Liebe zur Erde, das alles ist viel wertvoller als alles andere. Und auf La Feuilleraie ist alles erblüht. Wenn es Sie interessiert, kann ich Ihnen die genauen Zahlen geben. Im Obstgarten haben wir achthundert Kilo Birnen geerntet, die auf dem Markt verkauft worden sind …

Madame Gómez liebt die Rosen, sie liebt es, sie zu retten. Ja, sie ist selbst eine Rose.«

21

»Ich verspreche Ihnen, dass ich zu Ihnen zurückkehre …«

Die fünfundvierzig Kilometer lange tägliche Fahrt nach Paris, die mich durch den Wald von Vincennes führte, war mir zu einer angenehmen Gewohnheit geworden. Unterwegs fuhr ich an riesigen Feldern mit roten Rüben vorbei, ein appetitliches Gemüse, das man bei Nacht nach Paris liefert, damit es in aller Frühe in den Markthallen unter die Menschen gebracht wird. Aber der Verkehr wurde immer dichter; etwas ging vor sich, das unerhört war für diese braven Bauern, die ihre Ernte einbrachten. Ich erriet ihre Sorgen, die ich ja teilte. Man sprach von Mobilmachung und Krieg. Bald würde Frankreich in den Kampf ziehen. Wir Pariser klammerten uns um jeden Preis an den Frieden. Wir wollten nichts vom Krieg hören, niemand wünschte ihn sich, und doch war er bereits bis auf weniger als hundert Kilometer an uns herangerückt … Uns blieb nur übrig, weiter so zu tun als ob, die Gerüchte zu ignorieren und in Frieden jene letzten sonnigen Frühlingstage des Jahres 1940 zu leben.

Tonio lud sich immer noch selbst zum Mittagessen nach La Feuilleraie ein. Dies war die einzige Mahlzeit, die ich zu Hause einnahm, mit meinen Hunden und meinen guten Freunden, Jules dem Gärtner und seiner Frau. Jules diente mir auch als Weinkellner und wusste den Roséwein ebenso sorgfältig einzuschenken wie den

Champagner, ohne einen einzigen Tropfen auf das Tischtuch zu vergießen, das die legendäre Tafel von La Feuilleraie deckte. Mein Mann trug bereits Uniform; die Flieger waren bereits mobil gemacht worden, obwohl sie noch keine Flugzeuge hatten. Dennoch waren sie bereit für diesen Krieg, von dem sie schon ahnten, dass er eher eine Farce und ein Gemetzel werden würde, da sie angesichts eines bis an die Zähne bewaffneten Volkes über keinerlei Ausrüstung verfügten ...

Die Monate verstrichen schnell. Wir vermieden es, den Krieg zu erwähnen und sprachen lieber von dem blühenden Weißdorn, der Konfitüre, die eingemacht werden musste oder der Notwendigkeit, die Jagdhütte neu zu streichen.

Eines Tages verkündete ich Tonio, ich wolle meine gesamten Ersparnisse in den Einkauf von Getreide stecken, um meine Hühner und die anderen Tiere zu ernähren.

»Außerdem werde ich aus dem Tennisplatz ein Hühnerhaus machen, um die Produktion zu erhöhen. Und auf dem Gartenteich werde ich Enten züchten.«

Ich brachte meine Nachmittage damit zu, in meinem Wagen riesige Kornsäcke zu transportieren, die ich hier und dort einkaufte, denn die Bauern verhielten sich bereits genau wie ich und begannen, ihre Vorräte zu verstecken.

Dann trat Frankreich in den Krieg ein und wurde blitzschnell geschlagen. Meine Mutter, die sich in San Salvador aufhielt, befahl mir telegrafisch, Europa so rasch wie möglich zu verlassen und nach Hause zu kommen, als wäre ich ein folgsames kleines Mädchen.

Ich setzte meinen Mann über das Telegramm in Kenntnis. Zum ersten Mal wie ein Kind weinend, flehte er mich an, unter allen Umständen in Frankreich zu bleiben. Ich dürfe ihn nicht verlassen; wenn ich gehe, würde er sich vollkommen schutzlos fühlen und sich bei seiner ersten Mission abschießen lassen. Denn dann läge ihm nichts mehr am Leben.

Ich versprach ihm, was er sich wünschte. Aber da es bereits fast unmöglich war, Radio-Paris über die Straßen zu erreichen, beschloss ich, in die Hauptstadt zu ziehen, um weiterarbeiten zu können. Doch Tonio überredete mich, die Stelle beim Rundfunk aufzugeben und in La Feuilleraie zu bleiben, um meine Kaninchen zu füttern und Marmelade zu kochen. Ich gab nach, weil Tonios Flugplatz nicht weit vom Gut entfernt lag und er ein oder zwei Mal in der Woche kam, um sich bei mir auszuruhen. Obwohl unser Leben so wechselhaft verlief, erlebten wir so noch einige glückliche Tage in dem Blätter- und Rosenmeer von La Feuilleraie.

Die Deutschen bombardierten den kleinen Bahnhof von Jarcy, einen Kilometer vom Haus entfernt. Mehrere Zugwaggons flogen in die Luft, und meine Köchin wurde vor Angst fast verrückt. Der Kammerdiener musste zur Armee, und Monsieur und Madame Jules waren die einzigen, die mir noch Gesellschaft leisteten.

Eines Montags, ich glaube, es war der zehnte Juni, traf mein Mann sehr aufgeregt im Haus ein.

»Du musst in fünf Minuten fort«, erklärte er.

»Wohin?«

»Ganz egal. Das ist nicht so wichtig; nimm einen kleinen Koffer und pack nur etwas für die Nacht ein. Bald bist du wieder zu Hause. Hoffe ich jedenfalls. Aber ich will nicht, dass du allein hier bleibst. Die Deutschen werden bald in Paris sein. Man kann sie schon hören …«

»Allerdings, besonders bei Nacht. Kürzlich haben wir eine Luftschlacht beobachtet, unmittelbar hinter der Grenze des Gutes.«

»Beeil dich. Du nimmst den kleinen Peugeot. Du musst so viel Benzin mitnehmen, wie du kannst, um so weit wie möglich zu kommen. Ich finde, das Gescheiteste wäre, nach Pau zu fahren.«

»Nach Pau? Aber dort kenne ich niemanden.«

»Unwichtig. Du wirst schnell genug Leute kennen lernen. Man hat das gesamte französische Gold aus Paris evakuiert, um es in gepanzerten Lastwagen nach Pau zu bringen. Du wirst einem davon folgen und ihn nicht aus den Augen lassen, denn die Deutschen werden niemals das französische Gold bombardieren. Sie sind im Bilde und wissen, dass es an einen sicheren Ort gebracht wird. So werden sie wissen, wo sie zu suchen haben, nachdem die Verhandlungen abgeschlossen sind. Es liegt in ihrem eigenen Interesse, dieses Gold gut zu schützen.«

Vor Angst und Kälte zitternd, brach ich also mit dem Wagen auf.

»Keine Tränen, ich bitte dich«, sagte er ein ums andere Mal. »Zum Weinen hast du später noch Zeit. Wenn du von mir hören willst, musst du dich in der freien Zone aufhalten. Wenn du in Paris bleibst, wird dich nie wieder eine Nachricht erreichen, nicht einmal, wenn ich umkomme.«

Immer noch frage ich mich, woher mir die Energie zuwuchs, die geheimnisvolle Intuition, die mich seinem Rat folgen ließ. Wie eine Schlafwandlerin machte ich mich auf nach Pau.

Ich verließ Tonio mit geschlossenen Augen, um mir die Erinnerung an sein Gesicht, seinen Duft, seinen Körper, besser einzuprägen. Wir brachen in entgegengesetzte Richtungen auf. Mein Lieblingshund Gréco folgte mir etliche Kilometer und lief hinter dem Wagen her, aber Durst und Erschöpfung ließen ihn den Mut verlieren, und bald verlor auch ich ihn aus den Augen.

Ich erreichte Paris, aber ich vermochte meine Fahrt nicht fortzusetzen, ohne ein letztes Mal eine meiner gewohnten Caféterrassen aufzusuchen. Die Tische im Deux Magots waren vollbesetzt wie immer, und alles sprach davon, Paris zu verlassen. Evakuieren, Paris räumen, so lautete der Befehl.

Dumpfer Zorn stieg in mir auf. Warum fliehen? Warum sein Haus den Feinden überlassen? Warum sollte man ihnen nicht die Stirn bieten? Zumindest mit einem Blick? Ach. Ich fand diesen Befehl ziemlich unklug. In meinem Fall war das natürlich etwas anderes. Wenn ich wissen wollte, wie es meinem Liebsten erging, musste ich mich nach Pau begeben. Ich konnte mir die Möglichkeit nicht entgehen lassen, zu erfahren, was aus ihm wurde in diesem Durcheinander, das seine ganze Gruppe in alle Winde zerstreut hatte.

In einer Minute hatte ich mein Haus verloren, meinen Mann und meine Wahlheimat, die ich liebte und achtete. Ich spürte einen Geschmack wie von Asche im Mund, und nichts, nicht einmal der Alkohol, konnte die Scham über die Niederlage fortwaschen. Zum ersten Mal in meinem Leben ergriff ich die Flucht. Ein merkwürdiges Gefühl. Man entfernt sich vom Feind, man rennt irgendwohin und hat doch das Gefühl, in noch größerer Gefahr zu schweben. Nun stieg auch in mir die Panik auf, die vierzig Millionen Franzosen empfunden hatten, als sie die Order erhielten, ihre Häuser, ihre geliebten Dörfer zu räumen. Nun drehten sie sich im Kreis wie Tiere und erschöpften ihre letzte Energie, ohne zu ahnen, dass ihre Kraft und Widerstandsfähigkeit sie verließen.

Ich fuhr also nach Pau. Um einen Brief von dem Mann, den ich liebte, zu erwarten. Ich selbst hätte gern irgendwo Halt gemacht. Am liebsten hätte ich einem Deutschen ins Gesicht gelacht, auch wenn der mich nachher an einen Baum gestellt und erschossen hätte. Angst verspürte ich nur angesichts dieser Menschen, der armen, einstmals siegreichen Franzosen, die heute flüchteten wie eine Schafherde ohne Hirten, über die Straßen, aufs Geratewohl, ohne einen Stern, der sie geleitet hätte.

Es war mir unmöglich, in diesem Tumult an die Bombardements zu denken, mit denen die Deutschen diese unendliche Kette menschlicher Wesen überzogen, die auf den Fluren und Wegen Frankreichs wimmelten. Jeder glaubte, er gehe irgendwohin, aber wenn er eine Minute lang überlegt hätte, wäre er einfach irgendwo stehen geblieben. Denn es war illusorisch zu glauben, dass Millionen von Menschen irgendwo Unterkunft und Nahrung finden würden, einfach indem sie sich von einem Ort zum anderen bewegten. Stattdessen fuhren sie fort, einander zu schieben und zu stoßen wie Vieh, das man zum Schlachthof führte. Man hörte diejenigen stöhnen, die unter den Geschossen der Flugzeuge fielen, welche uns praktisch aus nächster Nähe unter Feuer nahmen. Nur die gepanzerten Lastwagen, die das Gold sicherten, wurden verschont … Tonio hatte Recht gehabt …

Ich brachte es fertig, mich zwischen zwei dieser Panzerwagen zu quetschen. Bei Nacht erhielten wir Befehl, uns unter unsere Autos zu legen und unsere Scheinwerfer zu löschen, die wir bereits blau oder grau angestrichen hatten, damit sie auf einen Meter Entfernung nicht mehr sichtbar waren …

Wir gewöhnten uns daran, im Dunkeln zu sehen. Fünf Tage lang war ich auf der Flucht. Bei der ersten Gelegenheit betrat ich ein Postamt und fragte, ob ich meinem Mann ein Telegramm schicken könne. Nachdem man mich lange verhört und ich meine Papiere gezeigt hatte, nachdem ich den Namen meines Gatten immer wieder genannt und auf etliche Formulare geschrieben hatte, zusammen mit seinem Rang als Hauptmann der französischen Armee, nachdem ich den Namen seiner Staffel angegeben hatte, erlaubte man mir endlich, ihm ein Telegramm zu senden, doch ohne jede Garantie, dass es ihn erreichen würde. Doch ich ergriff diese winzige Chance; ich musste einfach seinen Namen auf ein Formular setzen, das ich eher mit Tränen denn mit Tinte beschriftete. Anschließend legte ich in einem Dorf eine Pause ein, um einen Brief zu schreiben.

Endlich erreichte ich Pau. Mein Quartier war vorbereitet; man erwartete mich. Am nächsten Morgen begab ich mich aufs Postamt. Ich erfüllte damit so etwas wie eine religiöse Pflicht: Täglich ging ich zur Post, wo ich auf Kunde von Tonio wartete. Da der Himmel mir gestattet hatte, die Strecke von La Feuilleraie nach Pau zurückzulegen, würde Gott mir wohl auch eine Botschaft schicken. Hunderte warteten gleich mir, in der Hoffnung, dort einen Brief vorzufinden. In dieser Flut entwurzelter Menschen, fern von allem, was einem teuer war, schloss man rasch Bekanntschaft. Niemand war zu stolz, von seiner Flucht zu berichten, von seiner Niederlage oder diesem Zustand zwischen Hoffnung und Tränen, der einen an den Schalter trieb und nach dem Brief fragen ließ, der die Verbindung zu geliebten Menschen wieder herstellte.

Vage, so wie man den Schrei eines Ertrinkenden vernimmt, erinnerte ich mich an die wenigen Worte, die Tonio vor unserer Trennung zu mir gesagt hatte. »Monsieur Pose, der Direktor der Bank von Frankreich, ist ein Freund von mir. Vergessen Sie diesen Namen nicht; Pose wie Pau. Wenn Sie Ihr Geld verlieren, gehen Sie einfach zum Schalter der Bank und bitten Sie ihn, Ihnen unter die Arme zu greifen. Er kennt uns. Ich bin mir sicher, dass er Ihnen helfen wird.« Ich rannte zur Bank von Monsieur Pose und schrie vor den Fenstern: »Monsieur Pose, Monsieur Pose, Monsieur Pose!« Ein Angestellter fragte mich, was ich wolle.

»Ich möchte ganz einfach Monsieur Pose sehen. Ich bin die Gräfin Saint-Exupéry.«

»Er befindet sich in einer Konferenz, Madame. Aber er hat mir aufgetragen, Ihnen zu helfen; er hat eine Nachricht von Ihrem Mann erhalten. Was können wir für Sie tun? Was brauchen Sie?«

»Ein Zimmer, denn ich finde nichts. Bei den Leuten, die mich aufgenommen haben, kann ich nicht bleiben. Ich habe es schon bei allen Hotels versucht.«

Der Mann bat einen Kollegen, mich zu begleiten. Die Regierung hatte in Privathäusern Zimmer beschlagnahmt, die mehr oder weniger komfortabel waren, kalte Dachkammern ohne fließendes Wasser. Aber ich hatte Glück, ein Bett bei einer Einheimischen zu finden, die mich zusammen mit einem Soldaten und einer alten Frau unterbrachte.

In dieser Mansarde zu wohnen, war schwer erträglich, aber noch schlimmer war es, auf Nachrichten von Tonio zu warten, der nach Nordafrika in die Schlacht gezogen war. Ich wusste nicht mehr, welchen Heiligen ich anrufen sollte, um von ihm zu hören. Meine Sorge wandelte sich in Resignation, und schließlich fand ich die Geduld, diese Prüfung zu ertragen.

Es war ein Tag wie jeder andere. Ich stand auf dem Postamt zwischen Hunderten verzweifelter Menschen, die schon um sieben Uhr morgens vor den Schaltern Stellung bezogen hatten, und wartete darauf, an die Reihe zu kommen. Der Angestellte, der mich kannte, bedeutete mir manchmal mit einem Handzeichen, dass er nichts für mich habe. Doch heute hörte ich seine Stimme: »Ein Brief für Madame de Saint-Exupéry.« Meine Freude war so groß, als hätte eine Sternschnuppe plötzlich auf ihrem Flug innegehalten. Zwischen den einsamen, blassen Gesichtern der Menschen, die Tag für Tag auf ihren Brief warteten, ging für mich allein die Sonne auf.

Eine alte Dame nahm meinen Arm und zog mich an der Warteschlange vorbei nach vorn, wo ich meinen Brief erhielt. Die Blicke der Umstehenden hefteten sich an meine Kleider, meine Füße, mein Gesicht. So stark empfand ich den Neid der anderen, dass ich ohnmächtig auf die Marmorfliesen des Postamtes sank. Die ganze gewundene Warteschlange stürzte sich auf mich, um mir hoch zu helfen. Doch in Wahrheit wollte jeder zumindest die Schrift auf dem Brief sehen, den ich gegen meine Brust presste, als wolle man ihn mir entreißen.

Die alte Dame, die mich zum Schalter geführt hatte, half mir die Treppe hinunter und begleitete mich in ein nahe gelegenes Café. Sie rückte ihre Brille zurecht und riet mir, ruhig zu bleiben und zu überlegen, ehe ich den Umschlag öffnete.

»Ich werde mit Ihnen in die Kirche gehen, um dem Himmel zu danken. Aber jetzt lesen Sie Ihren Brief, mein Kind«, setzte sie tief bewegt hinzu.

Tonios Handschrift hatte ich erkannt, aber ich konnte einfach nicht klar sehen. Ich konnte nicht mehr lesen, ich war blind geworden. Vor meinen Lidern tanzten Lichter in allen Farben, und ein Weinkrampf überwältigte mich. Die alte Dame nahm den Brief und erklärte mir, Tonio sei gut in Afrika angekommen, und er habe diesen Brief mit dem einzigen Postflug geschickt, der noch nach Frankreich abgehe. Dies sei die letzte Militärmaschine, die von Afrika nach Frankreich fliege. »Wie versprochen, gebe ich Ihnen Nachricht«, schrieb er. Er schwor mir, zu mir zurückzukehren und mich dann nie mehr zu verlassen.

Wir blieben bis spät abends in der Kirche sitzen, dem einzigen Ort, wo man noch Ruhe fand, denn die Stadt war auf das Zehnfache ihrer normalen Einwohnerzahl angewachsen. Als die alte Frau mich allein gelassen hatte, fragte ich mich, warum ich sie nicht wenigstens nach ihrem Namen und ihrer Adresse gefragt hatte. Doch es war zu spät, inzwischen war sie in der Menge verschwunden.

Ganz allein lächelte ich vor mich hin, betete Tonios Namen wie einen Rosenkranz und streichelte den Brief, wie ich ein eigenes Kind liebkost hätte. Ich beschloss, mir ein gutes Restaurant zu suchen und endlich wieder eine richtige Mahlzeit zu mir zu nehmen. Mein Mut wuchs. Seit ich das Haus meiner Gastgeber verlassen hatte, hatte ich keine Gelegenheit mehr gehabt, mich an einen gedeckten Tisch zu setzen. Denn die Restaurants servierten zwar dreimal, aber trotzdem hatte eine Einzelperson keine Chance, einen Tisch zu finden. Doch ich war fest entschlossen, mich heute Abend vor ein weißes Tischtuch zu setzen und die Mahlzeit zu genießen, die mir die Kraft geben würde, ruhig auf meinen Mann zu warten.

Er würde zu mir zurückkehren … Er kam zurück … Und er versprach mir, mich nie wieder zu verlassen. Gott hatte mich erhört. Tonios Liebe war mir zurückgegeben. Ich fühlte mich gesegnet inmitten der Menge und hätte dem Herrn in aller Öffentlichkeit lobsingen mögen. Kaum konnte ich meiner Freude Herr werden, als ich so im Zickzack die Gehwege der Hauptstraße von Pau entlangging. Das fahle, elektrisch blaue Licht der Verdunklung wies mir den Weg zu einem Restaurant.

Vor dem Lokal drängten sich Scharen von hungrigen

Menschen und schoben sich durch die Tür. Ich hingegen trat in die Bar. Der Rauch, das Licht, der Geruch des Essens und der Menschen verursachten mir beinahe Übelkeit. Aber ich hatte seit mehreren Tagen gehungert und mich von trockenem Brot ernährt und Käse, den ich bei den Bauern kaufte, ohne auch nur frisches Wasser in einem Glas zu kosten …

Ein Mann mittleren Alters, in Grau gekleidet und mit einer Krawatte in tausend Farben, fragte mich verschmitzt, ob ich allein sei. Ich antwortete ihm: »Sie dort an der Bar, würden Sie mir einen Portwein bestellen? Einen doppelten. Ich zahle.«

Er lächelte und orderte den doppelten Portwein.

»Ich lade Sie ein, Mademoiselle. Auch ich bin allein. Zu zweit bekommt man leichter einen Tisch. Ich stamme aus Pau und kenne den Oberkellner; der wird uns einen Tisch geben, wenn zum zweiten Mal serviert wird. Nehmen Sie doch meinen Barhocker.«

Zärtlicher als ein Freund umfasste er meine Taille und hob mich auf den Hocker. Ich begann meinen Portwein zu genießen und träumte dazu von dem Himmel Afrikas, der meinen Mann beschützte. Den Mann in Grau, der so vertraulich meinen bloßen Arm berührt hatte, vergaß ich ganz. Er bestand darauf, dass ich einen weiteren Portwein nahm. Ich nahm an, und wir tranken weiter. Ich hörte ihm zu: Er verdiene ein Vermögen mit dem Verkauf alter Krawatten, erzählte er mir. In Friedenszeiten sei er sie in seinem Laden niemals losgeworden, und die Geschäfte gingen sehr gut …

Ich war zu glücklich, um Anstoß an seiner Vertraulichkeit zu nehmen. Seit ich Paris verlassen hatte, war dies das erste Restaurant, in dem ich endlich essen würde. Ich musste wieder zu leben beginnen. Aufmerksam betrachtete ich die Köpfe um mich herum. Vielleicht würde sich ja unter den Gästen das Gesicht eines Freundes zeigen? Doch immer mehr Köpfe zogen vorüber, ohne dass ich jemanden erkannt hätte. Meine Schultern sackten herab. Ich beugte mich über die Theke und bestellte alle Viertelstunde einen neuen Portwein. Ich trug meinen Talisman, den Brief, an meinem Herzen, und fürchtete daher nichts.

Schwere, muskulöse Arme ergriffen mich, und ich vernahm einen Schrei.

»Consuelo, Consuelo, bist du das? Komm mit uns.«

»Consuelo, seit wann bist du schon hier?«, fragte eine andere Stimme.

Bald saß ich vor dem weißen Tischtuch, von dem ich geträumt hatte, umgeben von drei alten Kameraden von Tonio, drei befreundeten Soldaten, die in diesem Krieg ihr Leben riskiert hatten. Ein Hauptmann, zwei Majore, und alle drei waren verletzt, zwei am Bein und der andere am Arm. Sie trugen Verbände und gingen am Stock. Dank dieses Umstands wurden wir aufmerksamer bedient und erhielten eine bessere Mahlzeit als die übrigen Gäste. Mir wurde klar, dass ich meinen grauen alten Herrn ohne Kommentar im Stich gelassen hatte. Die drei Männer wussten nicht, was nach der Evakuierung von Paris aus ihren Frauen geworden war. Sie durften mit niemandem Verbindung aufnehmen und mussten im Krankenhaus bleiben, um ihre Verletzungen zu kurieren. Sie waren zuerst in Biarritz gewesen, aber als die Deutschen die Stadt eroberten, hatten sie die Flucht ergriffen und waren nach Pau gefahren – in einem alten Lastwagen, gesteuert von einer Krankenschwester, die sie nur die »Jungfrau von Biarritz« nannten.

Ich dankte dem Himmel, weil er mir wahre Freunde geschickt hatte. Weinend gedachten wir der Niederlage, und als die Mahlzeit beendet war, erklärten alle drei zugleich: »Du kommst mit uns. Wir haben Zimmer in einem kleinen Hotel. Wir sind zu fünft, mit dir zu sechst. Die Frauen haben Betten, und die Männer schlafen auf der Erde.«

Wie ein Tier, das endlich eine Höhle gefunden hat, wo es Zuflucht nehmen kann, folgte ich den Soldaten. Wir mussten über den Hof gehen, denn diese Zimmer stellten kleine Mansarden ohne Bettwäsche und fließendes Wasser dar: Dienstbotenkammern halt.

Als ich mich von meinem Gefühlsausbruch erholt hatte, machte ich den anderen einen Vorschlag.

»Ich nehme euch in mein Landhaus in der Gegend von Pau mit.«

»Wie denn, du hast ein Haus in der Nähe von Pau? Ein richtiges Haus? Auf dem Land? Das wäre zu schön, um wahr zu sein. Du machst wohl Scherze.«

»Nein, ganz und gar nicht. Heute habe ich die erste Nachricht von meinem Mann erhalten. Ich bin durch die Straßen zu der Garage gelaufen, in der ich meinen Wagen untergestellt hatte, um dort meinen Schatz zu verstecken, meinen Brief. Denkt euch nur, ich hatte noch zehn Liter Benzin. Mein Auto ist klein, und mit zehn Litern würde ich hundert Kilometer weit kommen. Ich machte mich also auf den Weg in die Felder, wo hoch oben auf einem Hügel eine mir bekannte griechische Familie lebte. ›Warum ziehen Sie nicht aufs Land?‹, schlug mir ihr Hausmädchen vor. Weil ich kein Haus auf dem Land besitze, antwortete ich ihr. Sie meinte, ihre Eltern würden mir das Castel Napoli vermieten, das große Gutshaus; ein uralter Kasten, umgeben von großen Trinkwasserbrunnen und Feigenbäumen. Ich wurde bei dem Vater des Mädchens vorstellig und habe für tausend Francs monatlich dieses Haus gemietet, damit Tonio ein ruhiges Eckchen hat, wo er sich nach seiner

Rückkehr erholen kann. Morgen nehme ich euch mit dorthin.«

»Nicht morgen. Sofort! Wir haben genug davon, auf der Erde zu schlafen«, riefen meine Freunde aus.

Wie eine Infanterieabteilung schnallten sie ihre Ranzen an und stiegen in ihren Wagen. Als Militärangehörige und Verwundete stand ihnen eine geringe Menge Benzin zu. So fielen wir im Castel Napoli ein. Jeder nahm im Sturm ein Zimmer, und bald kam auf dem großen Gut eine Art geregeltes Familienleben in Gang. Von Zeit zu Zeit erhielten wir Nachrichten von Soldaten, die die afrikanische Armee verließen, um den Krieg von England aus fortzusetzen.

Auf dem Postamt brauchte ich nun nicht mehr so lange zu warten, da Militärpersonen zuerst bedient wurden. Aber ich hörte nichts weiter von Tonio.

Da erfuhren wir in einem Café von einem Piloten, dass Tonio bereits zurück in Frankreich war. Ich glaube, von diesem Tag an lebte ich wie erstarrt. Warum hatte er mich nicht verständigt? Das war unmöglich. Ich hatte einen Brief erhalten, meinen Brief, seinen letzten Liebesbrief. Einen Brief, in dem er mir Treue gelobte. Er hatte mir geschworen, wenn er lebend zurückkehre, werde er mich nie wieder verlassen …

Die letzten drei Monate hatte ich in vollkommener Ruhe mit meinen Freunden vom Militär verbracht. Einem von ihnen traten die Tränen in die Augen, als er meinen Kummer verstand. Der schöne Hauptmann begriff nicht, was er da anrichtete, denn damit löste er bei mir ein Erdbeben und eine Tränenflut aus. Der Major befragte den Flieger über die Demobilisierung meines Mannes, und dieser berichtete ihm alles, was er wissen wollte. Er setzte noch hinzu, er habe ihn so verstanden, dass er zu seiner Familie zurückkehren wolle, nach Agay im Var.

Ich war verzweifelt. Von Fieber und Angst geschüttelt, konnte ich kaum aufstehen. Meine Beine gaben nach wie die eines Tieres, das sich irgendwo niederlegt, um zu sterben. Nur der Tod konnte mich von diesem Fieber des Wartens erlösen.

Einige Tage später erhielt ich ein Telegramm von meinem Mann, in dem er mich ins Hotel Central von Pau zitierte. Ich ging zu diesem Treffen wie eine Schlafwandlerin. Seit dem Moment, in dem ich diese Botschaft empfangen hatte, beobachteten meine Freunde jede meiner Bewegungen. Mein Rendezvous war auch das ihre. Alle saßen im Kreise versammelt in der Küche des Gutes und flehten mich an, rasch zurückzukommen und Tonio mitzubringen.

Auf Napoli existierte kein Spiegel, sodass ich mich nicht einmal anschauen konnte. Meine Freunde dienten mir als Spiegel und gaben mir Ratschläge bezüglich meiner ärmlichen Toilette, die seit meiner Flucht aus Paris erheblich gelitten hatte. Die Frauen liehen mir ein Taschentuch, einen Kamm, eine Brosche, ja sogar eine Perlenkette.

Als ich im Hotel Central eintraf, richtete man mir von meinem Mann aus, ich möge in Zimmer siebzig kommen. Ein Kammerdiener beäugte mich und führte mich zu der entsprechenden Tür. Ich klopfte vorsichtig. Eine raue Stimme brüllte: »Sie können eintreten.« Der Diener fuhr zusammen und rettete sich auf Zehenspitzen.

»Gehen Sie hinein, gehen Sie hinein«, wiederholte er.

Ich kam nicht an den Lichtschalter auf der richtigen Seite heran. Von neuem ließ sich Tonios Stimme vernehmen.

»Ich schlafe. Drehen Sie den rechten Schalter und kommen Sie endlich herein.«

Tatsächlich, er lag im Bett.

»Ich habe das Licht ausgemacht. Ich bin kurz vor dem Einschlafen. Wenn du willst, mach die linke Lampe an.«

»Nein«, antwortete ich, »ich brauche kein Licht.«

Seit La Feuilleraie hatte ich ihn nicht mehr gesehen. Blass, mit halb geschlossenen Augen, lag er da und versteckte das Gesicht im Kopfkissen.

Am liebsten hätte ich ihn geküsst. Ich wollte ihn in meine Arme schließen, ihm erzählen, wie sehr ich auf ihn gewartet hatte, von all meiner Liebe … Er schloss die Augen.

»Ich bin so müde«, murmelte er.

Also begann ich mich langsam auszuziehen. Brüsk setzte er sich auf und gebot mir mit derselben heiseren Stimme wie eben Einhalt.

»Nicht nötig. Wir haben ein Uhr morgens, und ich muss um drei aufstehen. Ich muss einen Zug bekommen. Ich fahre nach Agay zurück. Also, meine Liebe …«

»Dann habe ich ja kaum Zeit, meine Sachen aus Napoli zu holen«, meinte ich naiv.

»Nein, ich fahre danach gleich weiter nach Vichy. Wenn ich zurückkomme, treffe ich mich für länger mit Ihnen. Aber jetzt wäre es das Klügste, wenn Sie zu Ihren Freunden zurückkehren.«

Schüchtern erklärte ich ihm, dass um diese Zeit kein Taxi mehr zu bekommen sei. Der Rückweg führe eine halbe Stunde zu Fuß durch die Felder, und der Weg sei stockfinster.

»Hören Sie«, sagte er mit ernster Stimme, »ich rate Ihnen wirklich zurückzugehen.«

Mein Herz krampfte sich zusammen, und die Glut, die in mir brannte, sank plötzlich zu Asche zusammen. Jetzt war mir wirklich nichts mehr geblieben. Ich schloss die Augen und wusste nicht, ob ich schreien oder weinen sollte. In meiner Tasche trug ich Tonios letzten Brief, in dem er mir versicherte, er werde mich nie wieder verlassen ... Ich zog das Blatt heraus, las es noch einmal und legte es auf sein Kissen. Er betrachtete es und sah reglos zu, wie ich aus dem Zimmer ging und mich in der pechschwarzen Nacht nach Castel Napoli aufmachte ...

Meine Freunde saßen immer noch im Kreis um den Kamin. Ich kehrte als geschlagene Frau zu ihnen zurück. Auf meinem Gesicht malten sich weder Kummer noch Hoffnung. Etwas in meinem Inneren war zerfallen, zerbrochen, und teilte sich durch eine immer wiederholte Kopfbewegung von rechts nach links mit, wie eine nervöse Zuckung, mit der ich immer wieder Nein, Nein, Nein, Nein sagte.

Ich hatte Tonio wiedergesehen. War das wirklich er gewesen? Das war nicht möglich. »Nein, nein«, sagte ich mir und drehte den Kopf von links nach rechts und von rechts nach links. Ohne meinen Freunden, die ängstlich zusahen, wie ein Zittern langsam meinen ganzen Körper ergriff, auch nur ins Gesicht zu blicken, trat ich ans Feuer.

»Nein, nein«, konnte ich bald leise hervorstoßen.

»Was? Wie denn, nein? Sag uns doch, was passiert ist, Consuelo! Und dein Mann, hast du ihn gesehen?«

»Nein, ja, nein, nein.«

»Bist du verrückt geworden?«, beharrte der Major. »Du jagst uns Angst ein; sag doch, was du hast.«

»Ich habe nichts zu sagen. Keine Ahnung, ich habe ihn ein paar Minuten lang gesehen. Er hat gesagt, er wolle schlafen, ich solle nach Hause gehen und mich hinlegen, er werde irgendwann zurückkommen, um mich zu treffen. Wir haben uns nicht einmal die Hand gegeben.«

Als ich diesen Satz ausgesprochen hatte, konnte ich endlich weinend in den Armen des Majors zusammenbrechen.

»Schön, schön, stell dir einfach vor, du hättest ihn gar nicht gesehen. Hier, trink dieses Glas Whiskey.«

Er stammte aus der Flasche, die ich dem Marquis de Guatalmine für Tonio gestohlen hatte. Ich hatte sie versteckt, nachdem ich auf das Etikett »Für Tonio« geschrieben hatte, doch der Major hatte sie gefunden.

Er hatte die Flasche entdeckt und bot allen daraus zu trinken an. Aber das war gut so. Ich verlor die Nerven und begann hysterisch zu lachen. Da die Frauen mich nicht zu trösten wussten, schützten sie einen Kicheranfall vor. Das Feuer wurde wieder angefacht, und spät in der Nacht sang der Hauptmann, der die Auszeichnung der Ehrenlegion trug, immer noch: »Er kommt zurück in hundert Jahr'n, in hundert Jahr'n!«

Ich rührte mich nicht aus meinem Sessel. Die Sonne der Pyrenäen traf mich immer noch vor dem Kaminfeuer sitzend an, wo ich versuchte, die geheimnisvollen Wege des menschlichen Herzens zu begreifen. Der Major wachte bei mir. Ab und zu legte er ein Scheit ins Feuer und stocherte in der Asche, und manchmal strich er mir auch wortlos übers Haar. Am Morgen brachte er mir eine Tasse Kaffee. Meine Kehle war trocken, und ich genoss diesen Geruch nach Milchkaffee. Ich schaute ihn an und sah ein schönes, gutmütiges Männergesicht. Er hielt mir die weiße, dampfende Steinguttasse entgegen. Langsam stand ich auf.

»Wenn du mich liebst, dann küss mich«, sagte er. »Wir heiraten, und ich werde dich niemals verlassen.«

Gegen Mittag erwachte ich am Flussufer. Der Major beugte sich über mein Gesicht und kitzelte mich mit einem kleinen Zweig an der Stirn.

»Du schlummerst wie ein Kind. Schau dir an, was ich unterdessen gefangen habe.«

In einem Teich zu meinen Füßen zappelten ein paar Flusskrebse.

»Komm, wir wollen sie kochen. Sammle Steine, und wir zünden ein Feuer an. Die geben ein gutes Mittagessen für uns ab.«

Er setzte mich auf seinen Rücken und ging auf das Haus zu, plötzlich gerührt von meiner Zerbrechlichkeit und meinem Wahn, erschüttert durch diese verrückte Liebe, die mir das Herz zerspringen ließ. Er wollte mich retten. Ich fragte ihn, wie ich aufs freie Feld gelangt sei, denn ich konnte mich an nichts erinnern. Er erzählte mir, er habe mich schlafend auf seinen Armen dorthin getragen, mir die Stirn gekühlt, mir frisches Wasser zu trinken gegeben und dann Lieder gesungen, bis ich wieder in einen friedlichen Schlummer gesunken sei. Während er darauf wartete, dass ich aufwachte, hatte er mit bloßen Händen Krebse gefangen.

Als ich wieder bei mir war, durchsuchte ich das Gras, um einen kleinen Strauß aus wilden Blumen zu sammeln. Ich entdeckte vierblättrige Kleeblätter. Wir nahmen jeder eines, und ich werde mich immer an den Rat erinnern, den er mir damals gab: »Blick niemals zurück. Denk daran, dass in den wunderbarsten Legenden derjenige, welcher zurückschaut, sich in eine steinerne Statue oder in eine Salzsäule verwandelt.«

Er pfiff einen Militärmarsch und trug mich weiter ins Grüne hinein, auf den Wald zu.

Und dann, eines Tages, erhielt ich einen Brief von meinem Mann, in dem er mich nach Pau zum Mittagessen einlud. Ich zeigte dem Major das Schreiben.

»Musst du wirklich dorthin gehen?«, fragte er.

Ich stieß einen langen Seufzer aus.

»Mir scheint, dein Leiden ist noch nicht zu Ende«,

meinte er betrübt. »Komm, ich fahre dich mit dem Wagen ins Dorf und warte auf dich, um dich mit zurückzunehmen.«

Mein Mann und ich saßen einander gegenüber wie immer, als ob nichts geschehen wäre, und tauschten die typischen abgedroschenen Sätze alter Ehepaare aus. »Wie geht's der Familie? War es voll im Zug? Heiß war es. Sieht aus, als würde das Wetter umschlagen, bestimmt regnet es. Hast du Hunger? Nimm doch noch etwas Reis. Der ist im Moment schwer zu bekommen ...«

Tonio bemerkte das vierblättrige Kleeblatt, das ich in einem Medaillon um den Hals trug. Tatsächlich zeigte er mehr Interesse an dem Schmuckstück als an meiner ganzen Person. Mit seinen Magierfingern öffnete er es mit Leichtigkeit und war erstaunt.

»Ein Souvenir von einem Verehrer?«, fragte er mit einem etwas melancholischen Lachen.

»Etwas mehr als das«, antwortete ich ernst.

»Darf ich erfahren, was?«

»Ja, ich wollte es Ihnen ohnehin sagen. Ich bin verlobt.«

»Mit einem Kleeblatt?«, meinte er sarkastisch.

»Mit dem Mann, der mir das Kleeblatt geschenkt hat.«

»Seit wann?«, fuhr er weniger ironisch fort.

»Seit dem Abend kürzlich, als Sie mich nach Hause geschickt haben, damit ich dort schlafe.«

»Aber ich habe Ihnen doch gesagt, Consuelo ... meine Frau ... ich würde Sie wiedersehen. Und da bin ich.«

»Es ist zu spät. Zu spät. Ich bin mit einem Ihrer Freunde verlobt. Vielleicht ist das besser so für uns beide, da Sie sich fern von mir wohler fühlen als in meiner Nähe.«

»Das behaupten Sie.«

»Ich sage gar nichts. Ich diskutiere nicht. Aber ich will einen Gefährten. Ich möchte nicht mehr allein sein. Entschuldigen Sie mich. Es ist spät, und ich werde erwartet.«

»Ich bin wegen eines Briefes von Ihnen gekommen, den ich in Algier bekommen habe. Darin haben Sie geschrieben, Sie hätten ein Gelübde abgelegt, nach Lourdes zu pilgern, falls ich aus dem Krieg zurückkehre. Da ich nun zurück bin, lebendig und an Ihrer Seite, ist es Zeit, Ihren Schwur zu erfüllen. Ich weiß, dass Sie diese Dinge ernst nehmen, und wir haben genug Zeit, glauben Sie mir. Wir befinden uns kaum eine Stunde von Lourdes entfernt. Heute Abend sind Sie problemlos wieder zu Hause.«

Ja, ich erinnerte mich. Ich hatte dieses Gelöbnis an einem verzweifelten Tag abgelegt, als ich mich auf den Straßen Frankreichs unter den heimatlosen Menschen auf der Flucht befand. Unter dem unheilschwangeren und vom Geruch des Feindes gesättigten Himmel war ich auf die Knie gefallen. »Herr«, hatte ich ausgerufen, »Herr, lass meinen Mann heil und gesund zurückkehren. Ich gelobe Dir, ihn nach seiner Rückkehr an der Hand nach Lourdes zu führen, um Dir demütig meinen Dank abzustatten …«

Also fuhr ich Hand in Hand mit Tonio nach Lourdes, um mein Gelübde als Christin zu erfüllen.

Er war ernst. Wir besprengten einander mit dem reinen Wasser aus der Quelle von Lourdes. Mein Mann begann zu lachen.

»Das wäre erledigt, und Sie schulden dem Himmel nichts mehr«, erklärte er. »Aber ich bitte Sie, ein letztes Mal mit mir zu Abend zu essen. Ich glaube, wir haben uns eine Menge zu erzählen.«

»Nein, Tonio, ich habe Ihnen nichts mehr zu erzählen.«

Er lachte weiter und zog mich an der Hand zum Hotel

Ambassador, wo man, wie er mir versicherte, einen ausgezeichneten Portwein servierte. Der Besitzer des Hauses war ein Kapitän.

Man führte uns in ein Separée, als hätte man uns erwartet. Das schockierte mich ein wenig, da ich doch mit einem anderen verlobt war. Tonio erklärte mir, um gut zu essen und zu trinken, sei es angebracht, sich in einen Nebenraum zurückzuziehen, denn in Frankreich würden die Lebensmittel knapp …

In unbeschwerter Stimmung sprach er zu mir über die Wunder von Lourdes; ich erhielt einen ganzen Vortrag über das Wort »Wunder« und die Heilwirkung von Wundern. Der Portwein war gut, und ich fühlte mich mit dem Leben versöhnt. Ich war glücklich, Tonio gutmütig, vernünftig und sanft wiederzusehen, so wie ich ihn früher gekannt hatte. Wirklich, keinen von uns traf eine Schuld. An diesem Abend waren wir wie im Moment unseres Kennenlernens. Ich war entzückt und dankte ihm von ganzem Herzen für diese kleine, wundersame Reise, die mir bewiesen hatte, dass ich mich bezüglich seines edlen Herzens und seines ehrlichen Charakters nicht getäuscht hatte.

Unser Portwein wurde von einer üppigen Mahlzeit gefolgt. Alles duftete gut. Der Wirt hatte sich zu uns gesetzt. Als das elektrische Licht eingeschaltet wurde, fiel mir auf, wie schnell die Zeit vergangen war. Ich befand mich nicht mehr in Pau, sondern in einer anderen Stadt, und der Major wartete immer noch auf mich. Mein Mann las mir meine plötzliche Sorge von der gerunzelten Stirn ab.

»Wollen Sie ihn anrufen? Machen Sie sich keine Umstände, ich gehe schon. Geben Sie mir seine Nummer. Ich werde ihm erklären, wozu wir hergefahren sind.«

Und er verschwand abrupt in Richtung Telefon. Fast eine Stunde wartete ich auf ihn. Der Wirt goss mir ein

Glas Mirabellenschnaps nach dem anderen ein, ganz köstlich …

Schließlich tauchte Tonio wieder auf.

»Der Major lässt Ihnen ausrichten, dass er nicht mehr auf Sie wartet«, teilte er mir mit tief betrübter Stimme mit. »Er ist verstimmt. Hören Sie«, setzte er lächelnd hinzu, »wollen Sie sich nicht mit mir verloben, Consuelo?«

Der Likör schmeckte mir plötzlich bitter, als ich die harte Antwort des Majors vernahm, der mich wegen eines kleinen Ausflugs nach Lourdes zum Teufel schickte.

»Ärgern Sie sich nicht, die Männer sind alle gleich«, meinte Tonio und lächelte immer noch. »Seien Sie lieb. Geloben Sie sich mir an, mit demselben Kleeblatt.«

Ohne dass ich ein einziges Wort sagen konnte, nahm er mir das Medaillon vom Hals. Und bald fand ich mich in einer herrlichen Suite des Hotels Ambassador wieder, nicht nur verlobt, sondern wieder verheiratet mit meinem Mann …

Am nächsten Morgen gab Tonio mir aus seinen Händen den dampfenden Milchkaffee zu trinken.

»Meine Consuelo«, flüsterte er mir ins Ohr, »ich bitte Sie um Verzeihung für allen Schmerz, den ich Ihnen zugefügt habe, und den ich Ihnen immer wieder bereiten werde … Ich habe gestern überhaupt nicht mit dem Major telefoniert!«

Mir fiel die Kaffeetasse aus den Händen.

Wir verbrachten noch eine Nacht in dem Hotel. Mein Mann war wirklich ein Schlitzohr.

»Geliebtes Weib«, verkündete er mir am Morgen darauf, »ich muss Sie verlassen, und das vielleicht für ziemlich lange Zeit. Man hat mich mit einer Mission außerhalb Frankreichs betraut, und Sie werden allein auf mich warten müssen …«

22

»Die Frau eines Piloten zu sein, ist ein Beruf. Die Frau eines Schriftstellers zu sein, ein heiliges Amt.«

Ich suchte Zuflucht in dem Dorf Dieulefit. Der Ort eignete sich wunderbar zur Einkehr. Die Bäume strahlten eine Atmosphäre von Frieden und Hoffnung aus. Das Obst begann zu reifen, und man atmete schon den Duft der Erntezeit. Unter Tränen gedachte ich meines Obstgartens in Jarcy, den ich im Stich gelassen hatte und der in diesem Augenblick voll Birnen und rosiger Äpfel sein musste. Wer würde meine Früchte jetzt essen? Ich fühlte mich von einer leidenschaftlichen Liebe für alles ergriffen, was mit der Natur zu tun hatte, und ich fragte mich, wann ich endlich wieder im süßen Schatten meiner Apfelbäume wandeln würde.

Meine Einsamkeit wuchs. Vergeblich sagte ich mir, dass Gott uns die ganze Erde geschenkt hat, auf dass wir klug an ihr handeln. Ich strengte mich an zu glauben, und wenn ich daran sterben würde. Ich spürte, dass ich Widerstand leisten musste; das Gefühl nistete sich von ganz allein, beinahe unbemerkt, in mir ein.

Abends ging ich spazieren und fühlte mich reich im Überfluss der Erde. Ich stellte mir Tonio auf tausend Weisen in meiner Nähe vor, aber auf meinem Weg der Bilder fand ich immer bloß Leere. Ozeane trennten uns, die ich nur im Schlaf zu überqueren vermochte.

Dann kam, wie ein Zeichen, der Vorschlag von Bernard Zehrfuss, meinem Freund, dem Architekten, den ich bei dem Debakel in Marseille getroffen hatte. Er wollte ein altes Dorf wiederbeleben, dort Künstler ansiedeln und auf diese Weise Widerstand gegen die Niederlage leisten, gegen die Beleidigungen, die der Zivilisation zugefügt wurden. So brach ich nach Oppède auf.

Oppède. Eine kleine Gemeinde im Vaucluse mit ihren verlassenen oder verfallenen Häusern aus dem Mittelalter und dem Schloss, das Raimond IV., Graf von Toulouse, erbaut hatte. Dort ließen wir uns nieder, um eine kleine Gemeinschaft von Künstlern zu gründen und unsere Kunst fortzuführen. Ich beschloss, mich fortan Dolores zu nennen.

Die alte Utopie der brüderlichen Gemeinschaften, ob klösterlich oder sozialistisch, schlug Wurzeln in mir. Meine Freunde aus der Zeit der Flucht hatten mich überzeugt. »Ich versichere dir, das ist wunderbar. Sie bestellen Gärten, sie bauen Häuser, sie jagen Wildschweine, sie haben alte Brunnen neu geöffnet. Was denn, sie leben! Denk nur, sie sind vollständig frei.«

Und so kam ich mitten im Mistral in dieses schöne, verrückte Dorf …

Bernard Zehrfuss, der junge Architekt, der den Prix de Rome gewonnen hatte, hieß mich willkommen.

»Wir müssen uns an den Händen fassen, Dolores. Eine Kette bilden. Wir werden stärker werden … Du wirst sehen, Oppède, das ist nichts und zugleich alles … Es ist unser Herz und unsere Kraft. Heute liegt unsere Kultur am Boden, aber sie hat uns ihre Lehren hinterlassen. Sie hat uns ein Gefühl für Formen und Linien geschenkt. Wenn die Welt zusammenbricht, verstehst du, wenn nur noch Ruinen übrig sind, dann sind die einzigen, die noch zählen, die Arbeiter oder die Künstler, ganz wie du willst. Ich meine, die Menschen, die etwas erbauen können …«

Die Lichter des Sonnenuntergangs brachen sich auf den Strebepfeilern und den von hohen Spitzbogenfenstern durchbrochenen Wänden. Diese Auftürmung von riesenhaften Steinen erschien unwahrscheinlich, wie sie sich in dem Licht vor dem Horizont aus reinen, bläulichen Linien des Lubéron-Massivs erhob.

Das war Oppède.

Ich ging in Holzpantinen, die ich nach New York mitnehmen wollte, wo du warst, Tonio, um sie dir zu zeigen.

In Oppède lernte ich zu leben. Ich glaubte bereits alles zu wissen, in den Kaffeeplantagen meines Vaters schon alles entdeckt zu haben, aber ich musste noch diese Lehrzeit durchmachen. Tausend Fragen stellte ich mir, in deren Mittelpunkt du standest, und während ich die Adler am Himmel betrachtete, die über dem Schloss kreisten, durch die Portale flogen und durch die Fenster wieder flohen, fragte ich mich, wo du in diesem Moment wohl warst. Aber ich wusste dich ja in Sicherheit, in Amerika. Jeden Tag wartete ich auf Nachricht von dir. Besonders liebte ich deine Telegramme, glühend, gequält, schmachtend.

Ich war Ihnen so dankbar, mein Engel. Sie wussten ja nicht, was diese Telegramme für mich bedeuteten. »Consuelo, meine Herzallerliebste«, nannten Sie mich. Sie schrieben mir, die Aussicht, das Weihnachtsfest fern von mir zu verbringen, stürze Sie in tiefste Verzweiflung. Hundert Jahre seien Sie gealtert allein durch die Gedanken an mich, und Sie behaupteten, mich mehr denn je zu lieben. »Seien Sie sich meiner Liebe sicher«, sagten Sie.

Immer noch stand mir unsere letzte Begegnung vor Augen: Als ich Ihnen mitteilte, ich würde nach Oppède ziehen, hatten Sie Bernard zu sich bestellt. »Ich überlasse Ihnen meine Frau, ich vertraue sie Ihnen an. Geben Sie auf sie Acht, denn wenn ihr etwas zustößt, ziehe ich Sie zur Verantwortung.«

»Hören Sie«, hatte Bernard Ihnen erklärt, »wenn Ihnen wirklich an Ihrer Frau liegt, dann verzichten Sie auf Ihre Reise nach Amerika und bleiben bei uns. Wir werden hier den Widerstand organisieren, hinter diesen Steinen, die nicht reden können.« Aber wir konnten Sie nicht zurückhalten, und ich blieb allein in Oppède zurück. Ich war stolz, hier zu sein: Unsere Gemeinschaft würde diese Steine zum Leben erwecken.

Meine Zeit verbrachte ich damit, Ihnen Briefe zu schreiben, Briefe, die Sie erreichen würden oder auch nicht. Ich selbst erhielt von Ihnen nur Telegramme. Doch all diese Botschaften ließen unsere gemeinsame Zeit wieder aufleben und machten mir klar, was uns vereinte.

Und auch, was uns trennte. Vor allem die schöne E., die doch einmal meine Freundin gewesen war. Ich hatte Sie eines Tages gebeten, ein Manuskript von ihr zu lesen. »Nehmen Sie dieses Manuskript«, hatte ich gesagt, weil sie mich rührte. Und sie verhielt sich zu dieser Zeit mir gegenüber äußerst charmant, so wie alle Frauen sich bei der Gattin des Mannes benehmen, den zu verführen sie beabsichtigen. Ich lieh ihr sogar meinen Flughelm, damit sie in unser kleines Flugzeug steigen konnte, damit Sie ihr das Fliegen beibrachten … Ich war nicht eifersüchtig auf diese Frau, weil ich nie gedacht hätte, dass Sie mich mit ihr betrügen würden. Und auch heute glaube ich noch nicht, dass Sie mich verraten haben. Ich glaubte an eine große Freundschaft und wollte die bösen Zungen nicht hören. »Hören Sie, meine Frau«, sagten Sie eines Tages zu mir, »ich gehe häufig allein aus. Die Leute, mit denen ich Abendeinladungen besuche, sind ein bisschen verdreht. Denn zu der Gruppe von der *Nouvelle Revue Française*, wo man Sie im übrigen sehr schätzt, gehören ziemlich komische Menschen. Wissen Sie noch, wie einmal einer der Gäste Sie in die Bibliothek geschleppt hat, um Ihnen seine luxuriösen Erstausgaben zu zeigen, und auch *Le Con d'Irène*, das Sie zutiefst schockiert hat? Und wegen all dem nehme ich Sie nicht mehr mit.«

Ja, ich erinnere mich auch, dass die Herren begannen, mir in den Ausschnitt zu greifen. Da ich im Abendkleid war, fielen diese Annäherungsversuche sehr leicht. Ich stieß einen kleinen Schrei aus, den Sie hörten, und Sie eilten mir zu Hilfe, obwohl eine Freundin Ihnen mit ihrer Gitarre zu Füßen saß und wunderhübsche Melodien sang. Sie hatte sogar ihr Haar gelöst und mit anmutigen kleinen Stößen den Kopf zwischen Ihre Knie gezwängt. All das gab ein ganz bezauberndes erotisches Tableau ab. Ich war zu jung; ich war diese Freiheit nicht gewöhnt, die im Künstlermilieu von Paris herrschte, im so genannten *High Life*. »Gehen Sie nach Hause, mein kleines Mädchen«, hatten Sie mir nahe gelegt. »Ich weiß, dass manche Arten von Benehmen Sie schockieren, aber das ist ganz natürlich. Aber ich brauche gewisse Freiheiten. Bleiben Sie daheim, Consuelo. Sie malen doch gern, sogar bei Nacht. Ich werde Ihnen Lampen installieren lassen, die das Tageslicht exakt nachahmen.«

Ja, ich gehörte nicht dazu. Aber ich erinnere mich an meine Bitterkeit und Sorge, wenn Sie spät nach Hause kamen, um nicht zu sagen im Morgengrauen. Ach Tonio, was für Ängste ich ausgestanden habe! Ich wusste gar nicht mehr, ob Sie lieber unter den Sternen am Himmel umherstreiften oder in Paris zwischen den hübschen Blondköpfchen …

Ich blieb für all diese Menschen, die Sie umschmeichelten, die kleine Consuelo, die Spanierin, die Frau, die Szenen macht. Und dabei stimmte das gar nicht; Sie schoben mich nur vor. »Entschuldigen Sie mich, ich gehe nach Hause, weil meine Frau mir sonst eine fürchterliche Szene macht.« In Wirklichkeit kamen Sie heim, um zu schreiben, da Sie in Paris so wenig freie Zeit fanden. Bei uns sah man Sie stets mit anderen Leuten, einem Mann, einer Frau, und um vier Uhr morgens verkündeten Sie mir: »Ich gehe mit Léon-Paul Fargue an die frische Luft.« Dann wanderten Sie zu Fuß bis nach Versailles. Stundenlang, bis zum frühen Morgen, gingen Sie spazieren, und dann riefen Sie mich an. »Holen Sie uns mit dem Wagen ab, wir haben kein Geld, um ein Taxi zu nehmen.«

Sie sehen, was für ein Leben ich geführt habe ... Aber ich beklage mich nicht, mein Lieber, weil Sie Ihre Zeit nicht vergeudet haben. Sobald Sie eine Stunde hatten, haben Sie überall gearbeitet, sogar auf der Toilette, wenn Sie gewisse Gleichungen für fliegerische Probleme entwickeln mussten ... Mein Gott, die Frau eines Piloten zu sein, ist ein Beruf.

Aber die Frau eines Schriftstellers zu sein, ist ein heiliges Amt!

Wir hatten schwierige Momente. In meinem Herzen tobte der Sturm, und um mich zu besänftigen, strichen Sie mir mit Ihren Händen eines Erzengels über die Stirn. In Ihren magischen Worten sprachen Sie zu mir von Liebe, vom Göttlichen, von Zärtlichkeit und Treue, und alles begann von vorn.

»Seien Sie nicht eifersüchtig«, sagten Sie dann immer wieder. »Sie wissen, dass meine wahre Berufung die des Schriftstellers ist. Und wenn Ihre Rivalin so liebenswürdig ist, mir kleine Geschenke zu schicken – Würfel aus Elfenbein oder Koffer, in die mein Name graviert ist –, dann rührt mich das zutiefst, und um ihr zu danken, schreibe ich drei oder vier Seiten für sie, ich fertige ihr kleine Zeichnungen an, und das ist alles. Aber seien Sie ganz unbesorgt, ich weiß, was Sie jahrelang ertragen haben, und ich danke Ihnen dafür. Meine Gattin, ich bin durch die Sakramente mit Ihnen verbunden. Hören Sie niemals auf das, was die Leute erzählen.«

Im Moment jedoch musste ich mich beschäftigen. Zur Zeit waren wir zu zehnt. Wir buken unser Brot selbst, spannen Garn und strickten Pullover aus der alten Wolle, die wir aus gebrauchten Matratzen zogen.

Wir hatten nicht mehr viel zu essen, so knapp fielen die Rationen aus. Aber in meinem kleinen Köpfchen geschah ein Wunder. Es war wie eine Offenbarung. Ich erinnerte mich an ein Gespräch mit Tonio in Pau, in dessen Verlauf er mir erklärt hatte, dass die Deutschen die Ernten der Bauern »am Halm« einkauften. Das hieß, dass sie die noch grünen Ähren erwarben und sie abholten, sobald sie reif waren. Da sie massenweise Zehntausend-Francs-Noten druckten, konnten sie ohne Mühe ganze Säcke voller Geldscheine verteilen. Die Bauern waren zufrieden, und die Deutschen waren sich sicher, auf diese Weise die Franzosen auszuhungern … Nachdem wir den Bauern unseren Schmuck und unsere Uhren verkauft hatten, wollten wir nicht mehr essen. Wir ernährten uns von Spargelenden, die bei der Ernte im Boden zurückgeblieben waren, und Melonen, die in dieser Gegend praktisch wild wuchsen. Wir konnten nicht länger überleben und berieten uns: Florent Margaritis, seine Frau Eliane, Bernard Piboulon und seine charmante Frau, die ebenfalls Architektur studierte, Albert Bojovitch, dessen Bruder in New York die *Vogue* leitete und der absolut nicht nach Amerika gehen, sondern Widerstand leisten wollte. »Kehren wir nach Paris zurück, denn hier kommen wir nicht mehr weiter.«

»Wartet noch vierundzwanzig Stunden«, bat ich sie.

Am nächsten Tag erklärte ich ihnen: »Ich gehe nach Avignon. Dort lagern die Deutschen in Güterzügen die Ernten, die sie im Voraus kaufen. Wir werden sie bestehlen. Die Waggons sind voll mit eingesalzenem Schweinefleisch, fertig gekochtem Hammelfleisch und Butter.«

Also kletterte ich über Steine und niedrige Mauern, und dann kam ich bei den Zügen an. Die Stufen waren sehr hoch, aber trotzdem stieg ich ein. Ich fand ein Schwein, das ich bis auf die Schienen zerrte. Ein Wachposten sah mich, doch er schoss nicht. Warum? Der Freund, der Schmiere gestanden hatte, und ich gingen mit dem Schwein nach Hause; für den Rückweg nach Oppède brauchten wir drei oder vier Stunden. Der Koch, der Marokkaner war und kein Schwein aß – der Unglückliche! –, beschloss, das Tier trotzdem zuzubereiten.

»Ich koche Ihnen das Fleisch; ich weiß, wie man es macht. Heute Abend werden Sie gut essen …«

Wir feierten ein wunderbares Festmahl. Es gab alten Rotwein, den wir aus den Kellern verlassener Häuser gestohlen hatten. Natürlich unternahm ich mehrere Mal die Reise zu den Zügen, und später gingen die Männer dorthin. Wir hatten niemals einen Toten.

Eines Tages erschien ein Automobil. Wir hatten große Angst, man würde uns verhaften. Da wir ein Fernglas besaßen, konnten wir von der Stadtmauer aus beobachten, dass eine Frau am Steuer saß. Sie hieß Thérèse Bonnet und kam … um mich zu holen.

»Ich weiß, dass du hier bist«, erklärte sie mir. »Warum bist du nicht in New York bei deinem Leichtfuß von einem Mann, der Karten spielt und mit allen Blondinen der Stadt spazieren geht, den amerikanischen Milliardärinnen? Was sitzt du hier und leidest Hunger?«

Ich zeigte ihr meine Freunde.

»Bitte schön, wir sind eine Gruppe. Einer für alle und alle für einen. Außerdem warte ich darauf, dass mein Mann mir Geld schickt, eine Fahrkarte. Dass er mir die Mittel gibt, zu ihm zu reisen.«

An einem anderen Tag fuhr ich nach Marseille, um meine Schwiegermutter zu besuchen. Sie setzte mir in ernstem Ton zu.

»Tonio ist krank, und als Ehefrau ist es Ihre Pflicht, ihm zur Seite zu stehen.«

Ich hatte tatsächlich ein Telegramm erhalten: Mein Mann war äußerst unpässlich, und man konnte ihn nicht operieren, da alle seine Organe seit dem Unfall in Guatemala durcheinander geraten waren. Wenn er noch lebte, dann nur durch die Gnade des Himmels und seinen Willen.

»Ich habe keine Papiere«, antwortete ich seiner Mutter.

»Als Salvadorianerin wird Ihr Konsulat sie Ihnen problemlos ausstellen.«

»Nein, ich warte darauf, dass Tonio mich zu sich bittet.«

Und dann erhielt ich endlich das Telegramm. »Gehen Sie zu Monsieur X. und lassen Sie sich Reisegeld aushändigen. Für sämtliche Papiere ist gesorgt. Unser Freund Pozzo di Borgo hat Anweisungen erhalten, Sie zu informieren.«

Für mich hellte sich mit einem Mal der Himmel auf. Ich verkündete meinen Freunden die frohe Botschaft: Tonio hatte mich endlich gerufen. Elf Monate war ich in Oppède gewesen. Alle verdrehten die Augen zum Himmel.

»Weißt du«, riefen sie aus, »wenn du gehst, reisen wir alle ab. Wir bleiben nicht hier.«

Ich war sehr froh, zu dir zurückzukehren. Andererseits war mein Herz zerrissen, weil ich in Oppède eine echte Vertrautheit mit meinen Freunden erlebt hatte, eine andere Art zu denken. Vor allem die Vorstellung, Bernard zu verlassen, betrübte mich. Er war ein großmütiger Mensch, ein junger Mann von noch nicht dreißig Jahren, der von morgens bis abends sang, uns aufheiterte und darüber wachte, dass unsere Gemeinschaft gut funktionierte, im richtigen Rhythmus. Die Ateliers waren makellos, und wir stellten dort hübsche Dinge her.

An dem Tag, als ich Oppède verließ, fühlte ich mich kleinmütiger denn je. Ein schlecht übermitteltes Telegramm aus New York reichte aus, um in mir die Vorstellung zu erwecken, alles dort sei gefährlicher und bedrohlicher als meine schönen Steine. Sie dagegen waren beständig und unvergänglich. Von neuem war ich unterwegs, ohne mir erklären zu können, warum ich mich auf diesem Pfad befand, ohne zu wissen, warum ich dieses Nomadenleben führen musste.

Ich verspürte das dringende Bedürfnis, meine Ängste in den Griff zu bekommen. Im Flugzeug dachte ich an mein bevorstehendes Zusammentreffen mit Tonio. Mehr als ein Jahr war es jetzt her, dass wir auseinander gegangen waren. Trotz der Bequemlichkeit dieses deutschen Flugzeugs, das mich zuerst nach Portugal bringen würde, stellte ich mir immer noch vor, dass ein Unfall dieses Wiedersehen zunichte machen könnte, auf das ich so sehr gewartet hatte. Man hatte mir erklärt, einmal in Portugal angekommen, könnte ich mit etwas Glück auf einem Klipper meine Reise nach New York fortsetzen. Hätte ich eine Wahl gehabt, dann wäre ich in diesem Moment lieber bei meinen Steinen von Oppède gewesen und hätte noch etwas länger auf diese Begegnung gewartet. Ich fühlte mich schwach durch den Mangel an

Nahrung und die Angst vor dem Wiedersehen. Meine fehlende Eleganz rief ein kindliches Lächeln auf meine Lippen, denn ich hatte nicht den Eindruck, eine erwachsene Frau zu sein. Am liebsten wäre ich wie für eine Zeremonie geschmückt gewesen. Mein Herz verzagte. »Könnte ich nur eine Frau aus Kristall werden, wenn er mich ansieht«, dachte ich bei mir. Die bizarrsten Bilder gingen mir durch den Kopf. Neugierig betrachtete ich den Himmel. In den dunklen Fenstern der Maschine schaute ich mich an und sah meine ärmlichen, sehr kurzen Haare. Denn in Oppède war ich gezwungen gewesen, sie abzuschneiden. Ich dachte an die schicken Frisuren in New York und schämte mich, weil ich nicht auf dem neuesten Stand der Mode war. Und meine Haare würden auch nicht in einer Nacht nachwachsen! Ich war dünn, sehr dünn: Vollständig angezogen wog ich gerade noch fünfundvierzig Kilo. Ich fühlte mich befangen in meinen groben Kleidern. Eine Frau ließ mich nicht aus den Augen. Ob sie wohl eine Spionin war …

Kaum eine Stunde nach dem Start wurde uns über Lautsprecher angekündigt, der Flug würde unterbrochen. Wir würden in Barcelona zwischenlanden. Morgen würde man vielleicht einige Passagiere nach Portugal bringen. Das Flughafenrestaurant in Barcelona war schäbig, aber das Fleisch und die Suppe rochen gut, und das Brot stand auf den Theken, damit man sich beliebig davon bediente; und alle Passagiere, die dort Platz nahmen, stürzten sich darauf, um ihren Hunger zu stillen. Kaum hatte ich eine Suppe und einen Teller Reis bestellt, als der Barkeeper mich fragte, in welcher Währung ich zahlen wolle. Ich war zutiefst verzweifelt, denn ich besaß keine Peseten. Der Kellner begriff mein Problem und nahm die Suppe weg, die schon dampfend vor meiner Nase stand.

Die »Spionin« sah meine Bedrängnis und gab mir hundert Peseten. Mit diesem Geld konnte ich den Flughafen verlassen und in der Stadt auf Hotelsuche gehen. Die erste Frage des Portiers war: »Mit welchem Geld bezahlen Sie?«

Aus meinem Koffer zog ich eine Schachtel mit Spritzen, an deren Boden ich unter der Watte drei Fünftausend-Francs-Scheine versteckt hatte. Achtzehn Monate lang hatte ich weder eine vollständige Mahlzeit noch ein heißes Bad oder ein mit Laken bezogenes Bett gekannt. Das Hotel erschien mir wie ein Paradies. Am liebsten wäre ich mehrere Tage dort geblieben. Das Personal lächelte, und von dem legendären Elend Barcelonas war nichts zu sehen … Im Speisesaal wurde getanzt, und hübsche Frauen im Abendkleid wanderten mit jenem entspannten Lächeln der Menschen umher, die man in Hotelhallen trifft. Ich bestellte eine Flasche Wein, ein Brathähnchen und einen ganzen Berg Süßigkeiten. Ich konnte nicht umhin, an unsere Knoblauchsuppe in Oppède zu denken. Der Gedanke stimmte mich melancholisch, Bernard und meine Freunde verlassen zu haben, die jetzt nicht von meinem Hähnchen aßen, und eine Folge von Erinnerungen überfiel mich, während ich allein meine Flasche Wein trank. Von neuem sah ich jede ihrer Gesten vor mir, weinte, während ich alte Walzer hörte und fühlte mich, als hätte ich das Haus meiner Mutter verlassen. Und dennoch musste ich weiterschreiten, immer und immer weiter, bis ich irgendwo auf diesem Planeten eine alte Frau wurde … In meinem luxuriösen Zimmer fühlte ich mich fremd. Wäre ich doch nicht allein gewesen! Ich konnte nicht einschlafen, meine Panik wuchs immer weiter … Ich stand kurz davor, um Hilfe zu schreien, als sich leise meine Tür öffnete und … meine Reisegefährtin aus dem Flugzeug, meine »Spionin« meinen Namen flüsterte.

»Ich habe dafür gesorgt, dass ich in derselben Etage untergebracht werde wie Sie. Wir wollen das Badewasser laufen lassen und ganz leise sprechen.«

Wie Diebinnen setzten wir uns neben der Badewanne auf den Boden und unterhielten uns, wobei wir uns fast ins Ohr flüsterten.

»Ach, es ist wirklich großartig, dass Sie mir einen Besuch abstatten ...«

»Mir geht's auch schrecklich. Ich darf mit niemandem sprechen.«

»Sie werden doch nicht meinetwegen Ihre Arbeit verlieren?«

»Nein«, antwortete sie mit einem verbitterten Lächeln, »eher den Kopf. Ich habe genug vom Spionieren ... Das ist nicht einmal mehr gefährlich, sondern nur noch langweilig ...«

Es erschreckte mich zu hören, dass ich jemanden vor mir hatte, dessen Beruf es war, andere zu verraten. Und sie fand das einfach langweilig ... Aus einem Handköfferchen holte die Fremde eine Flasche Likör und goss uns zwei Gläser davon ein.

»Aha, es widerstrebt Ihnen, mit einer Spionin zu trinken, habe ich Recht? Das sehe ich genau. Aber es zahlt sich aus. Wenn Sie einen Rat hören wollen, dann bleiben Sie in Spanien. Sie sprechen ausgezeichnet Spanisch, Englisch und Französisch. Sie könnten gut verdienen, ein kleines Vermögen zusammentragen und sich nach dem Krieg zurückziehen. Von dem ich übrigens weiß, dass er nicht mehr sehr lange dauern wird. Und außerdem würden wir so zusammenarbeiten ...«

Ich hatte einen einzigen Schluck von ihrem Schnaps genommen, der fremdartig nach Parfüm roch. Merkwürdigerweise konnte ich ihre Worte kaum unterscheiden. Dann begriff ich, dass ihr Likör ein starkes Betäubungsmittel enthielt und sie meine Koffer öffnen wollte … Ich hatte bewiesen, dass ich geschickt darin war, Geld in meinem Gepäck zu verstecken, und zweifellos vermutete sie, dass ich ebenfalls Pläne verbarg. Panik ergriff mich, als ich mich an gewisse Szenen aus Agentenfilmen erinnerte. Welchen Einfluss würde das Narkotikum auf mich nehmen? Angestrengt versuchte ich, so rasch wie möglich eine Entscheidung zu treffen. Die Frau war an das Mittel gewöhnt, das bei ihr nicht mehr wirkte. Sie wollte um jeden Preis meine Koffer durchwühlen. Da ich nichts Kompromittierendes mit mir führte, war es besser, sie gewähren zu lassen. Ich erklärte ihr, ich werde in die Hotelapotheke gehen, um mir ein paar Schönheitsmittel zu kaufen. Wenn ich ein paar Minuten ausbliebe, möge sie die Geduld aufbringen, auf mich zu warten. Außerdem hätte ich einem dunkelhaarigen Herrn, der beim Essen neben mir gesessen hatte, versprochen, in die Halle zu kommen und mit ihm zu plaudern. Aber ich würde nicht lange fort sein. Sie begann zu lachen.

»Du kannst dich ruhig beeilen«, glaubte ich zu verstehen, »denn ich kann auch ziemlich schnell machen …«

Bevor ich hinausgehen konnte, reichte sie mir ein Glas frisches Wasser.

»Trink das in einem Zug aus.«

Bei meiner Rückkehr befand sich niemand mehr im Zimmer. Ich fand nur eine Nachricht auf Spanisch vor. »Ich mag dich gern, weil du nicht dumm bist. Mach dir keine Sorgen um deine Reise nach Portugal. Du wirst morgen fliegen. Liliane.«

An einem windigen Tag landete das Flugzeug in Lissabon. Ich spürte meinen Körper nicht mehr und beherrschte meine vor Müdigkeit und Aufregung trunkenen Glieder kaum noch. Als ich die Gangway hinabging, verstauchte ich mir den Knöchel und hinkte während meines gesamten Aufenthalts in Portugal …

An dem Abend, der meiner ersehnten Abreise vorausging, gelang es mir, Tonio anzurufen, aber wir konnten nicht miteinander reden. Denn man durfte sich nur auf Englisch unterhalten, eine Sprache, deren Tonio nicht mächtig war. Ich hörte nur »Consuelo«, und ich antwortete »Tonio«. Die Telefonistinnen hielten die Verbindung noch einige Minuten offen, aber wir blieben stumm, als wären wir zu Eis erstarrt.

In dem Moment, in dem wir uns einschiffen sollten, machte ein Gerücht die Runde: An Bord sei Feuer ausgebrochen, und wir würden erst am nächsten Morgen auslaufen können. Mehrere Reisende kehrten mit Frauen, Kindern und Gepäck nach Hause zurück. Aber ich hatte keinen Rauch gesehen und blieb daher in der Nähe des Schiffs stehen, um den Ausgang der Geschichte abzuwarten. Und ich wurde belohnt, denn wir verließen den Hafen.

Während der ganzen Überfahrt hatten wir kein elektrisches Licht. Es war verboten, Streichhölzer zu benutzen oder einen Fotoapparat mit sich zu führen. Jeden Morgen sahen wir auf dem winterlich grauen Wasser des Meeres Holzstücke schwimmen, Treibgut – alles, was von den Schiffen übrig war, die vor mehreren Tagen oder in derselben Nacht zerstört worden waren, während wir auf Deck schliefen und zwei- oder dreimal von einer Glocke geweckt wurden. Denn man führte Übungen durch, um uns die Gymnastik des Rette-sich-wer-Kann zu lehren, und wir gewöhnten uns daran, fügsam in den Rettungsbooten Platz zu nehmen für den Fall, dass die Torpedos, mit denen uns das deutsche Radio drohte, uns auf dem offenen Meer überraschten. Unter den Passagieren gingen die hanebüchensten Gerüchte um: Das Schiff würde nicht versenkt, weil es Spione nach Amerika brachte. Einige andere behaupteten sogar noch verwegener und fantasievoller, das ganze Schiff sei eine Bande von Spionen … Es hieß auch, dass die Gefängniszellen des Schiffes vor Reisenden überquollen und dass es nicht die Seekrankheit sei, welche die Zahl der Schläfer an Deck schrumpfen ließ … Ich wusste, dass in Wirklichkeit der Kapitän unerbittlich gegenüber Personen war, die gegen die Regeln verstießen und eine elektrische Lampe oder auch nur ein Streichholz anzündeten … Trotzdem herrschte unter uns ein eigenartiges Gefühl der Sicherheit, und wir hatten keine Angst.

Bei unserer Ankunft auf den Bermuda-Inseln kam eine meiner Nachbarinnen, die schwanger war, in vollständiger Dunkelheit auf dem Deck nieder. Der Arzt tat seine Pflicht, doch der Fall lag schwierig; es waren Zwillinge, und ihre Mutter besaß den Mut, sie »Bermudas« zu nennen. Unsere Zwillinge waren das Ereignis des Tages. Als wir in den Hafen einliefen, untersagte man uns, an Land zu gehen. Man hielt uns mehrere Tage auf dem Schiff fest, denn dies war das letzte amerikanische Boot, das nach Kriegsausbruch Lissabon verlassen hatte. Die Befehle waren strikt: Man würde alle Bücher und alle Briefe überprüfen, welche die Passagiere im Gepäck mitführten … Jeder von uns musste seinen gesamten Papierkram abliefern. Auf dem Schiff befand sich auch Jean Perrin, der große französische Gelehrte. Er musste erleben, dass all seine Berechnungen und Gleichungen konfisziert wurden und sah verzweifelt zu, wie sie von wenig sorgsamen Händen zerknüllt wurden. Gedichte beunruhigten die Kontrolleure sehr, ebenso Landkarten oder die kleinen Kritzeleien, die man auf Buchrändern anbringt, wenn einem beim Lesen eines Satzes eine Idee kommt. Wir hatten alle Angst, auf den Bermudas ausgeschifft zu werden. Bereits in Frankreich hatten wir so gelitten, dass wir uns wie schuldige Sünder fühlten. So vergingen drei von Angst erfüllte Tage, aber die Nachforschungen in den Papieren der Wissenschaftler und Schriftsteller blieben vollständig ergebnislos.

Wir nahmen unsere Reise wieder auf.

Jede Stunde brachte mich Tonio näher …

23

Am Fuße der Freiheitsstatue

Die Tage wurden kälter und grauer. Als New York in Sicht kam, stand der Winter vor der Tür. Wir befanden uns wirklich im Norden. Das Wasser erschien dichter, fast wie aus Eisen. Sanft glitt das Schiff auf die Lichter der Stadt zu, die von den Wolken reflektiert wurden. Wir dagegen besaßen keine Spiegelbilder mehr, keine Gedanken. Wir Passagiere hatten uns nichts mehr zu sagen. Die Bande zwischen uns lockerten sich bereits, und wir konnten es kaum erwarten, anzukommen: Die letzten Minuten sind immer am schwersten zu ertragen.

Man rief mich an den Tisch, wo die Offiziere die Pässe kontrollierten, während wir uns noch in den aufgewühlten Wassern der Bucht befanden. Das sind immer unangenehme Momente: Man muss sich fragen lassen, ob man tatsächlich man selbst ist, die Unterschrift wird überprüft …

Das Schiff rührte sich nicht mehr. Niemand sprach ein Wort. Ich bewunderte die Organisation unserer Ausschiffung, die amerikanische Ordnung, die unsere Ankunft bestimmte. Wir, die armen verlorenen Schafe aus dem Sturm auf der anderen Seite des Atlantik, waren durch puren Zufall an sicheres Land gebracht.

Ich hatte mich mit einem der Passagiere zusammengetan, S., einem Mann von etwa vierzig Jahren. Er war dunkel wie ein Portugiese, strahlend gesund, fröhlich und sehr ausgeglichen. Auch er fuhr zum Wiedersehen mit seiner Frau, die er innig liebte. Kein Tag war vergangen, ohne dass er mir nicht ihr Foto und das seines Kätzchens gezeigt hätte.

»Ja«, erklärte er mir lächelnd und leicht betreten, »ich empfinde große Zärtlichkeit für dieses kleine Tier, das wir – ich weiß nicht, wieso – Maria genannt haben. Eine Köchin hat es auf diesen Namen getauft. Ich gestehe Ihnen, dass ich mich jetzt in diesem Moment, da in Europa Tausende von Kindern Hungers sterben, meiner Zuneigung zu diesem Kätzchen ein wenig schäme. Ich war bei einer Organisation angestellt, die sich darum bemühte, einigen wenigen Menschen zu helfen, vor allem Juden. Man hatte uns die Anweisung erteilt, intelligente Menschen zu retten … Aber woher soll man wissen, ob jemand intelligent ist oder nicht? Wie kann man das feststellen, wenn derjenige bleich vor Entsetzen ist, unzusammenhängende Dinge stammelt oder fleht: ›Retten Sie mich, retten Sie mich, geben Sie mir Papiere, sonst schickt man mich in ein Konzentrationslager?‹ Oft fragte ich die Menschen nach ihrem Beruf, aber sie hatten selbst das vergessen. Sie dachten nur noch daran, ihr nacktes Leben zu retten.«

Er sprach zu mir, während er mit meinem Fernglas nach seiner Frau suchte. Plötzlich entdeckte er sie.

»Ah! Ich sehe sie, und es schaut aus, als hielte sie Maria auf dem Arm. Hoffentlich kratzt das Tier sie nicht, unsere Maria!«

Er lachte gutmütig.

Ich vertraute mich ihm an.

»Ich habe Angst, dass mein Mann nicht auf dem Landungssteg ist und man mich nicht aussteigen lässt.«

»Ich kümmere mich um Sie«, gab S. zurück. »Wenn man Sie morgen oder übermorgen in Sing-Sing einsperrt, komme ich Sie holen. Ich werde beweisen, wer

Sie sind, und Ihren Mann finden. Verderben Sie sich nicht Ihre Ankunft in New York. Haben Sie Vertrauen, Amerika ist ein gutes Land.«

Im letzten Moment überwältigte ihn meine Sorge, und er schickte – ich weiß nicht, wie ihm das gelang – vom Schiff aus ein Telegramm an seine Frau. Darin bat er sie, meinem Mann mitzuteilen, er solle im Augenblick meiner Ankunft auf dem Kai stehen. Ich glaube, wir haben sogar eine Antwort erhalten; aber das Warten auf dem Schiff gestaltete sich weiterhin angsteinflößend, nahe bei den Möwen, die allein auf dem öligen Wasser der Kais balancierten.

Gegen vier Uhr am Nachmittag erlaubte man uns endlich, an Land zu gehen, wenn auch in begrenztem, von Barrikaden abgezäuntem Raum. Man sperrte uns ein wie in einem Hühnerhaus, und von dort aus ließ man die frei, nach denen draußen ein Ehemann, Vater oder Freund verlangte.

Ich kam an die Reihe. Ein Unbekannter ließ mich holen. Aus der Entfernung sah ich einen kleinen dicken Mann mit einer riesigen Brille, dessen herzliches Lachen ich noch vor seinen Gesichtszügen wahrnahm. Ich sah, dass er im Besitz der Papiere war, die ihm das Recht verliehen, mich abzuholen.

Als ich ihn vor mir hatte, erkannte ich in ihm einen Freund von Tonio, den ich seit mindestens zwölf Jahren nicht mehr gesehen hatte. Da stand wahrhaftig Fleury, als trüge er allen Sand von Afrika. Ich sah ihn wieder vor mir im Moment der Gründung der Luftpostlinie. Heute allerdings wirkte er wie seine eigene Karikatur, denn in den zwölf Jahren, die uns trennten, war er nicht gerade jünger geworden. Er lebte seither in Brasilien und trank zu viel Alkohol … Fleury lachte immer lauter.

»Consuelo, erkennst du mich denn nicht?«

Ich vermochte ihm nicht zu antworten. Also kam er an Tonios Stelle, um mich zu begrüßen. Warum? Was für ein neues Rätsel hielt das Leben jetzt wieder für mich bereit? Fleury drückte mir die Hand, und inmitten des Menschengewimmels, das alle Schiffslandungen begleitet, setzten wir uns in Bewegung. Er fuhr fort, mir – immer wieder von Hüsteln und Lachen erschüttert – ins Ohr zu sprechen.

»Dein Mann verbietet dir, mit Journalisten zu sprechen. Verstehst du mich? Er untersagt dir zu reden oder irgendwelche Interviews zu geben. Hör mir gut zu. Die Journalisten werden mit ihren Fotoapparaten kommen. Ich werde ihnen sagen, dass du weder Englisch noch Französisch sprichst. Du bist taub und stumm. Wenn nicht, schickt Tonio dich wer weiß wohin. Wir befinden uns schließlich im Krieg. Entschuldige, aber dein Schweigen macht mich nervös. Die Sache ist ernst. Tonio wird dir nie verzeihen, wenn du sprichst.«

Mit dem gewissen starren Lächeln, das allen Journalisten eignet, trat ein von Polizisten begleiteter Amerikaner auf mich zu.

»Guten Tag, Madame de Saint-Exupéry.«

»Ich bin nicht Madame de Saint-Exupéry, mein Herr, sondern ihr Dienstmädchen.«

Auf den gutturalen Schrei des Journalisten hin wurden die zum Drehen bereiten Kameras abgestellt.

»Warten Sie, hier liegt ein Irrtum vor. Das ist die Dienerin von Madame de Saint-Exupéry. Sie selbst befindet sich noch an Bord!«

In aller Ruhe ging ich zwischen den Menschen hindurch, die auf meine »Arbeitgeberin« warteten …

Als ich auf festem Boden stand, sammelte ich langsam meine Gedanken. Jetzt begriff ich den Zweck von Fleurys Inszenierung. Er hatte mich an der Gangway des

Schiffs empfangen, um sicherzugehen, dass bei meiner Ankunft keine Fotos von mir gemacht wurden. Und wenn, dann hätte man erklären können, dass es nicht Monsieur und Madame de Saint-Exupéry waren, die dort Arm in Arm gingen! Tonio wollte also nicht mit mir gesehen werden … Warum? Zweifellos wollte er einer seiner Freundinnen den Anblick seiner legitimen Gattin in den Armen ihres Mannes ersparen!

Die Bitterkeit ließ mich alles in einem hässlichen Licht sehen. Ich begann das Leben zu hassen. Und dabei würde ich in ein paar Sekunden das Gesicht meines Mannes erblicken, der vor unserem wirklichen Wiedersehen floh! Aber ich konnte ihm keinen Vorwurf daraus machen. Zu stark war meine Erschütterung. Nach allem, was ich während des Krieges erlitten hatte, nach zwei Jahren Trennung meinem Mann in Fleisch und Blut gegenüberzustehen … Tief sog ich den bitteren, salzigen Duft der Landungsbrücke ein. Ich wollte in meinem Inneren nichts als eine Art Güte, Frieden und Liebe bewahren. Ich liebte ihn. Ja, ich liebte ihn immer noch.

Diese Komplikationen um Interviews und Fotografen änderten nichts an meinen Gefühlen. Nur mein Herz schlug mit jedem Schritt schwächer. In meinen Ohren begann es zu dröhnen, und meine Beine gaben nach, als bestünden sie aus Watte.

Bald konnte ich nur noch Schatten und Schreie unterscheiden. Ich schloss für einige Sekunden die Augen und klammerte mich an Fleurys Armen fest. Der lehnte mich an eine Mauer und redete mir gut zu.

»Fall mir nicht in Ohnmacht. Bisher hast du den Schock sehr gut verkraftet. Noch ein bisschen Mut, du wirst deinen Mann wiedersehen. Dahinten ist er, hinter dieser großen Säule am anderen Ende. Mach die Augen auf, ich bitte dich.«

Ich atmete tief durch und ließ die Arme sinken. Die Vorstellung, meinen Mann wiederzusehen, verlieh mir neue Kräfte. Selbst wenn man mir jetzt befohlen hätte, von neuem das Schiff zu besteigen und zwei Monate auf dem aufgewühlten Ozean zu verbringen, hätte ich immer noch die Augen geöffnet und wäre bis zum letzten Atemzug meines Lebens weitergegangen, um den Mann, den ich liebte, wiederzusehen.

Ich betrachtete die Säule, die immer höher zu werden schien. Hundert Meter trennten mich von Tonio. Inmitten der Pfeiler entdeckte ich seine baumlange Gestalt und begann die Linien seiner Silhouette zu unterscheiden, seiner Schultern, die leicht gebeugt waren, als trage er die Säule. Unbeweglich sah er mir entgegen.

Dieser Mann dort war mein Gatte. Aus drei Metern Entfernung sah ich ihn, blass, in einen grauen Mantel gehüllt, in sich gekehrt. Er trug weder Hut noch Handschuhe und regte sich nicht. Endlich war ich ihm so nahe, dass ich ihn berühren konnte. Er wirkte leblos. Tausend Jahre waren vergangen, seit wir uns gesehen, umarmt, unsere Blicke einander gesucht hatten. Ich war ihm ganz nah. Seine Arme waren wie aus Stahl, und meine Stimme war in andere Welten entflohen. Er war es, der plötzlich die Arme ausbreitete und mich so fest an sich drückte, dass ich fast erstickte.

»Fahren wir, fahren wir sofort«, rief er aus.

Aber wir mussten wie jedermann darauf warten, dass ein Taxi uns mitnahm. Wir harrten fast eine Stunde aus. Ich begann Gefallen an der Höflichkeit zu finden, die in den New Yorker Warteschlangen herrscht. Die Menschen sind einfach, geduldig und gut erzogen. Niemand nörgelt oder drängt sich vor. Das tröstete mich und nahm mir ein wenig die Nervosität.

»Mit wem hast du geredet?«, war die erste Frage, die

Tonio mir stellte. »Warum hast du ein Interview gegeben?«

Ich war erschöpft und antwortete ihm verdrossen.

»Hör zu, ich habe mit niemandem gesprochen.«

»Aber ich habe dich gesehen. Ich habe gesehen, wie du mit jemandem geredet hast.«

»Ja, ich habe einem Journalisten erklärt, ich sei die Dienstbotin von Madame de Saint-Exupéry. Das ist alles, und hör auf, mich ins Kreuzverhör zu nehmen. Als ich vom Schiff gegangen bin, habe ich genug Fragen wegen meiner Papiere über mich ergehen lassen. Ich bin um fünf Uhr aufgestanden, und ich war so nervös, dass ich nichts gegessen habe.«

Bedrückt über dieses Wiedersehen, wechselten wir im Taxi kein Wort. Das magische Gespräch, auf das ich wartete, fand nicht statt. Da waren zwei Menschen, die ihr gemeinsames Leben wieder aufnahmen, doch nichts hatte sich geändert. Nach wie vor verstanden wir einander nicht und brachten keine Verbindung miteinander zustande, sondern verschanzten uns hinter unserem Schweigen, während das Taxi sich ins Herz der brodelnden Stadt schob.

Wohin mein Mann mich brachte, wusste ich nicht. Ich war ihm und meinem Schicksal vollständig ausgeliefert. Mein Herz konnte weder lachen noch weinen.

»Ich fahre dich ins Café Arnold«, verkündete mir Tonio.

»Warum in ein Café?«

»Weil wir dort erwartet werden. Freunde geben einen Cocktail für dich. Mein Herausgeber, dessen Frau und noch ein paar andere.«

»Aber ich muss mich zumindest ein wenig herrichten, mich frisieren«, wandte ich schüchtern ein.

»Die Wege in New York sind sehr lang, und außerdem

wirst du im Café Arnold Toiletten finden, wo du dir die Hände waschen kannst.«

Ich begriff, dass ich mich fügen musste. Einige Minuten später hielt der Wagen vor dem Café Arnold, 240 Central Park South. Dienstbeflissen komplimentierte man mich aus dem Wagen, Pagen rissen mehrere schwere Türen auf, und ich fand mich vor einem Dutzend Menschen wieder, die fröhlich lachten und neugierig darauf waren, die Frau des großen Schriftstellers kennen zu lernen …

Das Café Arnold ist ein französisches Lokal. Zuvorkommende Kellner servieren französische Aperitifs – Absinth, Chambéry-Fraise –, aber auch Martini und natürlich das ganze Sortiment amerikanischer Cocktails, diese kunstvollen Mischungen, welche die schwarzen Barkeeper für ihre dürstenden Kunden herstellen wie Zauberer, die vergiftete Tränke fabrizieren.

Meine ärmliche Kleidung kontrastierte stark mit der Toilette der dekolletierten Frauen, die sich ganz ungezwungen in der Gesellschaft ihrer Freunde und Ehemänner bewegten und mich alle zugleich über meine Reise und über Frankreich ausfragten. Nach und nach jedoch stieg eine angenehme Wärme in mir auf, ein Vertrauen zu diesen Menschen, die mich mit stürmischen Freundschaftsbekundungen umgaben. Die Speisenfolge war reichhaltig. Auf dem Tisch entdeckte ich Mengen von Butter und diversen Brot- und Fleischsorten, die ich seit langem weder gesehen noch gekostet hatte. Mein Mann saß mir gegenüber wie früher, und ich vergnügte mich damit, die Frisuren, den Schmuck und die Kleider dieser Frauen zu betrachten. Es fiel mir schwer, mir Oppède vorzustellen, mich an mein steinernes Dorf zu erinnern. War ich noch am Leben? Träumte ich? Sollte mein

Leiden tatsächlich zu Ende sein? Mein Mann unterhielt seine Gäste mit seinen unvermeidlichen Kartentricks.

»Es ist spät«, erklärte schließlich eine Frau. »Ich stehe früh auf und muss nach Hause.«

Mein Mann schnellte hoch wie eine Sprungfeder.

»Sie ebenfalls, Consuelo. Bestimmt sind Sie müde. Gehen wir.«

Eine einfache Unterschrift auf der Rechnung genügte, um die üppige Mahlzeit zu beenden. Wieder nahmen wir ein Taxi, und ich hörte, wie mein Mann dem Chauffeur Anweisung gab.

»Barbizon Plaza.«

Gefolgt vom Hoteldirektor durchmaß ich eine Suite mit drei Zimmern, die mir wie der Gipfel des Luxus erschien. Ich war nicht nur überrascht, eine geheizte Wohnung mit einem Bad vorzufinden, sondern auch zu bemerken, dass sie unbewohnt war.

»Gute Nacht«, sagte Tonio zu mir. »Ich wohne in einem anderen Apartment, das für uns beide zu klein ist. Morgen werde ich Sie fragen, was es Neues bei Ihnen gibt. Ich hoffe, Sie werden wohl ruhen.«

Er drückte mir die Hand und wünschte mir eine gute Nacht. All das geschah sehr schnell. Ich starrte ihn benommen an, ohne zu begreifen.

»Schlafen Sie gut, und bis morgen«, sagte er noch einmal.

Und ich blieb allein mitten in dem Zimmer zurück, unter diesen fremden Möbeln und in dieser fremden Stadt.

24

»Ich habe nie aufgehört, Sie zu lieben«

Es fiel mir schwer, eine Antwort auf all die Fragen zu finden, die auf mich einstürmten. Nachdem ich meine Freunde in Oppède verlassen hatte, fand ich mich allein wieder, auf einer Bettkante und in der Kälte eines Hotelzimmers. Ich konnte es nicht glauben. So setzte ich mich auf den Boden, wie ich es als Kind getan hatte, wenn ich eine hübsche Puppe zerbrochen hatte oder ein neues Spiel absolut nicht verstand. Ich weiß nicht, wie lange ich so verharrte. Am liebsten wäre ich wie eine Fee aus dem Fenster der zwanzigsten Etage geschwebt, vorbei an den hübschen Lichtern der Wolkenkratzer und direkt an Gottes Seite. Dort hätten die Engel mir angenehmere Gesellschaft geleistet als mein Mann! Ich wusste nicht einmal seine Telefonnummer. Wo sollte ich den Trost durch das Wort eines Freundes finden? Mein Körper fühlte sich wie zerschlagen an. Nur mein Verstand zeichnete noch mein Leben seit meiner Heirat mit Tonio nach.

Ich wanderte in der Suite umher und betrachtete die Porzellanfiguren und Stiche, die in allen Hotels der Welt die gleichen sind. Ich sah die erleuchteten Gebäude. Welches Fenster war wohl das meines Mannes? Ich weinte leise, als sich die Tür meines Quartiers öffnete. Ein Hoteldiener steckte den Kopf herein. Er brachte mir ein Telegramm und entschuldigte sich dafür, seinen Passepartout-Schlüssel gebraucht zu haben, als ich auf sein Klopfen nicht antwortete. Die Nachricht war von Bernard Zehrfuss: »Die Ritter von Oppède sind in Gedanken bei Ihnen und wünschen Ihnen eine gute Landung. Sie fehlen uns schrecklich; Brief folgt. Ihre ergebenen Albert, Bernard usw.«

Ach, wie dringend hatte ich eine solche Botschaft gebraucht! Irgendwo auf der Welt gab es befreundete Herzen, die an mich dachten. Ich begann einen langen Brief an Bernard, in dem ich endlich mein Herz ausschütten konnte. Die Nacht verbrachte ich in einer Art Wachtraum. Warum behandelte der Himmel mich auf so bizarre Weise? Als der Tag anbrach, lag ich immer noch vollständig angekleidet auf dem Sofa.

Im Barbizon Plaza servierte man ein französisches Frühstück, das durch einen Türspalt geschoben wurde … Auf dem Tablett standen mehrere Gläser Milchkaffee, Brot, Butter und Konfitüre. Wie ein Automat trank ich die dampfende Milch und versuchte zugleich, meine Lage zu umreißen. Wo war Tonio? Wer war dieser Mann eigentlich?

Ich pickte die Krumen auf, die mir zu Boden gefallen waren. Es war eine angenehme Beschäftigung, die kleinen, auf dem blauen Teppich verstreuten Brotstückchen aufzusammeln; diese einfachen Gesten vermittelten mir auf eine Art das Gefühl, am Leben zu sein.

Ich hatte eine Antwort auf das Telegramm meiner getreuen Ritter zu verfassen. Sie waren mein Reichtum, eine verlässliche Liebe. Ich war nicht allein in dieser Suite aus eiskalten Räumen. Ich konnte an meine Freunde denken und sie lieben, weil sie mir erlaubten, ihnen meine Zuneigung zu bezeugen. Dann läutete das Telefon des Hotelzimmers, und dieses Klingeln holte mich in die Wirklichkeit zurück.

»Hallo, hallo, Madame de Saint-Exupéry. Hier ist Ihr

Freund vom Schiff, der Portugiese. Ich habe eben von Ihrem Mann gehört, dass Sie allein im Hotel Barbizon sind. Kann ich etwas für Sie tun?«

»Wenn Sie die Zeit haben, kommen Sie mich besuchen.«

Eine Viertelstunde später saß S. im Salon der luxuriösen Suite. Wir unterhielten uns über dieses und jenes. Er bat mich, einmal mit seiner Frau zum Abendessen kommen zu dürfen. Den Namen meines Mannes erwähnten wir nicht, obwohl ich nicht übel Lust gehabt hätte, mich diesem Menschen, der so freundlich zu mir war, anzuvertrauen. Als er ging, küsste er mir die Hand, und ich musste sie ihm heftig entreißen, weil mir die Tränen in die Augen schossen. Er zog sich diskret zurück, als sei ihm klar, dass er nichts für mich tun konnte. Alles, was ich von ihm wusste, war die Telefonnummer seines Büros. So konnten wir manchmal miteinander sprechen. Für mich bedeutete das schon sehr viel.

Das Telefon schrillte ein weiteres Mal. Mein Mann war am Apparat. Er teilte mir mit, wir wohnten nicht weit voneinander entfernt. Wenn ich daher Lust hätte, ein paar Schritte zu gehen, könne ich ihn in seiner Wohnung besuchen. Ich war gerührt und nahm seine Einladung an. Doch er ließ mir keine Zeit für einen längeren Besuch. Da er zum Mittagessen verabredet war, riet er mir, im Café Arnold zu essen, im Erdgeschoss desselben Hauses, dort, wo wir gestern unsere Mahlzeit eingenommen hatten. An diesem Tag ergriff ich Besitz von diesem Ort, der mein Stammlokal wurde.

Mein Mann fühlte sich ebenso bange und erschöpft wie ich. Ich verspürte Mitleid mit ihm; und ihm wurde klar, dass es schrecklich für mich war, fern von ihm zu wohnen. Ich wollte diese Frage nicht als erste anschneiden, doch ich erklärte ihm, dass ich nach Oppède zurückkehren wolle. Ich hätte in New York nichts zu tun, ich langweilte mich bereits schrecklich, diese Straßen seien mir fremd und ich hätte keine Freunde. Er versicherte mir, mich morgen, am Sonntag, aufs Land zu Michelle zu fahren, einer unserer Freundinnen. Sie würde gewiss gern meine Fremdenführerin spielen.

Tatsächlich fuhren wir am folgenden Tag zu ihr, wo ich blühende Bäume vorfand, junge Leute, die miteinander tranken und die Atmosphäre eines richtigen Heims. Meine Kehle war wie zugeschnürt. Der Tag verflog schnell, und am Abend kehrte ich in meine einsame Wohnung zurück.

Ich erhielt einen Brief aus Mittelamerika. Meine Mutter verlangte zu wissen, warum ich in New York unter einer anderen Adresse lebe als mein Mann. Ich zeigte Tonio meinen Brief, und er bemühte sich darum, dass ich so schnell wie möglich eine ganz ähnliche Wohnung erhielt wie er, in 240 Central Park South, wo er lebte.

So begann ich mich in New York einzurichten. Von Zeit zu Zeit besuchte mich mein Mann, um mit mir zu essen, wenn auch außerhalb der üblichen Zeiten, weil er gegen zwei oder drei Uhr morgens speiste.

Ich hatte den klugen Entschluss gefasst zu arbeiten. Die Arbeit ist das einzige, das einem erlaubt, das Gleichgewicht zu wahren, einen Ausweg aus den verwirrenden Ereignissen zu finden. Ich beschloss, mich in einem Atelier, das zehn Häuser von meiner Wohnung entfernt lag, wieder mit Bildhauerei zu beschäftigen – bei den Art Leage Students.

Am Ende meiner ersten Woche dort hatte ich bereits Bekanntschaft mit ein paar jungen Leuten geschlossen, die sich dieser Kunst sehr ernsthaft widmeten. Einige davon begleiteten mich ins Kino, aßen mit mir und unterhielten sich sogar damit, die alten französischen

Zeitungen zu lesen, die wir in New York auftrieben. Diese Freunde waren mir ein großer Trost, aber ich fühlte mich unfähig, reine Formen zu erarbeiten. Der Professor verwöhnte mich sehr. Ich war eben ein Flüchtling, was man an meiner mageren Gestalt erkannte und der Dankbarkeit, die ich ihm für die kleinste Bezeugung von Zuneigung entgegenbrachte.

Mein Mann besuchte mich in der Schule. Zufrieden sah ich zu, wie er sich über meine neueste Statue beugte. Sie war ein wenig schief geraten, wie eine Seiltänzerin. Er riet mir, nicht zu verzweifeln. Zuversichtlich sagte er mir voraus, wenn ich sie jeden Tag mit meinen Fingern berühre, wenn ich den Ton zu liebkosen wisse, dann würde sie gewiss bald hübsch und gerade aussehen. Erstaunt schaute ich ihm in die Augen. Sein Rat hatte mich auf eine Idee gebracht … Wenn ich ihn jeden Tag besuchte, wenn ich ihn mit meinen Blicken voller Liebe berührte, ihn jeden Tag meiner Treue versicherte, meines Glaubens an das Sakrament der Ehe, das uns auf ewig verband, vielleicht würde er mich dann schließlich hören und wieder mein Mann sein wie früher …

Währenddessen sank ich immer tiefer in eine Art Depression. Häufig suchte ich Kirchen auf und unternahm jeden Tag kleine Pilgerfahrten. Oft lachte ich darüber und glaubte verrückt zu werden. Ich beichtete, vertraute mich den Priestern an …

Ich hatte eine hübsche Wohnung, und scheinbar fehlte es mir an nichts; immer wieder las ich die Briefe, die Bernard aus Oppède schickte. Und ich erinnerte mich an die Entbehrungen, die Angst und die Kälte, die wir in diesem steinernen Dorf ausgestanden hatten, Tag und Nacht umweht vom Mistral, der uns ständig die Geräusche des Feindes herantrug. Ich dankte dem Himmel dafür, dass ich mich heil und gesund in einem hellen, weiß gestrichenen Zimmer befand. Aber das Kommen und Gehen bei meinem Nachbarn, der zugleich mein Ehemann war, bestimmte Geräusche und Frauenstimmen, eine gewisse Art von Lachen und von Stille, die ich durch die Wand wahrnahm, ließen mich vor Eifersucht erzittern und an meiner Einsamkeit einer abgelegten Ehefrau ersticken. Ich fühlte mich ein wenig wie eine Königin, der man zwar ihren Titel gelassen, die man aber aufs Abstellgleis geschoben hat. Und all diese weißen Tischtücher, dieser Luxus und die Lichter der Wolkenkratzer waren mir unerträglich. Ich sehnte mich nur noch nach einem: einer Schulter, an der ich hätte schlafen können.

In dieser Zeit las ich noch einmal die *Briefe einer portugiesischen Nonne* und einige andere Werke, die mich noch stärker in Liebe zu Tonio entbrennen ließen, und ich begriff, dass es mir nicht gut tat, so nahe bei ihm zu leben, dass ich von meinen Fenstern aus die Lichter seiner Wohnung sah.

Ganz ruhig bat ich ihn, mir eine andere Unterkunft fern von der seinen zu suchen. Ich setzte ihm auseinander, ich könne dem, was bei ihm vor sich gehe, nicht gleichgültig gegenüberstehen. Die hübschen Frauen in seine Wohnung eintreten und wieder herauskommen zu sehen, sei für mich eine Tortur. Er nahm schweigend meine Hand und küsste mich aufs Haar.

»Sie sind meine Frau«, erklärte er, »meine teure Frau, denn ich liebe Sie zu jeder Stunde des Tages. Sie müssen mich zu verstehen versuchen wie eine Mutter ihren Sohn. Diese Art von Liebe brauche ich. Ich habe Großes in der Fliegerei vollbracht, aber Sie wissen auch, dass ich mir dabei die Arme, die Schultern und die Rippen gebrochen habe, und manchmal habe ich das Gefühl, mein

Kopf würde sich spalten. Bei meinem ersten Absturz, als ich fliegen lernte, muss irgendetwas in meinem Schädel beschädigt worden sein. Seit diesem Tag leide ich unter schrecklichen Migräneanfällen, die mich entweder verstummen lassen oder in Zorn versetzen. Sie tun mir gut, wenn Sie einfach da sind, ohne zu sprechen oder sich zu rühren, wenn Sie nichts von mir fordern. Es ist durchaus möglich, dass ich Ihnen nichts mehr zu geben habe. Aber vielleicht sind Sie in der Lage, mir etwas zu schenken, mich zu bestellen, die Saat in mich zu legen, mich zu bereichern, auszugleichen, was ich verliere, damit ich schöpferisch sein kann, mein großes Gedicht fortführen, dieses Buch, in das ich mein ganzes Herz stecken wollte. Sie sind die erste, die an mich geglaubt hat, Sie sind diejenige, für die ich *Nachtflug* geschrieben habe. Erinnern Sie sich an den Brief, den ich Ihnen während meiner Zwischenlandungen in den kleinen südamerikanischen Nestern geschrieben habe? Sie haben diesen Brief verstanden, denn Sie sagten zu mir: ›Mehr als eine Liebeserklärung, mehr als ein Liebesbrief ist dieser Brief ein Schrei, ein Appell an den einzigen Menschen, der Ihnen Rettung bringen könnte. Rettung in Ihren einsamen Stunden am Himmel, Rettung, wenn Sie in Gefahr durch die Sterne sind, die sich, wenn Sie erschöpft sind, mit den Lichtern der Menschen auf der Erde verwechseln lassen. Rettung, wenn Sie sich von neuem unter den Menschen bewegen, um das tägliche Leben wieder zu lernen. Rettung, um nicht zu vergessen, dass Sie auch ein Mensch aus Fleisch und Blut sind, ein verletzliches Wesen …‹ Sie waren der Mensch, den ich suchte. Sie waren der Hafen, wo ich Schutz suchen konnte, und Sie waren außerdem ein sehr hübsches junges Mädchen, das bereits Ängste wegen meiner Nachtflüge ausstand, schon das drohende Ende fürchtete … Wenn Sie mich also ein wenig lieben, dann beschützen Sie in mir die Essenz des Menschen, der ich bin, weil Sie sie für wert halten. Eines Abends haben Sie einmal gesagt: ›Sie haben den Menschen eine Botschaft zu verkünden. Nichts und niemand darf Ihnen im Weg stehen, nicht einmal ich selbst …‹ An diesem Tag beschloss ich, Sie für immer zu heiraten, für das ganze Leben und für alle Leben, die uns vielleicht jenseits der Sterne noch geschenkt sind. Und Sie haben begonnen, eine Welt zu schaffen, in der ich aufrecht zu dieser Botschaft schreiten konnte, an die Sie glaubten. Häufig, in den bittersten Momenten unserer Trennung, sah ich mich allein und voller Vertrauen in dem großen Mansardenzimmer in Tagle, in Buenos Aires, umhergehen, wo Sie mich vor einen Tisch setzten und zum Schreiben einsperrten, wo ich wie ein Kind, das eine Strafarbeit erledigt, eine Seite für *Nachtflug* redigieren musste. Noch in den Augenblicken des Zorns auf Sie schmecke ich den Portwein auf den Lippen, den Sie aus einem Miniaturfass mit dem allerhübschesten goldenen Hahn zapften, damals, in der Nische des Speichers, wo Sie mich zur Zwangsarbeit verurteilt hatten! Ich habe nichts vergessen, Consuelo, weder Ihre Zärtlichkeit, Ihre Hingabe, noch Ihr Opfer. Ich weiß, wie sehr die Ängste Sie gezeichnet haben, die Qualen, die Probleme des unsteten Lebens, das zu führen ich Sie gezwungen habe. Ich weiß, wie ungerecht Ihre so genannten ›Freundinnen‹ Sie beurteilt haben, wenn es darum ging, unsere Ehe zu kritisieren. Diese Frauen haben nur mit ihrer weiblichen Mentalität geurteilt. Sie, Sie haben mich verstanden, und später haben Sie mich geliebt. Aber Sie waren so schrecklich erfüllt von dem Kampf, der in unserem täglichen Leben herrschte. Ihre Unduldsamkeit stammte daher, dass Sie erschöpft waren, und die meine ebenfalls. Die Sorge hat die Liebe überwuchert, und ich habe mich von Ihnen entfernt, um uns voreinander zu schützen. So hatten unsere Freunde keinen Grund mehr, Sie für mein Unglück oder mein Glück verantwortlich zu machen. Seien Sie versichert, dass ich nie aufgehört habe, Sie zu lieben. Aber ich sehe, dass Sie die Stirn runzeln, ich höre schon Ihre ärgerliche Stimme, die uns von neuem trennen wird.«

»Nein, Tonio, ich bin nicht verbittert. Ich habe schon vor langer Zeit gelernt, das Gift der Eifersucht zu schlucken. Es wird keine Diskussionen mehr zwischen uns geben, keine lautstarken Streitereien. Jetzt will ich klar sehen. Ich bin von weither gekommen, um dich wiederzusehen, und die Tage vergehen, ohne dass du auch nur mit mir isst. Ich weiß wirklich nicht, was du von meiner Anwesenheit hast, da ich in einer anderen Wohnung lebe als du und immer von deiner Tür gewiesen werde. Sogar einem Hund schenkt sein Herr ab und zu einen Blick …«

»Schweigen Sie«, rief er aus. »Sie tun mir weh. Noch heute suche ich Ihnen eine andere Wohnung in meinem Haus, damit wir uns jeden Tag sehen und weiter über uns sprechen können – ohne uns zu nahe zu sein.«

Also ein weiterer Umzug in eine neue Wohnung, die einem Wintergarten ähnelte. Mein Mann ließ mir Blumen schicken, Grünpflanzen, eine schallgedämpfte Schreibmaschine und ein Diktafon.

»So können Sie, wenn Sie allein sind, dieser Maschine Ihre hübschen Geschichten erzählen. Und wenn ich Lust habe, Ihre Stimme zu hören, lege ich eine Ihrer Rollen ein und lausche Ihnen. Denn Sie sind eine große Dichterin, Consuelo. Wenn Sie wollten, könnten Sie besser schreiben als Ihr Gatte …«

Fröhlich feierten wir die Einweihung meiner neuen Wohnung. Mein Mann brachte einige Freunde mit, und wir verlebten einen angenehmen Abend. Dieser Umzug hatte ihn sehr verändert. Seitdem stattete er mir abends vor dem Schlafengehen einen Besuch ab, um mir zu beweisen, dass er jede Nacht in seine Behausung zurückkehrte … Oft rief er mich an, um mir Seiten vorzulesen, die er gerade geschrieben hatte, und er redete von der Zukunft, als würden wir unsere Tage gemeinsam beschließen.

25

Man spricht von Scheidung

Die Mahlzeiten in unserem Haushalt verliefen ein wenig verquer. Tonio pflegte mich zum Mittag- oder zum Abendessen zu bitten, aber er erschien niemals zu diesen Verabredungen. Meine Stimmung war gewiss nicht die beste. Häufig floh ich den Tisch, den ich gedeckt hatte, und ging zornig ins Café Arnold hinunter, um allein zu speisen.

Und dort fand ich ihn umgeben von Männern und Frauen wieder, wo er versuchte, seine Gäste zu unterhalten – ausgerechnet er, der melancholischste Franzose von ganz New York. Tonio mochte es nicht, mich wie einen stummen Vorwurf allein an einem Tisch sitzen zu sehen. Er ignorierte mich, und wenn zufällig jemand anwesend war, der mich kannte, dann nahm ich in seinem Blick beinahe so etwas wie Hass auf mich wahr, selbst wenn dieser Mensch mir nur die Hand drückte.

Doch alles, was bei Tag vorfallen mochte, wirkte sich in keinster Weise auf unsere nächtlichen Gespräche aus: Dann suchte er mich auf oder sprach am Telefon mit seiner zärtlichen Stimme zu mir, wünschte mir eine gute Nacht und redete liebevoll über die Zukunft.

Dieses Glück wurde immer auf später verschoben.

Am ersten Frühlingstag wagte ich mich in seine Wohnung. Seit meinem Umzug hatte er mich nicht mehr eingeladen. Stets stieg er die drei Etagen hinauf, die uns trennten. Die strahlende Sonne auf dem frischen Grün, die Blumen ließen mich ohne jede Schüchternheit zu ihm laufen. Die Tür war niemals abgeschlossen. Ich trat ein und stolperte über ungefähr zehn Personen, die gerade zu Mittag gegessen hatten. Sofort nahm ich ihnen die Befangenheit, indem ich erklärte, ich werde jetzt den Kaffee servieren. Die Leichtigkeit, mit der ich wieder in meine Rolle als Hausherrin schlüpfte, amüsierte Tonio. Doch seine entspannte Miene hielt sich nicht lange.

Unter seinen Gästen befand sich ein mit uns befreundeter Musiker, der am folgenden Tag ein Konzert in der Town Hall gab. Er beharrte meinem Mann gegenüber darauf, dass ich kommen solle. Ich gab vor, diese Einladung vergessen zu haben, doch zum ersten Mal bestand Tonio darauf, mich öffentlich auszuführen. Wir hatten Plätze im Parkett, wo wir sehr gut zu sehen waren. Die gesamte französische Kolonie war anwesend, denn unser Musikerfreund war einer ihrer Landsleute. Ich war glücklich, gute Musik zu hören, aber ich spürte, dass das Lächeln und die Andeutungen der Umsitzenden, die meinen Mann zum ersten Mal in Begleitung seiner Gattin sahen, ihn entsetzlich nervös machten. In der Pause flüchtete er ohne ein Wort. Ich blieb allein und derart exponiert zurück, dass sogar der Musiker es bemerkte, der eigentlich damit zu tun hatte, sein Orchester zu dirigieren. Nicht einmal Geld hatte ich dabei, da ich gedacht hatte, Tonio würde mich nach Hause bringen. Ich war verstört und fühlte mich einsam in den Straßen von New York. Eine halbe Stunde lang ging ich im langen Kleid, die Augen voller Tränen, unter den neugierigen Blicken der Passanten die Gehsteige entlang. Dann stieß ich zufällig auf meinen Freund, den Musiker, der aus seinem Wagen stieg, um mit einigen Personen in einem großen Restaurant zu soupieren. Er nahm meinen Arm, und ich folgte der Gruppe. Seit diesem Tag besaß ich in dieser Stadt, in der ich mich so fremd fühlte, einen weiteren Freund. Ich begann wieder einmal über das Leben und über das menschliche Herz nachzudenken. Behutsam machte mein Freund mir nach und nach klar, wenn einer der beiden Ehegatten einen Fehler begehe, dann habe der andere die Pflicht, diesen um jeden Preis wieder gutzumachen. Er fuhr mich aufs Land, zeigte mir die Schönheit der amerikanischen Wälder. Als ich zurückkehrte, fühlte ich mich meiner selbst sicherer.

Mein Mann allerdings beunruhigte sich ein wenig wegen dieser dreitägigen Abwesenheit, über die ich ihn lakonisch, mit einem kurzen Wort, unterrichtete. Unsere Unterredung verlief freundlich, aber ziemlich ironisch. Für gewöhnlich war er derjenige, der über das Wochenende mit unbekanntem Ziel verreiste; dieses Mal war ich es. Anscheinend hatte sich nichts geändert … Ich hatte lange überlegt und fragte ihn an diesem Abend, ob er eine Stunde Zeit für mich habe, um über eine ernste Angelegenheit zu sprechen. Er wollte die Unterhaltung auf den nächsten Tag verschieben. Das akzeptierte ich unter dem Vorwand, dadurch habe ich Gelegenheit, einen guten Sänger zu hören, der in einem Variete auftrat. Sofort änderte er seine Meinung! Er würde mich aufsuchen.

Zum ersten Mal erschien er pünktlich zu einer Verabredung. Wie gewohnt bot ich ihm ein großes Glas Milch an, aber er verlangte einen Whiskey. Wir tranken mehrere Whiskeys, und dann erklärte ich ihm, ich habe erkannt, dass mir nur noch eines übrig blieb: die Scheidung.

Einige Tage später trafen wir einen Anwalt, um unsere Verhältnisse zu regeln. Der Jurist verlangte, ich müsse sofort umziehen. Mein Mann – ich übersetzte für ihn – ließ mich auf Englisch antworten, das käme nicht infrage. Er sei bereit, in der finanziellen Frage nachzugeben, aber er wolle nicht, dass ich anderswo wohne.

Die Diskussion wurde heftig; der Anwalt erklärte Tonio in schlechtem Französisch, er behandle mich wie eine Mätresse, nicht wie seine Ehefrau. Er als mein Anwalt sei bereit, mich vor Gericht zu vertreten.

Mein Mann erhob sich und drückte mir einen Kuss auf die Lippen – den ersten in diesen sechs Monaten, die ich jetzt in New York lebte. Ich war verärgert, weil es ihm nicht ernst damit war.

»Die Gesetze sind mir egal«, schloss er. »Ich liebe Sie.«

Wutentbrannt schlug er die Tür hinter sich zu.

Alles begann von vorn. Ich erinnerte mich: Almería … die Orangenblüte an der Küste … unsere junge Liebe …

26

Das Haus des Kleinen Prinzen

Wir hatten Sommer, und eine tropische Hitze herrschte. Schüchtern unterbreitete ich Tonio einen Vorschlag.

»Wissen Sie, wir sollten New York verlassen und auf dem Land leben. Hier werden Sie es nicht aushalten.«

»Ich träume davon, mich auf dem Land zu befinden. Dort wäre es kühler; ich würde mich nicht vom Fleck rühren und Tag und Nacht arbeiten, schreiben.«

»Dann geben Sie mir ein wenig Geld, und ich erkundige mich bei einer Agentur.«

»Nein, ich bringe Sie zum Bahnhof. Nehmen Sie einen Zug in Richtung Norden, einen hübschen Schienenbus, den Schnellsten.«

Am Zentralbahnhof von New York stieg ich in einen Schnellzug, der irgendwohin fuhr. Ich betrachtete die Namen der Stationen und las »North Port«. Dort, im Norden, sagte ich mir, ist es kühl, dort weht gewiss ein erquickender Wind.

Ich löste eine Fahrkarte bis zur Endstation, und ich erinnere mich noch, dass Sie eine ordentliche Summe Dollars bezahlten, damit ich ans Ende der Welt fuhr. Tatsächlich dauerte die Zugfahrt nur eine Dreiviertelstunde …

Ich stieg aus und machte mich auf die Suche nach einem Taxi, das mich in die Stadt fahren konnte. Kein Taxi. Aber ich kannte einen kleinen Trick à la Consuelo. Ich war die einzige Frau in New York, die immer einen Wagen fand, wenn alle Welt danach suchte. Zwischen den Automobilen, die vor einer roten Ampel hielten, befanden sich immer Taxis, die Militärangehörige, Kranke oder Behinderte transportierten. Ich richtete also den Blick auf den Chauffeur und versuchte, eine freundliche, angenehme Miene aufzusetzen. Dann schob ich mich an die Tür, zeigte dem Fahrer einen Fünf-Dollar-Schein und sagte zu ihm: »Oh, ich fahre ziemlich weit.« Und der Mann: »Ich fahre, Sie sehen doch, dass ich besetzt bin.« Ich blieb hartnäckig. »Selbstverständlich; wir fahren erst diese Person und dann mich.« So machte ich es auch in North Port. »Bringen Sie mich nachher zu dem großen weißen Haus.« Denn ich hatte vom Zug aus eine weiße, dreistöckige Villa gesehen. Sie war im Kolonialstil errichtet und wirkte sehr romantisch.

Der Wagen hielt am Portal des großen weißen Hauses, vor dem sich ein herrlicher Park erstreckte. Das Gitter stand offen, und ich trat ganz selbstverständlich ein. Ein Herr mit einer Gießkanne in der Hand betrachtete mich lächelnd.

»Monsieur«, sprach ich ihn an, »zweifellos dränge ich mich auf, aber ich stamme nicht von hier. Mein Mann in New York ist Schriftsteller. Vielleicht haben Sie von ihm gehört; er heißt Antoine de Saint-Exupéry.«

»Aber ja«, antwortete der Mann, »ich habe sein Buch *Wind, Sand und Sterne* gelesen. Ein Bestseller. Möchten Sie nicht eintreten?«

Er führte mich in den Salon des Hauses, das wir später – ich weiß nicht, warum – Bevin House nannten.

»Ich suche in dieser Gegend ein Haus zu mieten«, erklärte ich ihm. »Mein Mann erträgt die Hitze nicht mehr. Sie wissen, dass er vor einigen Jahren in Guatemala einen schweren Unfall hatte. Er kann nicht einmal mehr mit dem Fallschirm abspringen, weil sein Ellbogen nicht vollständig verheilt ist. Er leidet unter Rheuma und daran, dreiundvierzig Jahre alt zu sein … Man findet, er sei zu alt, um am Luftkrieg teilzunehmen, denn er ist auch Pilot.«

»Ich weiß, ich weiß das alles. Ich habe *Nachtflug* gelesen, und meine Frau parfümiert sich sogar mit ›Vol de nuit‹ von Guerlain, ein Duft, den wir sehr lieben.«

Seine Worte waren Balsam für mein Herz, und ich betrachtete bereits die Decke, die Ausstattung, die Zimmer, die Korridore, als gehöre mir dieses Haus.

»Wohnen Sie hier? Verbringt Ihre Frau die Ferien bei Ihnen?«

»Meine Gattin ist leider schwer krank und kann ihr Sanatorium nicht verlassen. Kinder habe ich keine. Ich komme ab und zu hierher, weil wir Rosensträucher und Dahlien gepflanzt haben, und wie Sie sehen, kann man hier ganz einfach baden. Schauen Sie, dort ist schon der Strand.«

»Und außerdem geht ein angenehmer Wind. Verstehen Sie, in New York wird man geröstet.«

»Oh, ich liebe Ihren Akzent. Sie sprechen wie Salvador Dalí.«

»Ja, ich weiß. Er ist ein Freund von uns; wenn Sie möchten, stelle ich Sie ihm vor.«

»Hören Sie, Madame, Sie können Ihrem Mann mitteilen, dass Sie Ihr Haus gefunden haben. Aber machen Sie ihm ganz klar, dass ich es ihm nicht vermiete. Ich überlasse es ihm einfach. Er kann so lange bleiben, wie er will. Hier sind die Schlüssel. Dieser ist für die Eingangstür und dieser für das Gittertor. Möchten Sie sich umsehen?«

Sofort rief ich Tonio an.

»Wie lange braucht man von diesem Haus bis hierher?«

»Nun ja, mit dem Zug, in den du mich gesetzt hast, bin ich vielleicht eine Dreiviertelstunde gefahren, aber mit dem Auto müsste es schneller gehen.«

»Hätten Sie gern einen Kaffee, Tee, Schokolade?«, fragte mich der Hausbesitzer.

»Ja, Schokolade wäre wunderbar. Es ist lange her, dass ich welche getrunken habe. Mein Mann wird in einer Dreiviertelstunde hier sein.«

Ich erzählte dem Fremden von meinem Leben in Oppède. Bei diesem Thema war ich unermüdlich. Denn sobald ich anfing, von meinem Dorf zu sprechen, redeten die Steine selbst, und das Gespräch konnte sich stundenlang hinziehen …

Schließlich traf Tonio ein, mit seiner Sekretärin, dem Hund Hannibal und dem Diktafon. Wir besichtigten das Haus von oben bis unten. Dann verabschiedete sich unser Gönner, da er den Zug nehmen musste.

»Es wäre mir eine große Freude«, setzte er hinzu, »wenn Sie mich einmal sonntags zu sich einladen würden.«

»Kommen Sie, wann immer Sie wollen, Monsieur. Sie könnten sogar hier wohnen; suchen Sie sich ein Zimmer aus, es gibt ja genug davon …«

Diese Villa ist das Haus des *Kleinen Prinzen* geworden. Tonio schrieb dort an seinem Manuskript weiter. Ich saß Modell für die Zeichnungen im *Kleinen Prinzen*, und alle Freunde, die uns besuchten, ebenfalls. Aber sie erzürnten sich schrecklich, denn wenn die Zeichnung fertig war, waren das nicht mehr sie selbst, sondern ein bärtiger Herr, Blumen oder kleine Tiere …

Dieses Haus war für das Glück geschaffen.

»Erinnern Sie sich an das Zimmer in Buenos Aires?«, fragte Tonio mich eines Tages. »Wo ich begonnen habe, *Nachtflug* zu schreiben? Richten Sie mir genau so eines ein.«

»Ja, Tonio, ich werde für Sie ein neues Fässchen mit Goldhahn auftreiben, in das ich Portwein füllen werde. Ich werde heißen Tee in Thermosflaschen füllen, Sie mit Bonbons und Pfefferminzpastillen umgeben, vielen Stiften in allen Farben, buntem Papier und einem großen Tisch.«

An den Wochenenden fuhr Tonio häufig nach Washington. Ich wusste nicht, wen er dort traf, und so langsam machte die Sache mich nervös und unruhig ... Er meldete sich telefonisch und kehrte am Montag sehr müde zurück, ohne ein Wort zu verlieren. Ich fragte ihn niemals, was er dort tat. Das sollte ich später erfahren. Wir aßen im Café Arnold zu Mittag, als ein amerikanischer General auf uns zutrat.

»General, ich möchte Ihnen meine Frau Consuelo vorstellen. Sie ist Spanierin, aber sie spricht Englisch.«

»Und ich spreche Französisch«, gab er mit dickem Akzent zurück.

»Hat Ihr Mann«, setzte er hinzu, »Ihnen eigentlich von seiner wunderbaren Arbeit erzählt, der großen Hilfe, die er uns jeden Sonntag bei unseren Invasionsplänen leistet, für den Tag, an dem wir in Frankreich landen werden? Er kennt das Meer wie kein anderer und weiß ganz genau, wo man an den Mittelmeerküsten anlegen kann, und sogar am Atlantik.«

Ah, der Friede von North Port! Das Leben war wieder schön.

27

Letzte glückliche Momente

Tonio konnte oder wollte nicht über sich selbst sprechen. Seine Art, die Welt zu sehen und zu empfinden, rührte gewiss aus seiner Kindheit. Nie redete er von sich, erklärte sich nicht, sondern versuchte täglich zu wachsen, sich der gestrigen Erfahrungen zu bedienen, um die Möglichkeiten seines Erfolgs zu verbessern. Und das nicht nur für sich selbst, sondern auch für die anderen. Er sprach nicht, um sich selbst zuzuhören, um Phrasen zu dreschen. Alles, was er sagte, sollte einen Sinn besitzen. Niemals ließ er zu, dass seine körperlichen und seelischen Schmerzen den Rest seines Lebens beeinflussten, sondern sah vollständig davon ab. Demjenigen, der ihm zuhörte, gab er sich stets vollständig hin. Ich erinnere mich an einen seiner Sätze: »Man muss die Menschen lieben, ohne es ihnen zu sagen.« Diese Worte beschrieben seinen Charakter: Er liebte die Menschen, vergeudete seine Zeit aber nicht damit, ihnen die Aufmerksamkeit und Zuneigung zu erklären, die er ihnen schenken konnte.

Die Liebe war für ihn eine natürliche Sache. Diejenigen, die mit ihm lebten, ertrugen das nur schwer, weil er immer sein ganzes Wesen mit sich nahm. Wenn er ging, dann vollständig und restlos. Aber er wusste auch ebenso ungeteilt und ganz zurückzukehren, ohne ein Körnchen seiner selbst anderswo zu vergessen. Seine körperlichen und geistigen Kräfte waren gesammelt, in Übereinstimmung miteinander und beinahe unerschöpflich. Wenn ich murrte, weil er sich überanstrengte und zu viel Mathematik trieb, eine Materie, die mir ziemlich undankbar erschien, dann antwortete er mir mit einem herzlichen Lachen und immer mit demselben Satz: »Ausruhen kann ich, wenn ich tot bin!«

Ich liebte ihn für sein Ungeschick, seine Dichterallüren, sein Äußeres eines Riesen, das einen sensiblen Geist verbarg. Er vermochte ebenso mühelos schwere Gewichte zu bewegen, wie er geschickt aus feinstem Papier Flugzeuge ausschnitt, die er auf unserer Terrasse in den Himmel warf und auf die Nachbarhäuser hinabsegeln ließ …

Er vergaß, dass er groß wie ein Baum war, und stieß sich ständig und unausweichlich den Kopf an den Türen. Jedesmal, wenn er in ein Taxi stieg, schlug er sich den Kopf an. Dann lächelte er und erklärte, er übe nur für schwerere Abstürze … »Ich halte mich für einen schönen Jüngling mit blonden Locken«, sagte er oft zu mir, »aber wenn ich mit den Händen über meinen Schädel streiche, wird mir klar, dass ich in Wirklichkeit kahl bin …«

Seine Kleider waren immer zerknittert, weil er sich darauf legte oder vollständig angezogen schlief. Niemals brachte ich es fertig, seine Bügelfalten wieder hinzubekommen. Wenn er zu Bett ging, löste er seinen Krawattenknoten nicht, sondern zupfte geschickt an einem der Enden. Der Knoten gab nach, das Halsloch vergrößerte sich, und so zog er sich den Schlips über den Kopf! Seine Schuhe verteilte er gewöhnlich über den ganzen Raum. Er bat seine Freunde, mit ihm zu suchen: Die Schuhe konnten ebenso gut auf dem Kamin liegen, in der Schublade seines Arbeitstisches, zwischen seinen Papieren oder hinter den Zeitungen versteckt!

Seine Hosen und Sakkos mussten alle gleich sein. Er

war glücklich, immer die gleiche Hose sauber und neu vorzufinden, und er umarmte mich und meinte: »Einmal werde ich selbst zum Schneider gehen und wunderbare Sachen bestellen; einen marineblauen Anzug zum Beispiel, der herrlich zu meinem blonden Lockenhaar passt.« Und er lachte. Seine Hemden waren stets von einem bestimmten Graublau, und abends, jedenfalls an besonderen Abenden, wählte er sie als Zugeständnis an mich weiß. Nie habe ich gesehen, dass er Hosenträger trug. Er fand sie grauenvoll, ebenso wie Sockenhalter. Da zog er weit lieber rutschende Strümpfe hoch. Als er den elektrischen Rasierapparat entdeckte, war er stolz wie ein Kind und zeigte das Gerät in der ganzen Wohnung herum. Er rasierte sich mehrmals täglich; das Geräusch des Apparats war ihm vertraut geworden. Es half ihm beim Nachdenken.

In Bevin House war er wirklich sehr glücklich. Wir hatten das Anwesen »Das Haus des Kleinen Prinzen« getauft. Er verbrachte viel Zeit auf dem Dachboden, den ich ihm eingerichtet hatte. Einmal besuchte uns die Frau von André Maurois.

»Wer ist die junge Frau, die jeden Tag um fünf Uhr kommt?«, fragte sie mich. »Ihr Mann schließt sich dort oben mit ihr ein, und man bekommt sie nur beim Abendessen zu sehen.«

»Sie bringt ihm Englisch bei«, antwortete ich.

Tatsächlich hatte ich ihn überzeugt, Stunden zu nehmen.

»Einverstanden, wenn Sie morgen eine Anzeige veröffentlichen und eine hübsche junge Frau suchen, die gut Englisch spricht und mir nicht mehr als zehn Prozent meiner Zeit stiehlt.«

»Ich werde das so gut wie möglich formulieren. Wir geben die Annonce an die Agentur Havas.«

Wir empfingen ungefähr zwanzig Frauen. Vor der Eingangstreppe stauten sich die Autos. Wir ließen sie vorsprechen.

»Hören Sie, suchen Sie mir die Hübscheste aus; Sie haben einen besseren Geschmack als ich.«

»Aber ich weiß ja nicht, ob Sie eine Brünette wollen, eine Blonde ...«

»Einfach die Hübscheste ...«

Also suchte ich ihm aus der ganzen Versammlung die bezauberndste Blondine aus. Sie trug eine kleine Katze auf dem Arm.

»Die Katze stört Sie doch nicht, oder?«, fragte ich Tonio.

»Ach, überhaupt nicht. Schicken Sie die anderen freundlich weg, aber bezahlen Sie ihnen das Benzin. Ob fünf Dollar pro Person wohl ausreichen?«

»Einen Dollar.«

»Seien Sie nicht geizig. Wissen Sie, bald sind wir tot und brauchen nichts mehr.«

Ich erzählte die ganze Geschichte Madame Maurois.

»Und wie lange geht das schon so?«, fragte sie.

»Seit wir das Haus gemietet haben. Einige Monate.«

»Sind Sie denn nie hinaufgegangen, um nachzusehen, was die beiden treiben?«

»Wissen Sie, ich will nicht taktlos sein. Ich bin mir sicher, wenn das Ihr Mann wäre, würden Sie ebenso reagieren.«

»Ah, aber ich werde hinaufgehen!«

Kurz darauf hörte ich, dass etwas wie ein Hagel kleiner Steinchen die Treppe herunterpolterte. Es war ein Schachspiel.

Das Hemd weit offen und eine Flasche in der Hand, kamen Sie aus dem Zimmer. Sie waren ein wenig verärgert.

Aber das war ich ebenfalls, und traurig dazu. Die junge Frau hatte das Schachspielen gelernt, und mit mir, mit mir wollten Sie nicht einmal die Farben des Regenbogens lernen.

Ich erklärte der jungen Frau, sie habe ihren Vertrag nicht erfüllt.

»Alles ist meine Schuld«, schaltete sich Tonio ein. »Außerdem weiß sie genau, dass ich ihr beim Schachspiel nichts mehr beibringen kann. Und ich werde niemals Englisch lernen.«

»Mademoiselle, wie viel wollen Sie, damit Sie gehen?«

»Ich flehe Sie an, mich zu behalten; ich arbeite sogar gratis!«, gab die junge Frau mit Tränen in den Augen zurück.

Der über Zeitungen ausgetragene Briefwechsel mit Maritain schmerzte dich sehr. Du fühltest dich unverstanden. Das Ganze war eine Reihe von Missverständnissen, die du nicht auflösen konntest. Ich wusste nicht, wie ich dich ablenken sollte. Ich schlug einen Bummel durch den Central Park vor. Wir würden uns Tiger, Löwen und Schimpansen ansehen. Und obwohl du nicht allzu viel für Affen übrig hattest, entlockte ich dir doch ein Lächeln, als du zuschautest, wie ich sie Erdnüsse aus meiner Hand fressen ließ.

Während all dieser Wochen seit 1943 lebtest du in einer Art Nebel, der dich bedrückte. Dann hast du eine große Schere genommen und winzige Flugzeuge fabriziert. Eines Tages kam sogar ein Polizist zu uns nach Hause und machte dich darauf aufmerksam, dass dies die Straßen von New York verschmutze!

Du hast gelächelt.

»Ach«, hast du dem Mann erklärt, »ich kenne noch viel bessere Scherze! Eines Tages habe ich telefoniert und vergessen, den Hörer wieder einzuhängen. Dann bin ich eingeschlafen und habe so schrecklich geschnarcht, dass man in der Telefonzentrale fürchtete, in diesem Haus sei ein Unglück geschehen. Die Leute vermuteten einen Großbrand und haben einen Löschwagen geschickt.«

Eine andere Episode spielte sich in der Wohnung von Greta Garbo ab, die diese uns vermietet hatte. Unsere Nachbarinnen waren Mrs. Guggenheim, die Bergwerksbesitzerin, und ihre Tochter Peggy, die Tonio sehr bewunderte. Sie ging mir im Haushalt ein wenig zur Hand. Der Hund Hannibal, eine Bulldogge, besaß einen schlechten Charakter, doch Peggy, die hübsch und blond war, liebte er sehr: Er nahm ihren Arm zwischen die Zähne und wollte ihn nicht wieder loslassen!

Eines Tages hatten wir einige Freunde eingeladen, [Jean] Gabin, Marlene Dietrich, die Garbo, und da all die Champagnerflaschen nicht in unseren Eisschrank passten, hatte Peggy die Idee, sie im Garten zu vergraben, im Schnee.

»Sehr gut, junge Dame«, meinte Tonio. »Dann machen Sie sich an die Arbeit!«

Als dann der Moment kam, in dem der Champagner serviert werden sollte, verkündete Peggy vor dieser Versammlung schöner Damen, die alle – selbst bei Tisch! – Handschuhe trugen: »Ich weiß nicht mehr, wo ich die Flaschen hingesteckt habe. Kann mich nicht jemand begleiten?«

Gabin war bereit, nach den im Schnee begrabenen Flaschen zu suchen, und die beiden stapften frierend durch den Park. Man hörte sie lachen, besonders Peggys junges Gekicher!

Also gingen alle hinaus, und jeder machte sich auf die Suche nach den Flaschen: Was für eine Freude zu leben!

Auf diese Weise weihten wir die Wohnung der Garbo ein. Ich war zufrieden, aber ich sah, dass du dich ganz und gar nicht glücklich fühltest. Ich wusste genau, dass du es erst wieder sein würdest, wenn du die Genehmigung erhieltest, dich wieder deiner Staffel, der Gruppe 2/33, anzuschließen. Um zu kämpfen, um dich abschießen zu lassen.

Peggy beherbergte zu dieser Zeit Max Ernst, den sie den Nazis entrissen hatte. Später sollte Max Ernst Peggy heiraten; er hatte sich zu uns geflüchtet, ohne von Glück oder Unglück zu sprechen; er war traurig wie du.

Ich erinnerte mich an einen bestimmten Tag. Da du nicht gern viele Menschen zugleich empfingst, hattest du Max Ernst vorgeschlagen: »Wenn Sie sich einsam fühlen, kommen Sie doch morgen Abend zu uns.«

Bevor er kam, vertraute er sich Peggy an.

»Ich gehe zu Saint-Ex, er erwartet mich. Er hat nur Männer eingeladen, und seine Gattin wird die einzige Frau sein. Er bereitet sich darauf vor, in den Krieg zu ziehen, und sorgt sich ein wenig, weil er sie ganz allein in New York zurücklässt.«

Ich klagte niemals über diese Einsamkeit, die ich schon vorausahnte, über die zukünftige Traurigkeit. Du musstest fort, das wusste ich. »Ich muss mich dem Beschuss stellen, ich muss mich geläutert fühlen, mich sauber fühlen in diesem merkwürdigen Krieg.« So lauteten deine Worte.

Tonio gewöhnte die Bulldogge an seine Abwesenheit. Er pustete Seifenblasen, die der Hund an den blütenweißen Wänden der Wohnung der Garbo zerdrückte.

»Wenn ich zurückkomme«, sagte Tonio, »wenn ich wieder bei Ihnen und Ihrem Hund bin, dann werde ich, falls er mich nicht erkennt, Seifenblasen für ihn machen, und er wird wissen, dass sein Herr zurück ist.«

28

»Ich ziehe in den Krieg«

Ach Tonio, mein Geliebter, es ist schrecklich, die Frau eines Kriegers zu sein. Tonio, meine Liebe, mein Baum, mein Gatte, es ist beschlossene Sache: Du wirst gehen. Sie wissen, Tonio, dass Sie auch mein Sohn sind … Ich weiß, dass Sie vor Ihrer Abreise eine Frau getroffen haben, und dass Sie ihr sagten: »Thérèse, ich werde Sie nicht küssen. Denn auf meinem Mund will ich bis zum Ende des Krieges die Lippen meiner Frau tragen, und ihren letzten Kuss.« Als du mich in deine Arme geschlossen hast, bei unserem Abschied, bevor du nach Algier flogst, da ist deine Stimme in meinem Ohr zurückgeblieben. Ich vernahm sie wie meinen eigenen Herzschlag, und ich werde sie für immer hören.

»Weine nicht. Das Unbekannte ist schön, wenn man auf Entdeckung danach ausgeht. Ich werde für mein Land in den Krieg ziehen. Sieh mir nicht in die Augen, weil ich ebenso vor Freude darüber weine, meine Pflicht zu erfüllen, wie vor Kummer über deine Tränen. Fast möchte ich dem Himmel dafür danken, dass ich einen Schatz verlasse: Mein Haus, meine Bücher, meinen Hund. Und du wirst mir darauf Acht geben.

Jeden Tag sollst du mir zwei, drei Zeilen schreiben. Du wirst schon sehen, das wird wie ein Telefongespräch, und wir werden nicht getrennt sein, weil du für alle Zeit meine Frau bist und wir gemeinsam die Entfernung durch die Tage beweinen werden, die vergehen, ohne dass wir gemeinsam dieselben Dinge betrachten.

Kleines Mädchen, weine nicht, sonst kommen auch mir die Tränen. Ich wirke stark, weil ich so groß bin. Aber bald werde ich verschwunden sein, und wenn dann mein Kommandant oder mein General vor der Tür steht, werden sie nicht stolz auf ihren Soldaten sein!

Zupf mir lieber meine Krawatte zurecht. Und gib mir dein kleines Taschentuch, damit ich darauf die Fortsetzung des *Kleinen Prinzen* schreibe. Am Schluss der Geschichte wird der kleine Prinz dieses Taschentuch seiner Prinzessin schenken.

Du sollst nie wieder eine Rose mit Dornen sein, sondern die Traumprinzessin, die immer auf den Kleinen Prinzen wartet. Dieses Buch werde ich dir widmen. Ich kann mich nicht darüber trösten, dir das erste nicht gewidmet zu haben.

Meine Freunde werden nett zu dir sein, während ich fort bin, da bin ich mir sicher. Wenn ich da bin, ziehen sie mich vor, und das schmeichelt mir nicht gerade. Diejenigen, die in mir den Star lieben, machen mich traurig. Die Menschen, die dir nicht ihre ganze Zuneigung schenken, werde ich vergessen. Meine Gattin, wenn ich zurückkehre, werden wir beiden nur noch mit unseren Herzensfreunden zusammen sein. Nur mit ihnen.

Ach, ich wünschte, ich könnte mich noch ein wenig länger neben dir ausstrecken, ohne etwas zu sagen. Gerade jetzt kommen mir wie ein Sturm eine Vielzahl von Bildern aus meiner Kindheit in den Kopf … Und ich muss fort … Wie spät ist es?«

»Tonio, du zerreißt mir das Herz. Du bittest mich, freundlich zu denen zu sein, die bleiben. Seit du die Erlaubnis zu gehen erhalten hast, hat keiner deiner Freunde auch nur im Scherz daran gedacht, dich zurückzuhalten, dir zu erklären, dass schnelle Flugzeuge sehr junge Piloten brauchen. Ich verzeihe ihnen ihre Nachlässigkeit, weil sie dich aufrichtig lieben. Sie betrachten dich als einen der ihren, der im Begriff ist, in den Krieg zu ziehen, und genau das wolltest du. Das brauchst du.«

»Liebste, meine Blume, du brauchst keinen Krieg gegen die ganze Welt zu führen. Alles, was du sagst, stimmt.«

»Ja, ich weiß. Besser, ich erkläre dir, wie ich dein Gepäck geordnet habe.«

»Oje, bitte keine guten Ratschläge … Du hast mir zu viele Taschentücher, Krawattennadeln und Pillen eingepackt, und die Unterhosen sind mir zu klein.«

»Du wirst abnehmen.«

»Nein, nein, lieber möchte ich dicker werden«, widersprach er lachend. »Aber wenn ich verrückt werde, wenn ich all diese Tabletten, diese Vitamine, durcheinander schlucke – eine hübsche, explosive Mahlzeit für den Tag, an dem mir das Brot ausgeht –, dann werde ich anschwellen wie die Boa im *Kleinen Prinzen*! Sei nicht eifersüchtig auf diesen Taubenschwarm, der hier im Exil mit mir auf Französisch gegurrt und mich zusammen mit all unseren Freunden bis zu deiner Tür begleitet hat. Ich konnte sie nicht abschütteln. Spring nicht zu hart mit ihnen um. Liebe, die keine Wurzeln besitzt, ist stürmisch und aufdringlich. Und ich gehe, das ist vorbei. Wenn ich weit weg bin, werden andere Gesichter kommen, andere Freunde und sogar andere Tauben, weißt du. Aber das ist etwas anderes. Mein Haus steht in deinem Herzen, und ich wohne für immer dort.«

»Dennoch kann ich sie nicht lächelnd empfangen. Deine Abreise ist kein Fest. Und ich habe Fieber.«

»Ach, meine kleine Rose, es ist spät geworden. Ich muss mein Boot erwischen. Morgen oder vielleicht heute

Nacht wird es vor dem Haus vorbeifahren. Pass auf dich auf. Schreib mir. Selbst wenn deine Briefe töricht sind. Ich meine töricht in dem Sinne, dass du häufig in deinem Urteil über diese oder jene Person irrst. Vergiss nicht, was ich dir gesagt habe: Du vermagst Männer besser einzuschätzen als Frauen, da bist du beinahe hellsichtig. Bei Männern irrst du dich nie, aber bei Frauen immer!«

Schließlich ging er. Ich blieb stundenlang wie gelähmt auf meinem Bett liegen. Verzweifelt. Ich konnte nicht einschlafen.

Ich wachte über Ihr Unterseeboot. Ich hörte kein Geräusch, aber ich spürte, wie Sie die Wasser durchquerten; jede Minute, denn Sie befanden sich nicht unter diesem Meer, sondern in mir, tief in meinem Herzen. Wissen Sie, Tonio, Sie hatten Recht, ich war auch Ihre Mutter.

Ach, wie lächerlich erschienen mir jetzt unsere kleinen Streitereien! Wie kann ich Ihnen versichern, dass ich Sie beschütze, angesichts des schrecklichen Gefühls, Sie in einem zerbrechlichen Boot eingeschlossen zu wissen, auch wenn ich weiß, dass Sie von anderen Schiffen eskortiert werden?

Doch ich weiß, dass Sie den sicheren Hafen erreichen werden, mein Liebster, und ich erinnere mich an das Geheimnis, das Sie mir ins Ohr flüsterten, als ich heiße Tränen weinte. »Machen Sie mir einen Mantel aus Ihrer Liebe, Consuelo, meine Blume, und die Kugeln werden mir nichts anhaben können.« Ich webe Ihnen diesen Mantel, mein Liebster. Möge er Sie in alle Ewigkeit einhüllen.

Nein, ich habe nicht versucht, Ihr Boot auf dem Hudson, der ins Meer führt, vorbeifahren zu sehen. Sie hatten mir erklärt, ohnehin würde ich nichts erkennen, da die elektrischen Lichter auf dem stahlgrauen Wasser fantastische Reflexe hervorrufen. Aber Sie haben mir versprochen, mich in diesem Moment in Ihrem Herzen so kräftig zu umarmen, dass ich Ihre Liebkosung mein Leben lang spüren würde. Und wenn Sie nicht zurückkehrten, würde der Fluss mir von der Kraft Ihres Kusses erzählen, mir von Ihnen sprechen.

Von uns beiden.

Anhang

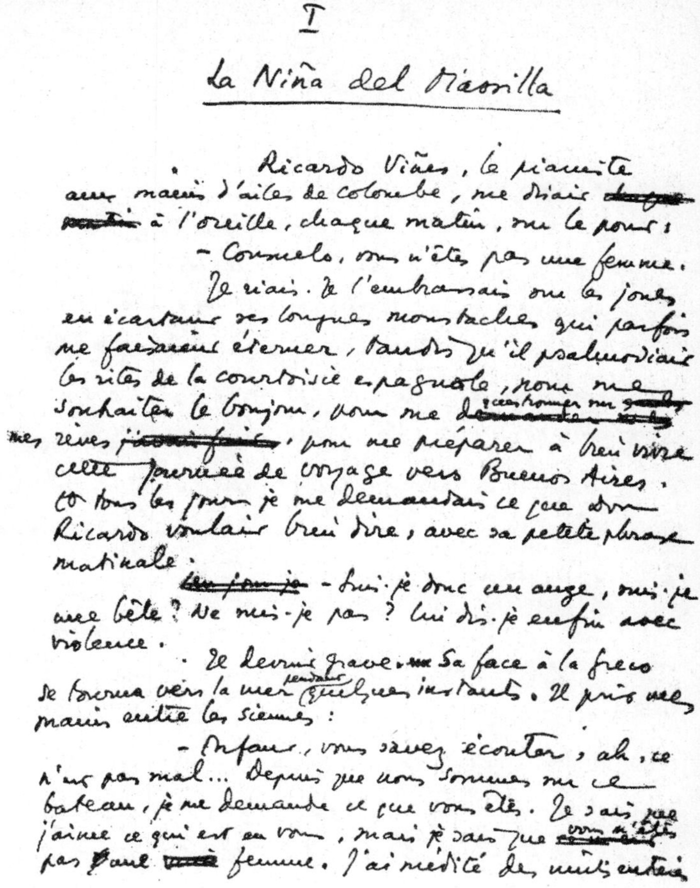

I

La Niña del Masilla

Ricardo Viñes, le pianiste aux mains d'ailes de colombe, me disait à l'oreille, chaque matin, sur le pont :

– Consuelo, vous n'êtes pas une femme.

Je riais. Je l'embrassais sur les joues en écartant ses longues moustaches qui parfois me faisaient éternuer, tandis qu'il psalmodiait les rites de la courtoisie espagnole, pour me souhaiter le bonjour, pour me ~~demander~~ questionner sur mes rêves, pour me préparer à bien vivre cette journée de voyage vers Buenos Aires. Et tous les jours je me demandais ce que don Ricardo voulait bien dire, avec sa petite phrase matinale.

~~Un jour je~~ – Suis-je donc un ange, suis-je une bête ? Ne suis-je pas ? lui dis-je enfin avec violence.

Il devint grave. Sa face à la fresco de Borona vers la mer pendant quelques instants. Il prit mes mains entre les siennes :

– Enfant, vous savez écouter, ah, ce n'est pas mal... Depuis que nous sommes sur ce bateau, je me demande ce que vous êtes. Je sais que j'aime ce qui est en vous, mais je sais que vous n'êtes pas une femme. J'ai médité des nuits entières

Die erste Seite vom Manuskript

Lake George. fin juin
le jour de ton
Tonnio, mon amour. anniversaire

je me suis reveillé a 6 heures du matin. j'ai courru en pijama au lac. pour tremper mes pattes. L'eau est douce. Un soleil amaranta arrive par derriere ma voisine montagne. Et je songe a toi mon aimé. Et je suis heureuse de te penser, de te revir. Malgre la peine que j'ai de te savoir le plus vieux pilote du monde, mon cheri. si tout les hommes te resemblait !

je dois courrir, jusque au village a une petite eglise catholique ou on dit la messe a 7.30 tous les jours. et c'est la seule messe ici Tres peu de catholiques et tres peu de pretes catholiq- je veux aller m'asseoir dans les banquettes abandonnees de l'eglise aujourdhui jour de ton anniversaire

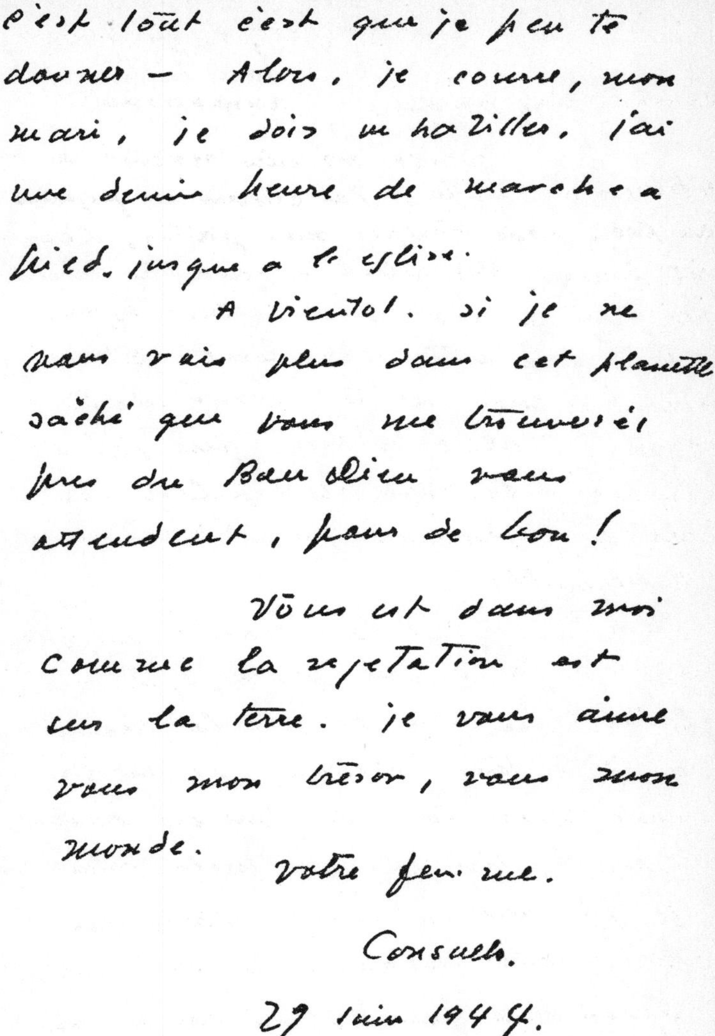
c'est tout c'est que je peu te
donner — Alors, je courre, mon
mari, je dois m habiller. j'ai
une demie heure de marche a
pied. jusque a la eglise.
A bientot. si je ne
vous vois plus dans cet planette
sache que vous me trouverés
pres du Bon Dieu nous
attendent, pour de bon!
Vous est dans moi
comme la vegetation est
sur la terre. je vous aime
vous mon trésor, vous mon
monde.
votre femme.
Consuelo.
29 juin 1944.

*Brief Consuelos an Saint-Ex, datiert vom 29. Juni 1944;
am selben Tag schreibt ihr Ehemann ihr einen sehr getragenen Liebesbrief,
in dem er am Rande anmerkt, dass er an diesem Tag 44 Jahre alt wurde*

Danksagung

Consuelo de Saint-Exupérys Muttersprache war Spanisch, doch den vorliegenden Text hat sie in französischer Sprache verfasst. Éditions Plon und die Erben danken Alain Vircondelet, Schriftsteller und Autor eines Essays über Saint-Ex, der, wo nötig, behutsam den Satzbau korrigiert hat.

Die Kapitelüberschriften sind vom Herausgeber eingefügt.